그리스도와의 만남, 미사

The Mass! An Encounter with Christ

Cho Hack Kyun

Copyright © 2008 by Cho Hack Kyun
Published by ST PAULS, Seoul, Korea

ST PAULS
20, Ohyeon-ro 7-gil, Gangbuk-gu, Seoul, Korea
Tel 02-944-8300, 02-986-1361 Fax 02-986-1365

국립중앙도서관 출판시도서목록(CIP)

그리스도와의 만남. 미사 / 조학균 지음. — 서울 : 성바오로, 2008
  p. ; cm

ISBN 978-89-8015-683-2 03230

미사(천주교)[彌撒]

237.1-KDC4
264-DDC21   CIP2008002634

그리스도와의 만남, 미사

조학균 신부 지음

추천의 글

"예수 그리스도와의 만남을 어떻게 할 수 있을까?"

"나의 신앙생활을 어떻게 점검하고 표현할 수 있나?"

"교회 활동에 참여한다는 것은 무엇이며, 삶에 있어서 어떠한 변화가 일어나는가?"

이런 여러 가지 질문을 하는 신자들이 많이 늘어나고 있다. 신학 공부를 한 신자들은 역사신학이나 교의신학 그리고 실천신학에 대해 학문적으로, 이론적으로 접근할 수 있다. 하지만 본당에서 신앙생활을 하는 많은 신자들은 어떻게 하느님을 만나고 사랑할 수 있는가에 대해 자주 질문하는 것을 경험하게 된다. 교회는 "전례는 교회의 활동이 지향하는 정점이며, 동시에 거기에서 교회의 모든 힘이 흘러나오는 원천이다"(「전례헌장」 10항)라고 하면서 전례의 중요성을 강조하고 있다. 전례는 그리스도인들의 삶과 함께하는 신앙의 표현이라고 말할 수 있다. 또한 전례는 신앙과 함께 그리스도인들의 삶 안에서 드러나며, 교회 안에서 표현되는 중요한 신학의 한 부분이다.

신자들은 전례에 대해 모른다고 한다. 그러나 신자들이 알고 있고, 관심을 갖고 있는 것이 전례 분야에 국한되어 있다는 사실을 이해하지 못하고 있다. 실천신학에 있어서 가장 중요한 전례학은 그리스도인들의 삶과 신앙으로부터 동떨어져서는 존재할 수 없기 때문이다. 하지만 교회 내에 전례 교육을 받기 위한 충분한 프로그램이 없으며, 이들을 위한 책이나 교재조차 충분하지 않다. 그럼에도 "어머니의 교회는 모든 신자가 전례 거행에 의식적이고 능동적이고 완전한 참여를 하도록 인도되기를 간절히 바란다. 그러한 참여는 전례 자체의 본질에서 요구되는 것"(「전례헌장」 14항)이라고 말하는 현실을 안타깝게 생각하고 있었다.

 주교회의 전례위원회 위원장을 맡으면서 느꼈던 것은 전례의 중요성에 비해 신자들에게 전례를 소개할 만한 교과서 같은 책이 부족하다는 것이었다. 이번에 출판되는 조학균(베드로) 신부님의 책이 전례의 궁금증에 대한 갈증을 해소해 줄 수 있을 것이라고 생각한다. 이 책의 특징은 어렵지 않은 문장으로 전례의 기본적인 주제를 체계적으로 소개하고 있다는 것이다. 조 신부님과는 1987년 한국 예수회에서 첫 만남을 가졌고, 자주 대화하면서 한국 교회의 전례 봉사에 대한 생각을 나누었다. 그 후 조 신부님은 전례 교육으로 유명한 로마 성 안셀모 대학에서 학위를 마치고 귀국하여, 현재 한국주교회의 전례위원회 위원으로서 한국 교회의 전례 교육 발전에 노력하고 있다. 전례에 궁금증이 있는 신학생들이나 많은 신자들이 이 책을 통해 전례에 대해, 그리스도와의 만남에 대해 보다 더 잘 이해하면서 깊은 신앙생활로 나아갈 수 있기를 기대하고 싶다. 마지막으로 평소 전례에 대해 의문이 있었던 신자 분들은 이 책을 통해 답을 구할 수 있으며, 교회 전례에 보다 적극적으로 참여하는 데 도움이 되리라고 믿어 의심치 않는다.

주교회의 전례위원회 위원장

이한택 주교

✝이한택

머리말

그리스도인들은 오랫동안 미사 전례에 참여했음에도 미사의 의미와 신앙생활에 대해 만족감을 느끼지 못하고 있다. 그동안 그리스도인들이 참여해 온 미사 전례는 소극적이고 수동적이었으며, 주례 사제가 미사를 거행하는 동안 신자들은 자기 몫에만 충실하면 된다는 단순한 전례 상식을 갖고 있었기 때문이다. 하지만 제2차 바티칸 공의회에서는 다음과 같이 강조하고 있다.

"전례는 예수 그리스도의 사제직을 수행하는 것이다. 전례 안에서 인간의 성화가 감각적인 표징들을 통하여 드러나고, 각기 그 고유한 방법으로 실현되며, 그리스도의 신비체, 곧 머리와 그 지체들이 완전한 공적 예배를 드린다. 따라서 모든 전례 거행은 사제이신 그리스도와 그 몸인 교회의 활동이므로 탁월하게 거룩한 행위이다. 그 효과는 교회의 다른 어떠한 행위와도 비교될 수 없다."(「전례헌장」 7항)

오늘날 교회 내에서 신앙행위에 따른 효과가 탁월한 전례에 신자들이 참여할 수 없다면, 공의회의 바람과는 거리가 있는 미사 전례가 교회에서 거행되고 있으며, 시대에 요청에 맞지 않는 전례 교육을 하고 있다고 생각할 수 있다. 전례가 어렵다고 생각하는 많은 신자들에게 전례에 대한 적극적이고 능동적인 참여를 요구하기란 쉽지 않다. 전례에 대해 학문적인 지식을 갖고 있지 않다는 이유로, 그리고 전례는 사제의 고유한 성무라는 생각에서 전례에 대해 알려고 하지 않기 때문이다. 또한 신자들을 위한 전례 교육 프로그램이 교회 내에 준비되어 있지 않기에 신자들에게 적합한 전례 지식을 제공할 기회가 없는 실정이다.

  오늘날 전례에 대한 방대한 연구와 역사적인 자료들은 오히려 신앙생활을 하려는 신자들을 초라하게 만든다. 그 모든 것들은 전문가를 위한 것이지, 전례에 보다 더 잘 참여하기 위한 신자들의 바람을 충족시키기 위한 것은 아니다. 신자들이 원하는 것은 지적 갈증을 채우기 위한 신학적 지식이 아니라 신앙생활에 활력을 주는 실천적 도움이다. 사실 지금은 신자들을 위한 지침서가 필요한 시기다. 바쁜 일상생활에 쫓기는 신자들이 전례에 더욱 잘 참여하기 위해서는, 이해하기 쉽고 편안하며 어렵지 않게 전례의 기초를 설명하는 입문서 같은 책이 필요하다. 무엇보다도 전례 입문서는 보이는 전례에 수동적으로 참여하는 것이 아니라 의미를 이해하며 능동적으로 참여할 수 있도록 이끌어 주는 안내 역할을 해야 한다. 또한 가톨릭교회의 전례에 일치를 도모하면서 사목적 배려에 따른 올바른 전례로 이끌어 주는 실천적 전례를 설명하는 책이 요구되고 있다. 하지만 편리성과 합리성, 사적인 판단에 근거하여 보편 교회의 전례와 일치를 이루지 못하는 일부 본당 전례는, 가톨릭교회의 전례가 보편적이고 사도로부터 이어져 내려온다는 전통적 사상에 반하는 것이다.

저자가 로마 성 안셀모 대학St. Anselmo에서 수학할 때, 교수 신부님들은 가장 기초적인 책이 가장 중요한 책이라고 말씀하셨다. 하지만 한국에 돌아와 교회와 학교 도서관, 서점에서조차 기초적인 전례 서적을 찾기가 쉽지 않았다. 이 책은 바로 그러한 목적에서 만들어졌다. 이 책은 역사신학이나 교의신학과 다른 실천적 전례 이론과 행동의 의미를 설명하며, 전례가 많은 부분을 상징과 표징으로 설명하는 실천신학의 대표적인 분야임을 강조하고 있다.

전례는 삶 속에서 드러나는 것이며, 전례와 삶의 일치를 통해 신앙을 표현해야 한다. 지금은 신앙을 자연스럽고 편안하게 표현할 수 있는 전례가 요구되는 시대이다. 또한 교회는 이론과 이념의 홍수 속에 살고 있는 그리스도인들에게 신앙의 쉼터가 되어야 한다. "거룩한 전례의 쇄신과 증진에서는 온 백성이 완전하고 능동적인 참여를 위하여 최대한 관심을 기울여야 한다"(「전례헌장」 14항)는 교회의 요청에 의해, 전례에 관한 중요하고도 필요한 의미를 간결하고 명쾌하게, 흥미롭게 전하고자 했다. 이 책은 전례의 정의와 역사, 전례주년, 미사 전례의 기원과 의미를 살피며 전례 여행을 할 수 있게 해준다. 아울러 이 책이 나오기 까지 함께해 주시고 기도해 주신 의정부 교구장이신 이한택(요셉) 주교님과 주교회의 전례위원회 위원님들(이완희 신부님, 나기정 신부님, 심규제 신부님, 허윤석 신부님, 김복

희 수녀님, 김미자 수녀님, 김재형 루카)에게 감사의 말을 전하고 싶다. 또한 초고를 인내심으로 읽어 주며 조언을 아끼지 않으셨던 서영필 신부님, 장세레나 수녀님, 김지영(로사) 씨에게도 감사를 드린다. 이 책을 통해 전례의 배경과 의미를 이해함으로써, 교회와 전례에 참여하는 모든 그리스도인들의 신앙생활은 물론 하느님을 흠숭하고 성화를 이루는 데 도움이 되기를 바란다.

2008년 서강대 노고산 자락에서

조학균 신부

| 차례 |

제1부 : 전례의 형성
1장 문화와 인간 • 14
2장 종교와 인간 • 17
3장 전례의 정의의 변천사 • 21

제2부 : 전례사
1장 초기 그리스도교의 전례 • 53
2장 사도 시대와 종교의 자유 이후 전례의 변천 • 82
3장 로마 전례와 프랑스-게르만 문화의 만남부터 중세까지 • 89
4장 중세의 전례 • 111

제3부 : 전례주년
1장 전례주년의 역사 • 120
2장 전례주년의 구조 • 124
3장 주요한 전례주년 • 138

제4부 : 전례의 범주
1장 미사 • 195
2장 시작 예식 • 208
3장 말씀 전례 • 232
4장 성찬 전례 • 264
5장 마침 예식 • 320

제1부

전례의 형성

::1장
문화와 인간

　인간은 삶을 살아가면서 타인과 관계를 맺으며 문화를 형성하고, 문화와 함께 공존해 왔다. 문화는 인간과 함께 공존하면서 변화하고, 또한 변화를 추구·적응·적용하는 특성을 갖고 있다. 문화culture라는 단어는 언어학상으로 라틴어 동사 "경작하다 colere"라는 의미에서 유래하며, 농경문화와 관련지어 보면 인간의 삶과 분리해서 생각할 수 없다.

　인간은 문화 안에서 습관적이고 반복적인 현상을 체험하고, 경험하는 것들에 대해 의미를 부여하며, 이를 기억하여 기념하기도 하고, 재현하려는 노력을 하곤 했다. 인간이 삶에서 기억하는 것들을 기념하고 재현할 때, 연속성과 지속성에 따라 문화적인 유산이나 관습으로 남는 경우도 있고, 일회적인 사건이 되어 현실 세계에서 잊혀버리는 경우도 있다. 인간이 생각하고 있는 문화가 인간과 함께하면서 변화하지 않는다면, 더 이상 문화라는 단어의 의미를 갖지 못한다. 아울러 과거의 한 사건으로 인식되어 인간의 기억 속에서 경험되었던 의미가 희미해지거나 잊히게 된다. 이러한 측면에서 문화 혹은 문화 행위라는 것은, 인간이 체험했던 일들에 대해 기억하고 기념하는 사건과 관계 속에서 물리적인 욕망과 정신적인 위로를 충족시켰다.

문화를 인간의 물리적인 욕망 안에서 종교적으로 해석할 때, 인간의 생활은 자연환경과 밀접한 관계를 맺는다. 원시 사회부터 인간은 생존을 위해 자연현상에 의존적이며, 종속적으로 생활해 왔다. 자연환경과 밀접한 관계에 있다는 것은, 농경 사회의 경우 적당한 비와 바람 그리고 햇빛을 원하며 풍성한 농작물의 수확을 원한다는 의미이다. 사냥이나 목축을 예로 들어 보자. 사냥할 때는 자신들의 안전과 더불어 풍부한 포획물을 원하며, 목축인 경우엔 가축을 위한 넓은 풀밭과 물과 포식자로부터의 안전을 필요로 한다. 또한 인간이 원하는 자연환경이란 동족들과 수확물을 함께 나누며, 풍요롭고, 평화로운 환경을 고대한다는 의미를 내포하고 있다.

인류 역사 안에서 인간은 자연에 순응하며 안정적인 생활을 해 왔다. 하지만 시간이 지나면서 원하는 환경이 지속적으로 이루어지길 바라는 마음에, 원하는 자연환경이 이루어지지 않았을 때는 초자연적이고 초월적인 힘에 의존하는 경우가 생기게 되었다. 즉, 생각하지 않은 일이나 원하지 않았던 일들이 발생했을 때, 불안한 마음을 잊어버리려고 초월적인 힘을 통해 해결하려는 마음을 갖게 되었다. 이러한 환경에 대한 인간의 태도가 원시적인 종교 예식으로 나타났다. 다시 말해, 원시 종교[1]는 인간들의 원의와 불안 그리고 지속성과 단절성의 바람에 근거를 두고 태동했다고 볼 수 있다.

또한 인간의 물리적인 욕망과 더불어 정신적인 위로는 종교적 예식을 탄생하게 했다. 무엇보다도 종교적 예식의 탄생은 미지에 대한 두려움과 호기심에서 출발한다. 인간은 본능적으로 죽음에 대한 공포를 지닌 채 살아간다. 알 수 없는 사후 세계, 미지의 세계에 대한 두려움으로 인하여 인간은 죽음에 대한 공포, 두려움을 갖게 되었다. 이러한 문제를 해결하기 위해 초월적인 존재에 의존하게 되었으며, 죽음에 대한 관심은 인간으로 하여금 사후 세계에 대한 호기심을 갖게 했다. 사후 세계에 있어서 존재에 대한 호기심은 죽음을 초월하여 영원성에까지 다다르게 되었다. 또한 초월적인 존재는 인간의 죽음과 더불어 사후 세계를 책임질 초자연적인 존재로 확대 해석되었으며, 이러한 인간의 의식은 종교 예식을 거행하면서 영원한 생명을 향한 발걸음을 떼게 되었다. 원시 종교 입장에서 이해하고 생각할 수 있는 것은 옳고 그름을 가늠하는, 즉 선과 악의 문제는 종교적인 관점과 더불어 죽음과 결부된 사후 세계에 대한 호기심에서 출발했다는 것이다.

---

1) 원시 종교가 왜 발생했고 어떤 내용이었는지 정확하게 알 수는 없다. 그러나 원시 시대의 유적에서 발견되는 유물이나 회화, 상징적인 기록을 살펴보면 원시인들은 불가사의한 자연현상에 대한 두려움이나 사냥과 농경 생활에서 풍성한 수확을 비는 마음 등에서 종교적 예식을 시작했다고 볼 수 있다.

::2장
종교와 인간

원시 종교의 태동은 이분법적인 선과 악의 구별과 불가사의한 자연현상에 대한 두려움 및 호기심에 대해 원초적인 도움을 청하고, 바라는 것이 이루어질 때 기억하고 기념하려는 예절 의식에서 출발했다. 원시 종교에서는 현대 종교와 같이 뚜렷하게 선과 악을 구별할 수 있는 기준을 갖고 있지 않았다. 그 이유는 종교의 특성인 정의의 신이며 인간을 이끄는 신의 윤리적·도덕적 판단 기준이 인간의 삶 속에 아직 자리 잡고 있지 않았기 때문이다. 선과 악은 서로 상반되는 개념으로서 수많은 체험을 바탕으로 인식되며, 그에 대한 판단 기준이 마련되기 때문이다. 개인적인 체험과 더불어 공동체적인 체험을 통해 현실 상황이 변화함에 따라 종교적인 신의 의미를 깨닫게 된다. 원시 공동체가 갖고 있는 신의 개념은 단순한 상선벌악의 판단자라기보다는 자연의 주관자로서 인간과 함께 그리고 공동체와 함께 삶 속에서 조화를 이루며, 함께하는 동반자적 신의 개념으로서 자리를 차지하게 되었다. 즉, 원시 종교에서 신 개념의 발전은 현대 종교에서 언급하는 선과 악의 개념을 구별 지어 주는 판단의 구원자라기보다, 인간의 삶과 함께하는 신으로서 인간의 행위에 대한 필요성 내지 당위성을 정의하고 규정짓는 초기 단계에 머물고 있었다.

　죽음과 미지의 세계에 대한 공포와 호기심은 초월적인 존재, 즉 신이라는 개념을 통해 인식하게 되었고, 신과 인간의 관계를 엮어 줄 중재자의 필요성을 느끼게 되었다. 중재자의 말과 행동을 통해서 종교적인 예절 의식이 태동하게 된 것이다. 중재자의 행위와 그 행위 속에 담긴 의미를 전달하기 위해, 예절 의식은 인간과 신의 관계 속에서 통교의 수단의 역할을 하게 된다. 초대 종교는 인간과 신의 관계를 연결해 주는 수단으로서 인간과 함께하고 있음을 알 수 있다. 사실 신만 존재하고 인간이 존재하지 않는 종교, 또는 인간은 존재하지 않고 신만 존재하는 종교란 있을 수 없다. 종교 안에서는 신과 인간이 서로 공존하는 필연적인 관계가 성립되기 때문이다. 언어학적으로 종교religion의 의미를 살펴보면 라틴어 'religio'에 근원을 두고 신과 인간의 관계를 설명하는 단어로 해석되었다.[2] 원시 종교의 핵심을 유일신관의 전통이나 절대적인 신과 인간의 관계에서 이해를 구한다고 하더라도, 궁극적으로 종교는 신을 향한 인간의 경외하는 마음가짐이나 관심과 더불어 인간의 원초적인 원의를 구하는 데서 출발한 것이라고 포괄적으로 정의할 수 있다.

　신과 인간의 관계 표현은 역사 안에서 종교적인 의식으로, 그들만이 갖는 독특한 예절(rite, 다양한 문화 속에서 나타나는 신앙이나 믿음의 표현) 및 제례 의식으로 만들어 갔다. 종교적인 의식의 예절 및 제사의 특징은 어떠한 독특한 폼Form[3]을 형성하게 되었다. 시간이 지남에 따라 공동체에서 뽑힌 원로나 대표가 중재자 같은 자격으로 신과 인간 사이의 예절을 주관하게 되었으며, 다른 이들은 그 중재자의 지시에 따라 제례 의식에 참여하는 형태로 나타났다. 결국 신과 인간의 종교적인 의식은 역사 안에서 그들만의 독특한 방식으로 의미를 지니며 발전하게 되었다. 또한 자신들의 제례 의식에 담긴 몸짓과 용어에 종교적이면서도 상징적인 의미를 부여하였다. 원시 종교에서 시작된 예식은 역사 안에서 자연스럽게 신관神觀 개념을 도입하여 선악을 구별하며, 공동체를 유지시키고 이끌어 나가는 역할을 하게 되었다.

신과 인간의 관계에서 종교의 기능과 개념 그리고 이해는, 무엇보다도 신과 인간은 종교 안에서 제례 의식과 같은 예절이라는 매체를 통해 직접적으로, 또 간접적으로 영향을 주고 있다는 것이다. 종교라는 것은 신과 인간의 상호간에 필연적이고 필수적인 요소이다. 하지만 관계성을 설명하는 가운데 인간의 입장에서 신을 설명하는 것이지, 신이 인간을 설명하는 것은 아니다. 불완전한 인간이 추정하고 규정하려는 신의 개념은 불변한 상태가 아니라 시대에 따라 개념이 달라지는 특징을 갖는다.

현대 종교 안에는 신학[4]과 다른 개념으로서 신과 인간의 관계를 설명하는 종교철학[5]과 종교신학[6]이 있다. 가톨릭의 종교신학적 방향은 제2차 바티칸 공의회가 선포한 〈비 그리스도교에 관한 선언〉과 〈교회의 선교 활동에 관한 교령〉에서 찾아볼 수 있는데, 모든 인간을 비추는 진리의 빛이 부분적이나마 다른 종교들 안에 반영되고 있음을 인정하고, 대화를 통해 그 안에서 발견되는 모든 순수한 인간적 가치를 긍정하고 발전시킬 것을 격려하고 있다. 이

---

2) 기원전 1세기 키케로Cicero에 의하면 "다시 읽는다"는 뜻을 지닌 're-legere'에서 나온 단어로, 반복적으로 낭송되는 종교의식에 초점을 맞추어 초월자에 대한 경외심을 나타낸 것이라 설명하고 있다. 그리고 4세기 락탄티우스C. F. Lactantius에 의하면 "다시 묶는다"는 're-ligare'에서 나온 말로, 신과 인간의 관계에 초점을 맞추어 죄로 끊어진 관계를 재결합시켜 주는 것이라고 해석하고 있다(「천주교 용어 사전」, 최형락, 작은 예수, 1994, 405쪽).
3) 초기 인간사에서의 예절은 'myth(mito)'와 'rite(rito)'로 구분하여 설명되는데, myth(그리스어 mythos, word, history)는 고대 철학과 종교에서 찾아볼 수 있다. 하지만 오늘날에 있어서는 인간과 세상을 이해하는 데 중추적인 위치를 차지한다. 즉, 전통적인 이야기나 인간이 경험하여 표현하고자 하는 초월적인 것을 설명하기 위한 것, 나아가 인간이 세상을 표현하기 위해 완벽한 의식으로 설명하는 것 등등. 결론적으로 상징적인 종교적 구조에 전통적인 방식을 존중하면서 그러한 것들을 분명하게 표현하는 것이다. 이때 우화적인 개념도 도입되곤 한다(Mito, Cfr. Stolz,M., NDR, San Paolo, 1993). 'Rite'는 거룩한 행위를 표현하는 말로, 공동체나 하느님 앞에서 이루어지는 거룩한 행위를 의미한다고 할 수 있으며 후대에 '전례 liturgy'와 유사한 단어로 사용되기도 한다. 사실 전례는 강한 의례를 규정짓는 말로 사람들의 문화 구조와 함께 의식적인 태도와 행위의 언어라고 일컬어진다. 이는 느끼고, 예절을 거행하는 것을 설명하는 데 도움이 된다. 외적 강조를 피하면서 오늘날에는 '전례 행위azione liturgica'나 '예절Celebrazione'로 정의하는 편이 좋을 것이다(Diziononario sintetico di liturgia, Cfr Rito, José aldazàbal, Ed Vaticana, Città del Vaticano, 2001).
4) '신학'이란 하느님이 계시하신 진리를 신앙과 이성으로 파악하려는 학문적 노력을 뜻한다. 이 말은 "하느님께 대한 인식"이란 뜻으로 오리게네스가 처음 사용하였다. 그리고 중세 때 여러 대학에 신학부가 설치되면서 정식 용어로 사용되었다. 성 아우구스티노는 '그리스도교 교리', 토마스는 '거룩한 교리'라는 말로도 사용하였다(「천주교 용어 사전」, 최형락, 작은 예수, 1994).
5) 종교철학philosophy of religion은 진리의 문제를 직접 취급하여 종교의 본질이나 핵심 등을 규명하려고 하며, 철학적 논리성으로 종교적 사료를 체계화한다.

러한 노력을 기울인 대표적 가톨릭 신학자로 칼 라너Karl Rahner
와 쉴레테H. R. Schlette를 들 수 있다.

다른 종교는 크게 유교적·불교적·이슬람적·유다적·그리
스도적 문화로 분류하여 생각해 볼 수 있는데, 이 중 일부 유다적
인 문화와 그리스도적 문화의 관계 안에서 종교적인 예절을 종교
학적인 접근이 아니라 신학적인 측면에서 취급하고자 한다. 사실
모든 것을 다루면서 종교적 예절을 신학적으로 설명하고자 하면,
너무나 벅차고 광범위한 문제들에 직면하기 때문에 한정된 범위
내에서 설명할 수밖에 없다.

:: 3장
전례의 정의의 변천사

각 시대에 걸쳐 거행되어 온 그리스도교 전례를 살펴보면, 항상
그 시대의 문화와 함께 변화되어 왔음을 알 수 있다. 그리고 전례
에 참여하는 그리스도인들의 신앙도 문화와 함께 변화되어 왔다.

---

6) 종교신학theology of religions은 특정 종교의 입장에서 다른 종교를 보고, 그 안에서 발견되
는 차이를 수용하고 비판하면서 자기 종교의 테두리 안에서 재해석하여 종합하려는 시도이
다. 이는 전통적 종교 연구 방법의 연속이며 실존적으로 필요한 것으로서 점점 그 경향도 학
문적으로 체계화되고 있다.

그리스도인들은 전례에 참석하면서 삶의 방식에 대해 자극을 받았고 그로부터 완전한 삶으로 나아갈 수 있었으며, 전례 참석을 통해 신앙의 은총을 생활 속에서 표현하려고 하였다. 신학은 신앙을 바탕으로 하느님 계시의 내용을 지성과 이성으로 받아들이는 것이고, 영성은 생활 속에서 감성적인 반성reflection을 통해 신학을 이해하며 그 진리를 실천하는 것이다. 전례는 모든 그리스도인들의 신학과 영성을 생활 속에서 표현하고, 신앙은 행위나 예절로 표현함으로써 삶 속에서 드러낼 수밖에 없는 실천적인 학문이다.

전례는 교회 안에서 그리스도인들의 신앙을 표현하고 하느님과의 통교를 위한 방법론적인 역할을 한다. 전례라는 것은 사회적·문화적·종교적인 영향을 받아 현실 속에서 동화되고 표현된다. 신학 안에서 전례라는 단어를 사용하기는 쉽지만, 정의는 간단하게 설명되지 않는다. 전례라는 용어는 가톨릭교회에서 처음부터 하나의 의미로 사용해 온 것이 아니라 시대별로, 종교적 차원별로 다른 의미를 가지고 사용하여 전해져 왔기 때문이다.

가톨릭 전례의 의미론적 시작은 하느님과 인간의 관계에서 출발하고 있다. 종교적인 관점에서 하느님은 인간을 부르시고, 인간은 그 부르심에 응답하면서 서로 간에 사랑과 관심을 체험한다. 종교는 인간에게 세상의 모든 창조물을 통해 당신을 드러내시는 하느님의 사랑을 인식하게 만들고 그분을 흠숭하게 함으로써 시작된다(로마 1,19-20 참조). 인간은 하느님을 사랑할 수밖에 없으며, 하느님을 향한 감사의 마음을 인간이 스스로 바치는 예절을 시작함으로써 종교 안에서 그리고 신앙 안에서 전례가 탄생하게 된 것이다. 하느님은 세상을 창조하신 후, 당신의 모습을 직접 드러내시지 않고 외아들 예수 그리스도를 통해 인간의 역사에 개입하시면서, 더 나은 새로운 세상의 창조를 위하여 전례를 수행할 사제직을 교회에 선물하셨다. 그리스도교 전례는 성사적 표시 안에서 성령의 도우심으로 사제가 그 직분을 수행함으로써 드러나며, 전례 안에서 표현하는 말과 행동을 통해 하느님의 신적 행위를 체험할 수 있게 해준다. 사제직의 수행은 "구세주이시고 대사제이신 그리스도께서 전례를 통하여 당신 교회 안에서, 교회와 더불어, 교회를 통해서 우리의 구속을 위한 사업을 계속하시기"(「가톨릭교회 교리서」, 한국천주교중앙협의회, 1069항) 때문에 교회를 배제한 상태에서는 설명될 수가 없다. 전례는 "그 성격상 어느 한 사람에 의해 갑자기 만들어지는 것이 아니라 기존 교회의 오랜 전통 안에서 발전되고 형성되는 것"(「사도전승」, 히폴리투스, 분도, 1992, 35쪽)이라고 설명하고 있다. 결국 교회에서 거행되는 전례를 통해 하느님 계시의 신비가 드러나는 것이다.

신앙은 교회 안에서 전례와 함께 양육되고, 표현되며, 드러나게 된다. 특히 신앙 고백에 따른 성사의 참여, 교리 교육에 따른 전례 참여를 들 수 있다. 전례에 있어서 성찬 전례의 의미는 하느님께서 역사를 통한 개입, 즉 예수 그리스도의 육화의 신비를 통한 명백한 모양으로 상징과 동작 그리고 말씀 등을 가지고 인간에게 드러내 보이셨으며, 성령을 통한 청원(에피클레시스Epiclesis)과 찬미 안에서 하느님께 대한 믿음과 흠숭을 다시 인식하고 기억하며 현실화하고 재현함을 증명하는 것이 된다. 그리스도인들의 신앙은 전례와 함께 가시적이며 효과적으로 표현된다. 전례의 의미를 이해하기 위해서는 여러 가지 방법이 있지만, 교회 안에서 역사를 통해 어떻게 표현되고 이해되었는가를 살펴보아야 할 것이다.

1. 그리스 시대(헬레니즘 시대)

전례liturgy라는 단어는 그리스에서 사용하던 레이토스(leitos, 백성의)와 라오스(laos, 국민이나 사람들), 에르곤(ergon, 일)이라는 말에서 유래한다. '레이투르기아leitourgia' 라는 복합 단어가 생겨나면서 "공적 행위", "국가나 백성을 위한 행사", "공동선을 위한 직접적인 봉사"라는 뜻을 갖게 되었다. 레이투르기아는 종교적인 분야뿐만 아니라 정치, 경제, 사회 등에서 다양한 의미로 사용되었다. 일례로 그리스에서 쓰이는 레이투르기아의 일반적 의미는 대부호가 자기 도시의 시민들을 위한 큰 행사나 운동 경기를 주최하거나 후원할 때, 사제가 그 행사나 경기를 축복함으로써 행사가 성공적이면서도 무사히 끝나기를 바라는 예절 행위, 그리고 전쟁에 참가하는 군인들이 무사히 귀환할 수 있도록 기도를 바치는 경우에서 전례적인 의미를 찾아볼 수 있다(*Liturgia*, M. Augé, San Paolo, Milano, 1992, p. 12). 아울러 협소한 의미로 사용될 경우엔 노예들이 주인에게 보이는 충성심과 동료들에게 작은 친절을 베푸는 봉사의 개념도 갖는다.

그리스에서 사용하던 전례라는 단어는 종교적인 의미로만 사용되었다기보다, 생활 속에서 그들의 법이나 관습이 규정한 것을 지켜 나가는 의무적이고 봉사적인 의미로 이해되었다. 또한 그리스 시대에 전례 안에서의 신의 개념은 적극적으로 인간의 삶에 개입하기보다, 소극적인 개입을 통해 인간과 함께하고 있음을 알 수 있으며, 법적인 개념으로는 사회를 유지하는 정도의 보편적 규범으로 인식되었다. 그 후 기원전 3~4세기에 이르러 그리스에서 전례라는 단어가 부분적으로 종교적인 봉사, 예절 행사의 의미로 사용되기 시작되면서 널리 확산되었다.

2. 구약 시대

70인 역(LXX=그리스어 본, 기원전 250~150년)에서 레이투르기아의 의미는 레위 인들이 성막과 예루살렘 성전에서 하던 제의적祭儀的·종교적 봉사와 예절을 설명하기 위해 사용되었다. 유다인들에게 있어서 레이투르기아는 경신 예배에 관한 법을 설명하고 제정하는 데 사용되었으며, 특정 부류의 사람들이 대중을 위해 함께 하는 공적 예절인 "어떤 장엄함과 연관된 대중적 봉사, 공동선을 목적으로 하는 업무 그리고 공식적으로 선발된 자에게 한정된 직무"(*Liturgia*, M. Augé, San Paolo, Milano, 1992, p. 12)라는 의미로 해석되었다.

70인 역에서 나오는 레이투르기아를 이해하기 위해서는 히브리어의 샤렛sharet와 압호다흐ábhodah의 의미에 대해 알고 있어야 한다. 샤렛는 봉사라는 근본적인 의미와 내용을 표현하고 있다. 샤렛의 봉사적 의미는 종의 편에서는 헌신적인 봉사를, 주인 쪽에서는 신뢰가 바탕이 되어야 하는 상호-상관관계를 갖는다. 그러나 압호다흐는 일반적인 노예가 하는 의무적인 봉사(히브리 인들이 이집트 노예 시절 파라오에게 한 의무적인 봉사)의 내용에 더욱 가깝다. 이 두 단어가 유다인들의 성서에 사용되고 있지만, 샤렛는 압호다흐보다 더 종교적이며 레이투르기아의 의미에 더 가깝게 다가서고 있다. 이렇듯 샤렛트가 압호다흐보다 더 종교적이고 전례적인 의미를 갖고 있지만, 전례의 본질적인 의미에 있어서는 그것이 백성을 위한 행동이라고는 볼 수 없다.

유다인들은 샤렛트와 압호다흐의 의미를 합친 일반적인 의미에서의 레이투르기아를 봉사를 뜻하는 단어로 사용했다. 또한 야훼께 대한 예식의 표현뿐만 아니라 사제들이나 레위 인들이 거행하는 예식을 설명하기 위해서 포괄적인 의미로 사용하였다. 유다인들이 사용했던 전례라는 단어는 헬레니즘의 영향을 받아서 유다 민족의 종교적 정서 안에 자리를 잡게 되어, 생활 속에 함께하며 경신 예배에 관한 법을 설명하고 제정하는 데 사용되었다. 구약 성서에서 사용하는 예절적 의미는 유다인들이 알고 있는 샤렛트와 압호다흐에서 근거를 찾아볼 수 있다. 하지만 사제들이나 레위 인들이 중심이 되어 종교적인 면이 강조될 경우에는 전례라는 말을 사용할 수 있었다. 그리고 예식적인 면이 강조되었을 경우, 즉 백성을 위한 예식일 경우에는 예절(rite 혹은 celebration)이라는 단어로 사용되었다. 즉, 유다인들은 종교적인 내용으로 사용하지 않을 경우에는 레이투르기아라는 말 대신 의식 예절(rite, 의식적인 면을 강조할 때)과 형식 예절(celebrate, 예식을 거행하는 것을 강조할 때)을 구분해서 사용했다.

3. 신약 시대

신약 시대에는 전례 용어의 사용이 구약 시대에 비해 절제되고 구분되어 있었다.[7] 전례라는 단어는 당시 유다인들에게 레위지파의 직분, 사제직의 예절 개념과 아주 밀접하게 연결되어 사용되고 있었다. 전통적으로 유다인들은 구약의 사제직 개념과 그리스도에 의해 새롭게 정립된 사제직 개념 사이에서 혼란을 겪었다. 그래서 유다-그리스도인들은 전례라는 단어에서 가급적 유다인들의 의미를 피하고 자신들만의 개념을 사용하려 했다. 사실 성서에서 언급하는 하느님께 대한 예배의 거행(사도 13,2; 루카 1,23), 복음선포(로마 15,16; 필리 2,14-17.2,30), 사랑의 실천(로마 15,27; 2코린 9,12; 필리 2,25)을 통해 신약 시대의 유다-그리스도인들이 지녔던 전례에 대한 개념적 정의 및 범주를 짐작할 수 있다. 무엇보다도 신약성서는 하느님과 인간에게 봉사하는 사제적 의미를 구약에 비해 강하게 설명하고 있다. 그리고 성서를 통해 설명된 사제적 의미가 전해 주는 전례의 의미는 그리스도교적 전례(Christian liturgy)를 이해하는 데 많은 도움과 근거를 제시하였다(Liturgia, M. Augé, San Paolo, Milano, 1992, p. 13). 또한 사도행전을 비롯하여 코린토 신자들에게 보낸 둘째 서간(9,12)과 필리피 신자들에게 보낸 서간(2,25-30)에서 그리스도인들은 봉사와 애긍을 통해 그들만의 예배를 실천하고 있었다. 그리스도교적 전례는 그리스도와 함께하는 성찬 전례와 말씀 전례를 중심으로 하는 미사의 형태라고 말할 수 있다.[8] 전례와 관련된 실천적 의미(교회 예식, 공동체를 위한 봉사, 애덕 행위)를 통해 봉사자를 강조하였고, 그리스도를 하느님과 인간 사이의 유일한 중재자로 강조하여 공동체적 예배(기도)에 적용하였으며, 용어에 있어서도 그리스도교적 예식 거행Christian rite을 전례라고 불렀다는 사실에 주목할 필요가 있다.

유다-그리스도인들은 유다인들이 공적 예배에서 쓰는 언어를 사용함에 있어서 자신들의 삶과 그리스도교적 전례 사이에 차이가 있기를 원했다. 가령, 유다 전통 예배의 레위-사제직과 관련하여 많이 사용되고 이해되었던 '성별된 사람', '성별된 제구', '성전 예배 장소'라는 단어보다 '희생 제사', '희생 제물', '봉헌'이라는 그리스도의 사제직에 초점을 맞춘 단어를 사용했다. 예를 들면 디다케Didache 14장[9]에서 언급하는 '감사eucharistia'라는 단어는 성찬 전례를 설명하고 있으며, 15장[10]에서는 '직무 leitourgian'라는 표현을 통해 제의적 의미를 포함하고 있다. 한편 클레멘스 교황이 코린토 인들에게 보낸 첫 번째 편지를 보면 "그분이 우리에게 봉헌과 전례를 명하시되 무질서하게 하는 것이 아니라 정해진 시간과 상황에 따라 … 대사제에게 특정한 전례 임무가 맡겨지고"(Liturgia, M. Augé, San Paolo, Milano, 1992, p. 14)라는 내용이 나타난다. 여기서도 구약 성서의 제의적 의미와 함께 그리스도교의 제의적 의미로, 그리고 성찬 전례를 나타내는 말로 사용되었다. 초대 그리스도교 전례와 유다 전례를 비교하여 말하는 방식은 레이투르기아가 갖는 유다인들의 제의적인 의미를 떨쳐 버리고, 초대 그리스도교의 교회 용어로 정착하게 되었다(Liturgia, M. Augé, San Paolo, Milano, 1992, p. 14). 즉, 전례의 의미가 유다인들과 다르게 사용되었음을 설명함으로써, 초대 교회의 유다-그리스도인들이 행하는 전례는 유다인들의 전례와 유사했음에도 불구하고, 그리스도인들만의 전례를 설명하는 장으로서 초대 그리스도교가 자리 잡게 하는 데 큰 역할을 하게 되었다.

예수 그리스도는 제자들과 함께 유다 전통 전례에 참석하시고, 유다인들의 종교 생활을 따르셨다. 예수 그리스도와 제자들은 전통 속에서 배우고 익혔던 풍부한 유다 전례, 즉 익숙한 기도 생활

---

7) 전례는 인간이 신과의 체험을 통해 경험적으로 기념하고 기억하는 것이다. 유다인들은 구약의 야훼에 대한 경험을 갖고 있기에, 전례의 중심은 당연히 야훼에 대한 예절이다. 하지만 신약에서 그리스도인들은 예수 그리스도와의 관계와 경험을 기념하고 기억하기 때문에 그들의 전례의 중심은 그리스도가 된다.
8) 오늘날 행해지고 있는 말씀 전례와 성찬 전례가 연결되어 미사의 형태를 이룬 것은 대략 150년경이며(Apologia I, Justinus Martyr, C. 65-67), 미사가 완성된 것은 7세기 중엽으로 추정하고 있다.
9) "주님의 주일마다 여러분은 모여서 빵을 나누고 감사드리시오."(「열두 사도들의 가르침 · 디다케」, 정양모 역주, 분도, 1993, 14장 1항)
10) "그들이 여러분에게 예언자들과 교사들의 직무를 수행할 것이기 때문입니다."(「열두 사도들의 가르침 · 디다케」, 정양모 역주, 분도, 1993, 15장 1항)

과 공적 예배 등을 물려받아 삶 속에서 실천하면서 생활하고 있었다. 하지만 예수 그리스도께서는 십자가 위에서 죽음을 맞이하실 때 성전의 장막이 찢어지는 상징을 통해 유다인들의 전례와 그 관계를 끝내시고 새로운 전례의 장을 마련해 주셨다. 예수 그리스도와 함께 활동한 사도들은 그들만의 새로운 전례를 마련하였으며, 예수 그리스도에 관한 구원 사업을 선포하던 사도 교회는 유다교 전례와는 다른 새로운 전례 형태들을 갖게 되었다. 하지만 유다 전례와 완전히 단절하기에는 무리가 있었다. 제자들이나 개종한 유다-그리스도인들은 살아오면서 보고 배워 온 전통적인 유다 전례를 한순간에 망각하거나 온전히 포기할 수 없었고, 동시에 새로운 전례에 대해 확실하고 분명한 근거를 갖고 선포하기에는 거리가 있었다. 이러한 과정에서 사도들을 포함한 유다-그리스도인들은 유다인들의 전통 예절 양식을 명시적·묵시적으로 따르는 한편, 유다 전통 양식에 새로운 예수 그리스도의 가르침을 접목함으로써 단순성과 자발성, 기쁨 등 새로운 형태 및 양식을 만들어 냈다(「문화사에 따른 전례의 역사」, 부르크하르트 노인호이저, 분도, 1992, 25-26쪽). 대표적인 예로 세례 예식, 만찬 예식, 성령 강림을 설명하는 안수, 병자들에 대한 도유 등을 들 수 있다.

유다인들의 전통 전례와 차별성을 두어 새로운 전례를 만들어 냈음에도 불구하고, 그리스도교 전례가 유다교 전통 예절에서 오는 유산이라는 주장을 거부하기에는 역부족이었다. 하지만 유다교 전통 예절과 그리스도교 전례의 차이점에 대해 새로운 시각으로 바라볼 수 있게 되었다. 유다교 전례와 그리스도교 전례의 차이는 경험했던 대상이 서로 다르다는 것이다. 유다교 전례에서는 야훼, 즉 구약의 하느님과의 체험에 대한 기념과 기억이 중심을 차지하고 있다. 그런데 그리스도교는 예수 그리스도와의 체험에 대한 기념과 기억을 갖고 있으므로 그리스도교 전례의 중심은 야훼가 아닌 그리스도가 된다. 그리스도교 전례가 새로운 시대와 사회의 요청에 적응하고 응답하며, 유다인을 비롯한 모든 이들에게 그리스도교가 열려 있다는 전례적 특성을 설명하고 있다는 측면에서, 유다 전례와 다른 새롭고 긍정적인 의미로 생각해 볼 수 있다.

4. 사도 시대 이후부터 제2차 바티칸 공의회 이전까지

시대의 변천과 사회적 변화 속에서 전례 언어의 사용과 의미가 서서히 교회 내에서 정착하게 되는데, 서방 교회보다 동방 교회가 (특히 그리스어 권) 더욱 분명하고 빠르게 보편적인 의미로 자리를 잡게 된다. 동방에서는 4~5세기에 이미 전례 언어를 "거룩한 예절", "성찬 전례" 혹은 "그리스도교 예절"이라는 가치와 의미로 사용하였다. 특히 요한 크리소스토모Giovanni Crisostomo, 바실리오Basilio, 자코모Giacomo, 마르코Marco 등이 그리스도교 전례는 성찬 예절과 감사기도에 의해 거행되는 성찬 전례라고 설명하였다.

서방 교회에서는 전례를 성무officia divina, 거룩한 행위opus divinum, 거룩한 예절sacri ritus, 교회 예절ecclesiae ritus이라고 했으며, 16세기에 이르러 옛 전례서들과 교회 예배나 예절에 관한 것들을 '전례'라는 단어를 사용하여 설명하였다. 사실 이 용어는 교황 그레고리오 16세(1831~1846)의 라틴어 공식 문서에서 처음 등장했으며, 교황 비오 10세(1903~1914) 이후 1917년 교회법전에서 사용하기 시작하여 교황청 문서에 이르기까지 널리 퍼졌다(*Liturgia*, M. Augé, San Paolo, Milano, 1992, pp. 14-15).

역사적 배경에서 보면 교회의 공식 예배, 그리스도교 예절이라는 의미로서의 전례는 초세기에 시작하여 동방 전례에서 먼저 사용되고 있다가 이후 서방 교회가 '전례liturgy'라는 단어를 받아들이게 되었다. 이 단어가 동방에서 무슨 이유로 먼저 시작되었는가 하는 질문에 대해 언급한 문서는 발견되지 않았다. 그러나 초대 교회 교부들의 활동이 서방 교회보다 동방 교회에서 왕성하였고, 신학적인 연구가 활발한 주변 환경에 의해 전례에 대한 정의나 언어에 대한 개념이 먼저 정립되었다고 볼 수 있다. 동방 교회에 비해 서방 교회는 전례에 대한 인식이 강조되지 않은 상태여서, 어떤 때는 단순하고 소극적인 의미로 전례를 "예식 혹은 예절"[11]이라고 받아들이기도 했다. 전례의 의미에 대한 교회의 생각과 의식은 제2차 바티칸 공의회가 「전례헌장Sacrosanctum Concilium」을 발표하기 전까지 소극적이었다. 하지만 바티칸 공의회를 통한 교회 내의 개혁의 목소리는 전례 분야에 있어서 큰 반향을 일으켰으며, 일부 교회 내의 보수 세력은 바티칸 공의회 이후에 일어나는 전례 운동에 대해 반발과 거부 반응을 보이기까지 했다. 바티칸 공의회 이후 교회 내에서의 전례 운동은 전통과 정통, 보수와 진보라는 이분법적 논리에 휩싸여 전례의 토착화에 있어서 이념적인 문제를 낳게 된다.

5. 제2차 바티칸 공의회

제2차 바티칸 공의회 이후에 나타난 전례에 대한 이해는, 그리스도인들의 생활과 무관한 예식적이고 형식적이며 무미건조한 교회의 의식에서 초기 그리스도교 공동체에서 보여 주었던 적극적인 참여와 풍부한 영성이 함께하는 전례로 돌아가고자 하는 의도와, 각 나라에서 자국의 문화와 전통에 맞는 전례를 개혁하고 토착화하려는 운동으로 시작되었다. 전례는 "하느님과 인간의 만남"(Scientia liturgica vol I, A. J. Chupungco, Piemme, 1998, p. 21)이 이루어지는 장소이며 "그리스도를 통하여 하느님과 인간의 친교를 드러내는 가시적 표징으로 교회를 실현하고 표현하는 것"(「가톨릭 교리서」, 한국천주교중앙협의회, 1071항)이다. 즉, 인간이 하느님과의 대화를 통해 새로운 관계를 형성하는 것이며, 그 새로운 체험은 인간으로 하여금 다시 태어나게 하는 기회를 준다. 인간은 전례 안에서 그리스도를 통하여 하느님과 만나며 그분을 체험한다. 하느님과의 체험은 전례의 목적인 인간의 성화와 하느님께 대한 찬미를 설명하기 위한 가장 근본적인 원리가 된다.

제2차 바티칸 공의회의 전례 운동은 규정적이고 형식적이며 제의적인 기존의 전례 개념을 갖고 있는 교회 분위기에서 탈피하였다. 그리하여 수동적이고 소극적인 교회 내에서의 전례 활동이 능동적이고 적극적인 참여를 통해 전례에 대한 새로운 차원, 즉 전례의 토착화와 개방적이고 신학적인 전례 개념을 다루게 하는 계기를 마련해 주었다.

---

11) 전례서에 나와 있는 홍주紅注에 충실한 것이 올바른 전례라는 의식을 갖고 있었다. 일반인 뿐만 아니라 교회 학자들도 전례를 연구함에 있어서 예배, 예식, 의식을 외적으로 구분하는 홍주에 대한 이해에만 머물렀다(Liturgia, M. Auge, San Paolo, Milano, 1992, p. 53).

(1) 제2차 바티칸 공의회에서의 전례 개념

　제2차 바티칸 공의회는 그동안 문제가 되었던 전례 개념을 신학적인 측면에서 정의하는 데 큰 역할을 했다. 또한 「하느님의 중재자Mediator Dei」(교황 비오 12세, 1947년 11월 20일 반포)에서 언급된 내용에 크게 벗어나지 않으면서, 공의회는 불필요한 반복 없이 그리스도의 육화와 교회 전례의 관계를 잘 설명하였다. 무엇보다도 공의회는 전통적인 전례의 해석과 이해를 위해 「하느님의 중재자」에서 밝히는 교리와 단절하지 않으면서, 일관성 있는 논리를 유지했다. 「하느님의 중재자」가 전례를 복잡하고 추상적이며 철학적인 정의에서 해석했다면, 제2차 바티칸 공의회에서 반포한 「전례헌장」은 그것을 성서·신학적인 방법으로 알기 쉽고 단순하게 해석하고 있다. 특히 구원사와 계시 문제들에 있어서는 적극적으로 개입하여 전례와 구원사에 대한 관계성을 설명하며, 교회와 그리스도인들의 생활에서 전례의 중요성을 강조하고 있다.

　「전례헌장」에서 전례의 형태는 감사의 제사(미사성제)에서 우리 속죄의 구원 사업이 수행된다고 설명하면서, 하느님의 영원한 구원 계획이 그리스도 안에서 종결되기까지 인간 안에서 하느님이 계시되는 가운데 서서히 실현되며, 전례를 통하여 이 구원 계획은 계속적으로 실현된다고 본다(*Liturgia*, S. Marisili · D. Sartore, San Paolo,

2001, p. 1042; 「전례헌장」 5-7항 참조). 또한 「전례헌장」은 신약에서 "그리스도로 말미암아 하느님과 우리의 화해가 완전히 성취되었고, 우리는 하느님께 풍족한 봉사를 드릴 수 있게 되었음"(「전례헌장」 5항)을 설명하며, 구약에서 이미 준비되었던, 그리스도 안에서 완성된 파스카 신비는 그리스도의 오묘한 신비로 인하여 교회가 태어난다(*Liturgia*, Marisil · D. Sartore, San Paolo, 2001, p. 1042; 「전례헌장」 5항 참조)는 관계성을 설명함으로써 교회 안에서 거행되는 전례를 통하여 구원사가 이해됨을 밝히고 있다. 이처럼 「전례헌장」은 파스카 신비의 개념과 실체를 받아들이면서, 신약의 예절을 신학과 전례의 범주에 포함시켰다. 그리고 파스카 신비를 전례 양식 안에 존재하도록 하여 그리스도의 실체적 현존을 예식 안에서 형성하게 하는 사실을 설명하고 있다.

「하느님의 중재자」와 「전례헌장」의 비교[12]

「하느님의 중재자」	「전례헌장」 7항
전례는 - 그리스도의 사제 직무의 계속 - 그리스도의 사제직의 실행 - 교회의 머리이신 그리스도께서 성부께 드리고 신도들의 공동체가 그들의 창시자께 봉헌하면서, 그를 통해 성부께 드리는 공적 예배 - 그리스도의 신비체, 즉 머리와 그 지체가 드리는 총체적인 공적 예배	전례는 - 그리스도께서는 위대한 사업을 완수하기 위하여 성교회 안에, 특별히 전례행사 안에 항상 현존하신다. 그리스도께서는 미사성제 안에서, 특히 성체 형상 안에 현존하신다. … 전례는 당연히 예수 그리스도의 사제직의 수행으로 간주된다. - 전례 안에서 인간의 성화는 감각할 수 있는 표징으로 드러나고, 그것을 각각 고유한 방법으로 실현하며, 또한 그리스도의 신비체, 즉 머리와 지체에 의해서 완전한 공식 흠숭이 수행되는 것이다. 이렇듯 모든 전례 의식은 사제이신 그리스도와 그분의 몸인 성교회의 행위인 까닭에, 가장 우월적인 거룩한 행위이며, 그 효과에 있어서 성교회의 다른 어떠한 행위도 이와 같은 자리나 비중을 차지할 수 없다.

　전례 예절을 거행하는 동안 그리스도인들은 하느님을 만나고, 생각하고, 느끼고, 표현한다. 인간과 하느님의 만남을 주관하는 전례는 그리스도의 육화의 신비를 통해 교회 안에서 신앙의 표현을 충만히 하고, 그리스도께서 구세주시며 중재자라는 것을 받아

들이고 인식하여 모든 그리스도인들이 새롭게 태어날 수 있게 해준다. 결국 전례에 참석하는 이들은 그리스도인으로서 하느님과 새로운 관계를 갖는다. 교회 안에서 거행되는 전례는 말씀과 성령의 개입으로, 그리고 상징과 표징을 통해서 그리스도의 사제직을 수행한다. 그리하여 교회는 전례에서 성령과 일치하여 그리스도를 통해 성부이신 하느님께 흠숭을 드리고 있다. 고전古典 찬가는 전례를 "성령 안에서 성자를 통해 성부께 향하는"(Ad Patrem, per Filium, in Spiritu) 모든 그리스도인들의 행위라고 간결하게 설명하고 있다(Scientia liturgica vol I, A. J. Chupungco, Piemme, 1998, p. 21). 전례 안에서 설명되는 인간의 구원과 그리스도의 육화 신비는 전례를 통해 드러나는 파스카 신비 속에서 찾아볼 수 있다.

(2) 제2차 바티칸 공의회의 전례 개념 안에서의 교회

제2차 바티칸 공의회 문헌 중 「전례헌장」에서는 교회가 전례와 함께하는 삶과 사명에 대해 폭넓게 설명하고 있다. 교회와 전례는 세상의 복음화와 구원을 위해 아주 긴밀하고 근본적인 관계로 이해된다. 무엇보다 믿는 이들에 대한 보살핌과 믿지 않는 이들을 위한 복음화에 대해 언급하고 있다.[13] 또한 교회와 전례의 관계는 그리스도의 사제직의 수행 안에서 상호보완적이며 떨어질 수 없는 존재로 설명되는데, 전례는 "신자들이 생활을 통하여, 그리스도의 신비와 참교회의 본질을 다른 이에게 드러내 보이고 명시함에 큰 도움이 된다"(「전례헌장」 2항)고 역설하고 있다. 그리고 교회의 모든 성사의 오묘함은 그리스도의 부활의 신비로부터, 구원사의 배경으로부터 출발한다고 설명한다. 그리스도는 항상 당신의 현존을 보여 주는 전례 활동을 통해서, 교회 안에서 구원 사업을 실현시키시며 전례와 교회와의 일치를 강조하심을 드러내신다.[14] 결국 전례가 그리스도와 교회의 결합 행위임을 의미하는데, 전례 안에서 구원의 거룩한 행위가 실행됨을 말하는 것이다.[15] 또한 전례 안에서 그리스도와 교회의 일치된 성사적 전례 행위의 표현은 성무의 집행과 회중의 성화에 직접적인 영향을 주고 있다. 전례 안에서의 교회-성사라는 새로운 개념의 이해는 전례를

---

12) *Liturgia*, S. Marisili · D. Sartore, San Paolo, 2001, p. 1042.
13) 성교회는 믿지 아니하는 이들에게는 오직 홀로 진실하신 하느님과 그이가 보내신 예수 그리스도를 인식하고, 돌이켜 그 길에서 떠나 회개하도록 구원의 소식을 전하는 바이나, 이미 믿는 이들에게는 항상 신앙과 참회를 설교하는 것 외에, 성사들을 받을 준비를 시키고, 그리스도께서 명하신 모든 것을 지키도록 가르치고, 애덕과 신심과 사도직의 모든 사업을 행하도록 격려해야 한다(「전례헌장」 9항).
14) 전례 행위는 사적 행위가 아니라 '일치의 성사' 인 성교회의 식전이다. 그러므로 전례 행위는 성교회의 몸 전체에 관계되고, 그 몸을 드러내며 그것에 영향을 끼친다(「전례헌장」 26항).
15) 하느님께서 완전한 영광을 받으시고 사람들이 거룩하게 되는 이렇듯 위대한 사업에 있어, 그리스도께서는 사랑하는 당신의 정배인 성교회를 항상 당신과 결합시키신다(「전례헌장」 7항).

기존의 협소한 역할과 이해에서 보다 폭넓은 인식과 그리스도인들의 삶의 현실로 이끌어 주며, 나아가 전례의 범주를 넓혀 주는 역할을 한다.

전례는 그리스도의 신비체인 교회 활동의 통합적인 예절이며 교회는 전례의 참된 주체라는 것이 분명해진다. 전례와 함께하는 교회의 정의는 구원사 안에서 인간의 구원과 새로운 계약에 대해 보다 깊이 이해할 수 있도록 도와줄 것이며, 신앙과 삶을 일치시키기 위해 노력하고, 구원으로 향하는 길에 적극적으로 참여할 수 있는 방법을 제시한다.

교회 안에서, 그리고 신학 안에서 전례의 정의를 한마디로 단정하기는 어렵다. 상황이 다르고 관점이 다르면 그 안에서 새로운 정의들이 탄생하기 마련이다. 제2차 바티칸 공의회 이후 학자들이 표현한 전례의 정의를 통해, 전례의 의미의 다양성 및 보편성을 전례사전[16]에서 소개하고 있다. 학자들이 언급하고 있는 다양한 전례의 정의는,[17] 전례가 하나의 개념으로 통합되어 설명되는 것보다 다양한 상황에 적용하고 이해할 수 있는 범주에서 받아들여야 함을 의미한다. 아울러 그만큼 전례의 범주가 그리스도교 신학에서 차지하는 부분이 넓다는 의미로도 해석해야 한다.

(3) 전례와 교회

전례와 교회의 관계를 설명한다는 것은, 교회라는 가시적인 형상을 통해 그리스도 공동체의 생활과 활동 그리고 그들의 신앙 표현에 대해서 언급함을 의미한다. 교회 안에서 전례를 거행하고 있다는 사실은 공의회가 바라는 교회의 정신을 표현하는 것으로 볼 수 있다. 전례가 거행되기 위해서는 그리스도인들의 공동체가 형성되어야 하고, "교회는 모든 신자가 전례 거행에 의식적이고 능동적이고 완전히 참여하도록 인도하기를 간절히 바란다"(「전례헌장」 14항)는 것을 지향하고 있기 때문이다. 전례 행위는 교회가 믿는 것을 경신례를 통해 실천하는 믿음의 행위이자 표현이다. 전례는 그리스도인들의 자발적인 신앙고백인 동시에, 교회가 가르치고자 하는 교의적 내용에 대해 감각적이고 가시적인 방법을 통해 교회에 대한 믿음을 구현하고 있음을 보여 주는 것이다. 하지만 전례에서 보여 주는 모든 행위(상징과 표징)가 교회에서 주장하는 교의적·교리적 내용을 전부 이론적으로 설명하는 것은 아니다. 그보다는 그리스도인들의 삶과 실천적 표현 안에서 교회의 의도와 감각을 설명한다. 전례 행위가 신학적 측면에서 가치 있는 이유는 하느님의 계시와 더불어 그리스도의 신비, 인간의 구원에 대한 제례적인 관계가 전례 안에서 표현되고 있기 때문이다.

전례와 교회의 관계는 그리스도를 중심으로 하는 예절 거행을 통해 상호간의 협조 및 조화로 이해되고 증명되는데, 특별히 그리스도가 교회와 제자들에게 명하신 성찬 전례를 통해 전례와 교회

---

16) *Liturgia*, D. Sartore - A. M. Triacca - C. Cibien(edd), San Paolo, Milano, 2001, pp. 1045-1046. ① 전례는 파스카적 전망 안에 서 있으며, 구원사의 마지막 순간을 이룬다. 전례란 성 바오로가 말한 것처럼 "주님이 다시 오실 때까지 그분의 죽음을 선포하는 것"이다(1코린 11,26). 전례란 그리스도 자신이 이루신 것, 즉(구원 사업) 현재 실제로 기념하는 것을 뜻하는 아남네시스anamnesis이다. 다시 말하면 전례란 "이 세상으로부터 성부께로 가신"(요한 13,1) 그리스도의 이집트 탈출인 파스카를 실제화하고 현재화시키는 개념이다. 파스카 때 그리스도는 당신 제자들을 끝까지 사랑하시고 그들을 죽음에서 해방시키시어 하느님께 결합시키셨다. ② 교회에서 거행되는 전례는 '계시'와 '구원사의 차원'에 위치하는 예배로서, 그리스도 안에서 쇄신된(회개를 통해 하느님의 자녀가 된, 그리스도를 받아들이는 이) 사람을 통해 실현된다. 이런 의미에서 전례는 어떤 '자연적 예배'와 근본적으로 다르며, 이로써 전례는 '교회의 예배'로 드러나게 된다. 전례가 필연적으로 교회에 의해서 이루어진다는 사실이 지닌 깊은 의미를 확실히 이끌어 내기는 쉽지 않다.

17) 전례는 전통적으로 다양한 장소와 새롭고 적절한 시기 안에서의 예절을 통해 그리스도의 구원을 설명하고 있다(*Liturgia*, M. Auge, San Paolo, Milano, 1992. p. 54 참조). 전례는 예수 그리스도의 사제직의 수행으로 간주된다. 전례 안에서 인간의 성화는 감각할 수 있는 표징으로 드러나고, 그것은 각각 고유한 방법으로 실현되며, 또한 그리스도의 신비체, 즉 머리와 지체에 의해서 완전한 공식 흠숭이 수행된다(「전례헌장」, 7항). 전례란 "거룩한 행위로서, 예식과 더불어 이 행위를 통하여 그리스도의 사제직무, 즉 인간의 성화와 하느님께 영광을 드리는 일이 교회 안에서 교회를 통하여 수행되며 계속 이어진다(*Liturgia*, D. Sartore - A. M. Triacca - C. Cibien(edd), San Paolo, Milano, 2001, p. 1045). 그리스도의 파스카 구원 신비를 실현(재현)하는 것, 이것이 바로 살아 계신 하느님을 흠숭하고 그분께 영광을 드리는 가운데 인류의 구원을 위하여 올리는 전례의 참되고도 고유한 임무이다. 이것이 가능하도록 사도들은 복음을 선포하며 예배를 드리도록 신도들을 불러 모았다(*Liturgia*, D. Sartore - A. M. Triacca - C. Cibien(edd), San Paolo, Milano, 2001, p. 1945). 전례는 그리스도교 공동 예배가 '성사적' 가치를 수용하면서 교회, 즉 그리스도의 신비체의 예배로 드러나는 순간이다. 공동 예배란 그리스도의 몸 '안'에서 이루어지는 예배이다(*Liturgia*, D. Sartore - A. M. Triacca - C. Cibien(edd), San Paolo, Milano, 2001, p. 1053). 전례는 거룩한 표징의 너울 속에서, 성령의 일치 안에서 그리스도를 통하여, 그리스도 안에서 이루어지는 하느님과 교회, 하느님과 교회 구성원들의 만남이다(「전례신학」, 암부로스 베르홀, 분도, 1994, 17쪽).

를 이해할 수 있다. 교회 안에서 완수되는 그리스도의 사제직 수행으로서의 전례는, "하느님께서는 완전한 영광을 받드시고 또한 인간들이 거룩하게 되는 이렇듯 위대한 사업에 있어 그리스도께서 당신의 정배인 교회를 항상 당신과 결합시키신다"(「전례헌장」 7항)는 의미에서 그리스도와 교회의 결합 행위이다. 비록 전례가 그리스도와 교회의 공동 상호 행위이긴 하지만, 그리스도는 머리로서, 교회는 (그리스도 신비체의) 몸으로서 그 위치를 차지한다. 머리와 몸의 역할은 서로 구별되는 것이며, 전례 안에서 다음과 같은 직무의 구별로 구체화된다. 즉, 직무자(우두머리-머리이신 그리스도의 대리인)와 공동체(그리스도의 몸)의 구별로써 그리스도는 전례 안에서 우두머리 역할을 다음과 같이 수행하신다.

구체적으로 전례 안에서 그리스도와 교회의 관계는
① 그리스도의 대리자인 사제들을 통해서 사람들이 당신의 은총에 참여케 하심으로써 인간을 성화하시고 그들을 하느님의 거룩한 백성으로 하여 교회를 만드신다.
② 구성된 교회가 당신 자신이신 성부께 드렸던 찬미에 하느님의 거룩한 백성인 그리스도인들을 참여케 하신다.

또한 공의회 문헌에 나타난 전례와 교회의 관계는

① 전례는 그리스도의 원의에 일치되는 성찬의 희생 제사의 표징 안에서, 그리고 교회 안에 있는 이들을 날마다 주님 안에서 성전으로, 성령 안에서 하느님의 집으로 세워진 교회의 신비 안에 위치하고 있다(「전례헌장」 2항 참조).

② 그리스도의 신비로부터 그리고 구원사로부터 이해되는 모든 전례 거행은 그리스도의 사제직의 활동이며 그분의 몸은 교회이기에 "그리스도께서는 언제나 교회에, 특별히 전례 안에 계신다."(「전례헌장」 7항) 이같이 전례 거행은 그리스도의 현존을 통해 하느님의 거룩한 백성을 한데 모으며, 하느님 말씀을 선포하고, 교회의 기도를 통해 그리스도인들의 신앙이 성장하게 한다.

③ 그리스도의 대리자인 주교와 신부는 전례를 거행할 때 교회 공동체가 거기에 있든 없든 교회를 대표한다. 만일 공동체가 거기에 참여하고 있다면 일치의 성사인 교회, "주교들 아래 일치 결합되고 조직된 거룩한 백성"(「전례헌장」 26항)인 교회가 더욱 뚜렷이 드러난다. 하지만 공동체가 (주교, 신부가 드리는) 전례에 참여하고 있지 않다 하더라도, 이들이 교회의 우두머리로서 행동할 때는 그리스도께서 그들 안에 현존하신다. 따라서 전례 거행 중에 이들은 교회를 대표하면서 그 교회들을 그리스도 안에서 자기들과 결합시킨다.

④ 교회가 드리는 기도는 여전히 그리스도께서 당신 몸인 교회

와 더불어 성부께 바치는 기도이다(「전례헌장」 84항 참조). 이런 의미에서 그리스도의 사제직 활동인 전례를 교회의 예절 혹은 예배라고 정당하게 말할 수 있다.

⑤ 그리스도는 당신의 고유한 사제직 활동의 실현인 전례 거행 중 당신의 파스카 신비와 세상 구원에 대해서 홀로 성교회에 위임하는 것이 아니라 "성교회를 항상 그리스도와 결합시키신다."(「전례헌장」 7항)

그리스도의 사제직은 전례 거행 중에 공동체에서 현실화한다. 교회 안에서 하느님 백성의 사제들은 삶 속에서 사제직을 수행하며, 성령 안에서 그리고 그리스도를 통해서 성부께 흠숭을 드릴 목적으로 전례를 공동체와 함께 거행한다. 전례는 교회라는 장소에서 공동체와 함께하고 있을 때 활성화되고 그 목적이 실현될 수 있는 것이다. 교회 안의 전례에서는 그리스도만이 참된 주체이며, 그리스도를 통한 성부가 대상이라는 것이 분명히 드러난다.

전례가 교회 활동의 정점이며 원천임을 언급하는 이유는, 교회의 삶과 신학 분야에 있어서 긴밀한 관계성을 갖기 때문이다. 무엇보다도 성사의 거행에 있어서 사목적이자 교회법적으로, 교회사적으로 교의적인 내용에 바탕을 두고 전례를 거행하기 때문이다. 하지만 전례와 가장 깊은 관계를 맺고 있으며 중심을 이루는 것은 그리스도이다. 전례는 그리스도께서 교회 안에 남겨 두고 가신 신앙의 유산을 증거하며, 재현하는 장소이기 때문이다.

  역사 연구는 과거의 사건을 규명하고 분석하는 것만을 목적으로 하는 것이 아니라 현재를 이해하고 미래를 준비하는 것이다. 현재는 과거라는 고리를 통해 연결되어 있으며, 과거와 현재의 고리를 배제한 상태에서 미래를 준비하고 예측할 수는 없다. 예수 그리스도의 죽음과 부활 사건이 시대가 지남에 따라 다양한 관점의 신학적 분야에서 설명되고 이해되는 것은, 그것이 단순한 사건에 머물지 않고 오늘날 그리스도인들의 현세적 삶의 지표를 제시하고 있으며 미래를 향해 나아갈 수 있는 나침반 역할을 하고 있기 때문이다. 그리고 말씀이 사람이 되신 육화 사건은 구약 시대가 지나 신약 시대를 도래하게 했으며, 성령으로 말미암아 교회가 설립되었고, 교회 안에서는 신학[18]이라는 학문이 발달하게 되었다. 특히 교회는 하느님을 향한 공적 예배를 통한 전례신학이 그리스도와의 관계를 입증시키고 발전시켜, 가톨릭교회의 풍요로운 전례적 전승을 갖게 하였다. 교회 안에서 전례의 역사를 연구하는 것은 초기 그리스도교의 행위에 대한 전통적 전승과 더불어 교회의 역사를 이해하는 데 큰 도움이 된다.

---

18) 신학 분야는 역사신학(성서학, 교부학, 교회사), 교의신학(그리스도론, 교회론, 성령론, 윤리론 등), 실천신학(전례학, 선교학)으로 크게 분류할 수 있다.

제2부
전례사

그리스도교 역사에서 그리스도인들이 어떠한 방식으로 교회 안에서 전례에 참여하였으며, 어떻게 신앙생활을 해왔는지에 대한 연구와 규명은 자료의 불충분으로 인하여 커다란 장벽에 부닥치게 된다. 19세기에 이르기까지 교회에서는 전례의 역사나 그리스도인들의 개인적인 신앙생활의 중요성에 대해 큰 관심을 갖지 않았다. 전례사를 교회사의 한 부분으로 생각했기 때문에 별도의 기록을 남기지 않았던 것이다. 전례사를 교회사의 한 부분으로 볼 수도 있겠지만, 교회사와 달리 전례사만의 고유한 특색이 있다는 것을 당시 사람들은 인식하지 못했다.

전례사와 교회사의 시초는 하느님과 인간의 관계와 그 결과에서 출발했다. 교회사는 사람들이 교회 안에서, 그리고 교회와 함께 하느님과 어떠한 형태로 존재하고 상호 유지되어 왔는지를 다루고 있다. 교회사는 사건을 중심으로 교의적으로, 그리고 신앙을 바탕으로 해서 후대에 교회에서 일어났던 일의 결과를 전한다. 반면, 전례사는 교회의 역사에서 혹은 교회 안에서 그리스도인들이 어떠한 방식으로 믿음을 가지고 하느님과 감각적이고 구체적인 관계를 맺고 유지하고 표현했는가 하는 하느님과 그리스도인의 구체적인 신앙 표현의 문제를 다루고 있기 때문에 보다 현실적인 감각을 갖는다. 전례사가 교회사의 범주에 들어간다고 볼 수 있지만, 실제적인 의미에서 볼 때 전례사는 교회사와 다른 신학을 바탕으로 신앙적인 표현과 관계를 취급하고 있다. 가톨릭교회가 갖고 있는 풍부한 유산 가운데 전통에 입각한 전례의 의미는 하느님 백성이 봉헌하는 공적 예배이고, 전례를 통한 하느님과의 관계성은 교회사에서 나타나는 하느님과의 관계보다 더 구체적이고 직접적이며, 감각적인 관계의 유지를 통해 이해된다.

전례사를 통해 하느님과의 관계 및 행위를 설명하는 것이 전례적 행위라면, 전례 행위에서 가장 중요하며 중심을 이루는 것은 성찬 전례 eucharist라고 할 수 있다. 성찬 전례는 예수 그리스도와 제자들의 관계에서 비롯된 사건을 언급하게 되는 가장 근원적이고 규정적이며 구체적인 상징과 표징을 보여 준다. 무엇보다도 성찬 전례는 예수 그리스도께서 제자들과 수난 전날 함께 다락방에서 나누었던 저녁 만찬 사건을 설명하고 있다. 성찬 전례는 그리스도교 공동체 생활의 중심이며, 예배적이고 rite 성사적sacrament인 특성을 강조하면서 교회의 예절을 주도해 왔다. 성찬 전례를 성사적 의미와 특징(성사론)과 예배의 상징적인 측면(전례신학)[19]에서 해석하고 규정한다면, 그것은 전례와 더불어 다른 교의적인 학문의 특색과 조화를 이루어 더욱 풍성한 신학적 해석을 제공할 수 있다.

그리스도교 전례의 세계는 하느님께서 인간에게 보여 주신 신비와 인간과 맺으신 새롭고 영원한 계약을 기억하여 기념하고 재현하는 세계라고 할 수 있으며, 전례의 중심에는 예수 그리스도가 있다. 전례는 예수 그리스도를 중심으로 전개되고 그분이 행하신 바를 재현re-presentation하며 그것과 관련된 사항을 취급한다. 무엇보다도 전례의 중요성은 신학적인 문제에 있어서 계시의 해석을 추상적이고 이론적으로 이해되는 상황에서 신앙을 바탕으로 생활 속에서 실천적으로 구현되고 표현된다. 전례는 그리스도를 향한 구원의 신비에 대한 그리스도인들의 태도를 적극적이고 능동적으로 지금 이 순간에hic et nunc 표현하므로 강조되어야 한다.

전례사 연구는 지금 사용하는 전례 기본서와 더불어 전례의 구조를 이해하는 데 많은 도움을 준다. 그래서 전례학 연구에 있어서 기본적인 분야로 인식되고 있다.[20] 전례사를 취급한다는 의미는 과거의 일들을 바라보면서 비판하고 규정하기보다, 사실적인 면과 함께 설명을 통해서 오늘날의 교회의 현실 속에서 전례를 어떻게 새롭게 이해하고 적용할 것인가에 초점을 두어야 한다. 전례는 역사 안에서 현재라는 존재의 주체가 되며, 과거와 현재의 전례사에서 시간적이고 공간적으로 정리되고 이해된 범위에서 받아들여진 전례 내용들은, 미래에 있어서 전례에 대해 새로운 변화를 추구하고 토착화할 수 있는 원인을 제공하기 때문이다. 전례는 시대에 맞는 본질적이고 기능적인 개념이 각 시대에 걸쳐 다양성과 적응성이라는 이름으로 존재했다. 전례의 다양성은 시대와 환경이 변한다 해도, 교회 안에서 전례의 기본적이고 원천적인 개념인 그리스도 안에서 일치를 도모하고 하느님 왕국을 기원하고자 했던 모든 그리스도인들의 기도 표현이었다.

---

19) 그리스도의 파스카 구원 신비를 실현(재현)하는 것, 이것이 바로 살아 계신 하느님을 흠숭하고 그분께 영광을 드리는 가운데 인류 구원을 위하여 행하는 전례의 참되고도 고유한 임무이다. 이것이 가능하도록 사도들은 복음을 선포하며 예배를 드리도록 신도들을 불러 모았다(Storia della Liturgia in Liturgia, B. Neunheuser, San Paolo, Milano, 2001, p. 1945).
20) 전례는 성격상 어느 한 사람에 의해 갑자기 만들어지는 것이 아니라 교회의 오랜 전통 안에서 발전되고 형성되는 것이다(「사도전승」, 히폴리투스, 분도, 1992, 35쪽).

::1장
초기 그리스도교의 전례

교회의 역사는 성령이 세상에 오심으로써 시작되었고, 교회 안에서 그리스도인들의 신앙생활은 그리스도와 함께하려는 다양한 방법을 통하여 시작되었다. 초기 그리스도인들의 신앙생활은 그들에게 맡겨진 선교 사명으로 말미암아 전례사와 교회사에 있어서 중요한 위치를 차지하고 있다. 그리스도인들에게 맡겨진 선교 사명은 인간에 대한 구원 설교의 계속과 하느님 나라에 관한 복음적 선포이다. 비 그리스도인과 유다인과의 관계 속에서 유다-그리스도인들은 호교론적 신앙생활을 하면서 그리스도교를 지켜 나갔는데, 그리스도의 말씀을 적극적으로 전파하기보다 소극적이고 방어적인 태도로 신앙생활을 했던 것이다. 호교론적[21]이지만 방어적인 초기 교회 안에서의 삶의 태도는, 중세 교회의 공격적이고 적극적인 호교론이 아닌 그리스도를 믿는 이들에 대한 중상이나 신앙에 대한 모욕, 오해에 대해 이성적 답변을 준비하는 성격을

---

21) 비 그리스도인들에게 그리스도교 신앙을 전파하기 위한 선교적 태도에서 나오는 관심과 열정을 바치는 것(「천주교 용어 사전」, 최형락, 호교학, 작은 예수, 2001). 이는 2세기경, 반교회적이고 적대적인 이방인들에게 교회에 대한 방어 및 변론을 편 호교론을 말한다. 이러한 호교론적 변론으로 그리스도교를 옹호하면서 선교하는 일을 한 자들을 호교 교부라고 한다. 이들은 변증론, 대화론, 수사학 등 전통적인 철학 방식을 통해 이성과 신앙의 조화를 꾀하였으며, 그리스도 사상과 철학의 그리스도교화를 시도하였다.

띠고 있었다. 또한 초기 그리스도교 공동체의 관심사는 선교적 호교론이 아니라 교회 내의 이단에 대한 논박을 통한 교회 공동체의 결속을 위한 방어적인 의미를 갖는 학문적 호교론의 성격이 강했다. 즉, 공동체 내부에서 신앙적 일치를 위한, 신학의 정립을 위한 호교론이라고 할 수 있다. 초기 그리스도교의 전례는 "회당의 전례, 일상 기도 생활 및 쿰란 공동체의 종교 생활"(「문화사에 따른 전례의 역사」, 부르크하르트 노인호이저, 분도, 1992, 26쪽)과 같은 규범적이고 원천을 구성하는 특징을 갖게 되었다.

1. 유다 공동체와 그리스도교 공동체의 전례

유다 공동체와 초기 그리스도교 공동체의 전례가 외형적으로는 구약과 신약 사이에 연속성을 찾아볼 수 있지만, 사실 예수 그리스도로 인하여 유다 전통 전례의 의미가 변화되고 수정되었다. 초기 그리스도교 공동체에서 전통 전례의 변화는 야훼 중심의 전례를 정화시켜 예수 그리스도 중심의 전례를 정례화하는 작업이었다. 무엇보다도 외적 행위에 치우친 유다인들의 예식에 하느님 말씀의 내적인 의미를 강조하여 완성하려는 데 초점을 맞추었다(마태 5,17 참조). 하느님께서 원하시는 것은 이웃에 대한 희생과 사랑이지, 형식에 빠진 어떠한 형태form나 고정된 틀style, 규정rule을 원하는 것은 아니라는 내용에 초점을 맞춘다.

신약의 유다-그리스도인들의 전례는 예수 그리스도의 수난, 죽음, 부활을 그들의 신앙과 전례의 의미 안에서 재해석하면서 그리스도를 통한 세상의 구원과 참된 해방을 기념하게 된다. 야훼 중심적인 구약의 전례들은 예수 그리스도의 빛 안에서 의미를 재해석하고, 적용하며, 적응하면서 새롭게 탄생하게 되었다. 예수 그리스도와 함께하는 유다-그리스도인들의 전례는 하느님께 봉헌하는 의미와 자신들의 구원을 위한 예절을 강조하였다. 초기 그리스도교 전례 형태의 발전과 변화는 새로운 전례적 의미를 요구함으로써 "예수 그리스도에 관한 구원 사업을 선포하던 사도교회는 유다교 전례와 다른 새로운 전례 형태를 강조"(「문화사에 따른 전례의 역사」, 부르크하르트 노인호이저, 분도, 1992, 25쪽)하게 된다. 즉, 새로운 전례의 중심에는 예수 그리스도가 있으며, 예수 그리스도로 인하여 완성된다는 것이 새로운 전례 변화의 의미이다. 유다-그리스도인들의 전례 안에는 예수 그리스도가 전례 그 자체이기에 유다인의 전통 전례에 사용되던 전례의 개념에 변화가 오게 된다. 그 가운데 대표적인 것이 사제, 희생 제물, 성전, 제대의 개념이다.[22] 이러한 변화는 유다인들의 전례와 유다-그리스도인들의 전례를 구분시키는 기준이 되었다. 무엇보다도 그리스도 공동체의 전례에서 새로운 개념과 새로운 예절의 중심은 예수 그리스도의 부활이다. 예수 그리스도의 부활은 유다 공동체와 유다-그리스도 공동체의 차별화를 분명히 하는 계기가 되었으며, 나아가 초기 그리스도교의 신앙생활에 기초가 되었다.

2. 신약의 전례

예수 그리스도의 부활과 승천 사건 이후 성령이 오심은 교회의 시작이라는 의미와 더불어 유다-그리스도인들의 전례에 있어서 중요한 의미를 부여하게 되고, 그리스도교 예절에 대한 정의[23]와 더불어 그리스도인들이라는 신원identity에 대한 강한 소속감을 주었다. 초기 그리스도인들은 강한 신원 의식을 바탕으로 그리스도교 신앙을 표현할 수 있는 그들만의 예절의 필요성을 강하게 느끼고 있었다. 하지만 새로운 예절과 예배를 만들어 낸다는 것은 당시 상황으론 불가능하다고 생각했다. 초기 교회에서 제자들이나 그리스도인들이 알고 있는 것은, 그들이 알고 생활해 온 예절은 전통적인 유다인들의 예절뿐이었기 때문이다. 비록 자신들의 신원에 대한 변화가 있고, 그들이 그리스도를 전하는 임무를 받았다 하더라도, 새로운 예절을 통한 자신들의 신원에 대한 확실성이나 선교의 임무를 수행하기에는 어려움을 갖고 있었다. 이러한 어려움 속에서 그들이 선교 임무를 수행하기 위해 선택한 방식은, 기존의 예절을 지키는 가운데 새로운 가치와 의미를 부여하는 방식을 통하여 새로운 종교에 대한 거부감이나 이질감을 줄여 가면서 그들에게 주어진 선교 임무를 수행하는 것이었다.

사도들과 그들의 공동체는 하느님과의 만남을 확립하고 그 뜻을 이해시키기 위해 그들 이전에 이미 존재했던 여러 예배 형태들을 이용하면서, 그것들을 (그리스도교의) 새 정신으로 채워 변형시켰다. 그리하여 필연적으로 옛 예배 형태들에 새로운 요소들을 첨가하게 되었다(Storia della Liturgia in Liturgia, B. Neunheuser, San Paolo, Milano, 2001, p. 1947). 구약의 예배 형태에 의존하지 않으려 했던 사도들은 유다인들의 생활 속에 깊이 스며들어 있는 하느님을 예배하는 형태들을 감성적이고 영성적인 표현의 테두리 안에서, 그리스도를 통하여 성령과 진리 안에서 하느님께 찬미를 드리는 새로

---

22) ① 사제 : 구약에서는 레위 가문만 사제가 되어 예식을 집전하나, 신약에서는 그리스도가 참된 사제이며, 백성 전체가 사제가 된다. ② 희생 제물 : 진정한 희생 제물, 봉헌 제물은 예수 그리스도이며, 더 이상의 제물은 필요하지 않다. ③ 성전 : 성전은 본래 하느님의 현존에 대한 표시이며, 그 후 예수님이 성전이 되셨다. 예수님은 하느님의 충만함이며, 그리스도 이후 각 신자 안에 새로운 성전이 서게 되는데, 그 이유는 그리스도를 모시고 있기 때문이다. 그래서 초기 공동체에서는 외형적인 성전에 대해 절실한 필요성을 느끼지 못했다. ④ 제대 : 봉헌 제물을 바치는 터인 제대altar는 그리스도께서 십자가 위에서 돌아가심으로써 새로운 제대가 된다.
23) 성령과 진리 안에서 하느님께 드리는 찬미와 그 형태(「문화사에 따른 전례의 역사」, 부르크하르트 노인호이저, 분도, 1992, 33쪽)

운 예배, 즉 새로운 전례로 탄생시켰다(「문화사에 따른 전례의 역사」, 부르크하르트 노인호이저, 분도, 1992, 34쪽). 사도들은 예수 그리스도의 승천 후에 교회와 자신들에게 맡겨진 선교 사명(마태 28,18; 마르 16,15)을 완수하기 위해 그들만의 공동생활 방식, 전례, 구원 설교에 관한 것들을 구체화시키며 복음을 통한 교회의 기초를 세우게 된다.

그리스도교 초기의 전례는 성서와 밀접한 관계를 통해서 유지해 나갔는데, 무엇보다도 초기의 전례서는 성서를 기본으로 하는 말씀의 선포였다. 사도행전에서 나타난 전례 행위는 예수님의 부활 사건 이후 주님으로부터 파견을 받고 성령의 능력으로 말미암아 복음을 선포하는 데 큰 역할을 했고(2,38-40), 많은 그리스도인들이 사도들의 가르침을 듣고 서로 도와주며 음식을 나누고 먹고 기도하였으며(2,41-42), 공동생활을 하면서 음식을 나누고 하느님을 찬양하였다(2,46). 또 사도행전에 나타난 공동체에서는 시간에 맞추어 3시에 기도하고(3,1) 주님의 이름으로 침례하며(19,5), 성령을 주기 위한 안수(8,15-17)를 통한 감사기도에서(*Storia della Liturgia in Liturgia*, B. Neunheuser, San Paolo, Milano, 2001, p. 194J 근거를 찾아볼 수 있다. 신약 성경을 근거로 하는 새로운 그리스도 공동체는 기존의 유다 사상인 하느님과의 계약 및 토라tora[24]와 베라카 berakah의 의미인 축복의 관계 및 해석에서 차이점을 갖는다. 무엇보다도 유다인들의 선민사상이나 이집트 노예 생활에서 해방시켜 주신 야훼에 대한 계약으로 말미암아, 이민족들이 같은 야훼에 대해 동일한 신앙을 갖는 것을 인정할 수가 없었다. 야훼께서 이집트에서 노예 생활을 하던 유다인들을 탈출시키신 사건을 통해 아브라함에게 약속하신 계약(자유)을 드러내 보이셨던 체험과 의미가 그들만을 위한 예절과 신앙이기를 바랐기 때문이다.

  신약 성경은 구약에서 언급하는 많은 예배나 예절에 관한 내용들을 다 수용할 순 없었다. 하지만 공유하는 부분에 대해서는 새로운 개념의 예절과 예배를 통해 구약과 신약의 연속성을 유지할 수 있었다. 구약에서 신약으로 넘어가는, 시대에 따른 전례의 변화는 연속성과 단절성이라는 양면적인 특성을 갖는다. 무엇보다도 신약 성경을 통한 유다-그리스도인들의 전례는 하느님과 인간의 관계를 그리스도를 통해서 표현하고자 했다. 그러나 유다교에 있어서는 야훼에 대한 신앙이 유다인들의 삶의 중심이자 전부였

---

24) 히브리어 '토라Tora'는 그리스어의 70인 역에 '노모스Nomos'로 번역되어 있기는 하지만, 노모스보다는 그 뜻이 훨씬 광범위하다. 또 그만큼 엄밀한 법률 용어도 아니다. 토라는 하느님이 인간으로 하여금 기울 있는 생활을 하게 해주신 '가르침'이다. 토라는 구약 성경에서 전통적으로 모세를 저자로 하는 법률 전체를 지칭한다. 이것은 유다교에서는 이미 인정된 사실이지만, 신약 성경도 이것을 그대로 이어받아 모세의 율법이 중심이 되는 구약 시대를 예수 그리스도에 의해 시작된 은총의 시대와 대조시키기 위해(로마 6,15; 요한 1,17) '법'이라고 부른다(로마 5,20). 그러나 신약에서도 "그리스도의 법"(갈라 6,2)이라는 표현을 찾아볼 수 있다(「성서 신학 사전」중 '법', 사비에르 레옹 뒤프르, 광주가톨릭대학, 1984).

기 때문에, 야훼와의 직접적인 관계를 예언자를 통해 표현했다는 사실이 유사성과 이질성을 함께 갖는 이유가 된다. 유다인들을 해방시키고 구원하셨던 이집트 탈출 사건으로 인하여, 야훼는 그들만의 역사 안에서 역동적으로 존재하시는 하느님이 되었던 것이다. 그런데 예수 그리스도의 등장은 유다인들의 신앙을 흔들어 놓았다. 예수 그리스도에 관한 사건들은 그분의 제자들과 새로운 유다-그리스도인들이 그들만의 전례를 통하여 예배하였기에, 동질성을 갖기에는 어려움이 많았다. 유다-그리스도인들의 새로운 전례는 유다인들이 맺고 있는 야훼와의 계약을 예수 그리스도와 맺는 새로운 계약으로 바꾸어 설명하고자 했다. 새로운 계약에서의 해방은 죄의 노예 상태에 있는 인간들을 예수 그리스도의 파스카 신비를 통해서 해방시키고자 하는 새로운 개념이었다. 그리스도의 파스카 신비는 전례 안에서 성사의 은총을 통해 이해되는데, 이는 그리스도의 희생적인 생애에 동참하는 것이라고 설명할 수 있다.

예를 들면, 유다인들의 사상 가운데 가장 중요하게 생각하는 축복berakah에 대한 문제 해결은 성찬 전례의 축복과 감사를 통해 설명했다. 유다-그리스도인들의 전례는 교회를 통해, 교회 안에서 인간을 위해 자기 자신을 바치신 예수 그리스도의 완전한 희생 제물이 봉헌되는 장으로서 이해되었다. 즉, 전례는 이집트 노예 생활로부터 해방된 사건을 기억anamnesis하는 개념에서, 죄와 죽음으로부터의 해방을 의미하는 예수 그리스도의 부활로 연결되며 새로운 개념으로 설명하게 되었다. 교회가 봉헌하는 전례의 의미는 하느님의 새로운 백성이며, 새로운 유다인과 맺는 새 계약을 설명하는 것이다. 또한 예수님의 희생으로 인하여 더 이상의 희생 제물을 필요로 하지 않게 되었으며, 축복의 문제와 관련하여 유다인들에게만 열려 있던 야훼와의 관계가 그리스도의 성찬 전례로 인하여 모든 이들에게 개방되어 하느님과 새로운 계약 관계를 맺게 하였다.

예수 그리스도의 행적은[25] 당시 유다의 풍습 중 야훼, 즉 성부께 대한 잘못된 예배를 거부하고(마태 5-7장 참조) 성부와 진정한 만남 및 통교를 실천할 것을 요구한다. 예수 그리스도의 요구는 유다인들의 고착된 예절이 아니라 야훼께서 원하시는 영과 진리 안에서의 예절이었다(요한 4,20-24). 예수님은 참된 예배를 가리켜, 야훼와의 진정한 만남과 통교를 통해서 이루어지는 것이지 예배의 형식이나 장소가 중요한 것이 아니라고 분명히 언급하신다. 신약에서 나타나는 전례의 변화는, 폐쇄적이며 형식적이고 지나친 언변과

---

25) 유다인들의 형식에 치우친 예절을 준수하면서도, 한편으로는 정신을 우위에 두는 예언자들의 노선을 따르기도 한다(*Liturgia*, M. Augé, San Paolo, Milano, 1992, p. 20; 마태 5,23-24; 마르 12,33 참조).

더불어 특정한 장소에서 드리던 유다인들의 예배가 이제는 예수 그리스도를 통해 영과 진리 안에서 완성되는 것이라고 말할 수 있다. 유다-그리스도인들의 새로운 예절은 삶의 양태와 결과에서 구성되는 것이 아니라 그리스도인이라는 존재적 가치에서 나온다. 때문에 그리스도 안에서의 신원 의식은 그리스도인들의 예절 안에서 충만하게 나타난다(*Liturgia*, M. Auge, San Páolo, Milano, 1992, P. 20). 그리스도인들의 예절에서는 복음이 중요한 위치를 차지하고, 복음의 주된 내용은 "하느님께 드리는 예배, 즉 성령과 진리 안에서 하느님께 드리는 찬미와 그 형태"(「문화사에 따른 전례의 역사」, 부르크하르트 노인호이저, 분도, 1992, 33쪽)이며 십자가에 못 박히신 예수님이 하느님에 의해 부활하셨다는 것이다. 복음은 예수 그리스도가 현존하는 성전 중 최고의 가치를 지닌 성전이며, 영원한 대사제이시고, 새롭고 영원한 계약의 유일한 중재자이심을 드러내고 있다(*Liturgia*, M. Auge, Sán Paolo, Milano, 1992, p. 20). 그리스도와 함께하는 공동체의 전례는 하느님 나라를 드러내는 표징의 시작이며 영광과 평화의 상징이라고 할 수 있다.

신약에서 전례의 특징은 성전과 율법으로 표현되던 야훼께 대한 구약의 예배가 부활하신 예수 그리스도 안에서 성령의 선물을 통하여, 그리스도인들의 사랑과 신앙을 통하여 일상에서 이루어지는 완전하고 영적인 예배라고 할 수 있다(*Liturgia*, M. Augé, San

Paolo, Milano, 1992, pp. 21-22). 전례는 예수 그리스도가 사도들에게 남겨 주신 뜻을 틀에 박힌 의례적인 규범에 넣는 것이 아니라, 복음 전파와 영혼의 구원 사업을 위한 도구로 사용되어야 함을 의미한다. 따라서 사도들은 예수 그리스도로부터 받은 계시 내용과 은총을 전례 거행을 통해서 선포하고, 성령의 인도 아래서 전례 생활을 통해 실천하고자 했다.

(1) 초대 교회의 신앙생활 및 전례

초대 교회의 신앙생활에 대해서는 사도행전(2,42-47)에서 찾아볼 수 있는데, 주된 내용은 주님의 만찬에 대한 것으로 공동체적이고 전례 중심적인 생활을 하고 있었음을 알 수 있다. 초대 교회의 전례의 특징은 단순성과 자발성 그리고 기쁨 및 감각적인 내용을 풍부하게 담고 있으며, 유다 전례와의 단절이 아닌 유사성을 통해 그들의 말씀 예식과 식사 예식을 받아들여 행했다고 볼 수 있다 (「문화사에 따른 전례의 역사」, 부르크하르트 노인호이저, 분도, 1992, 26쪽). 초대 교회에서 사도들이 행한 예절은 예수 그리스도에게서 영감을 받아, 구약의 예식성ritualita을 철회하지 않고도 그분께서 강조하신 내용을 예식 안에서 자연스럽게 이해할 수 있는, 그리스도를 중심으로 하는 전례 중심적인 삶을 살았으며[26] 신약 성경에서는 초대 교회의 예절을 성찬 전례의 연장으로 보는 시각에서 강조하고 설명하고 있다(Liturgia, M. Augé, San Paolo, Milano, 1992, p. 22; 1코린 11,17-34; 로마 12,1-2; 1베드 2,4-5; 요한 4,23-24; 히브 10,1 참조). 사실 그리스도인들의 새로운 예배 형태는 그리스도의 만찬 예식을 실생활 속에서 구체적이고 지속적으로 표현하기 위해, 그리스도께서 제자들과 함께 행하신 성찬 전례를 재현하고 거행하는 것이었다.

그리스도는 최후의 만찬 때 당신이 간택한 제자들과 그리스도에 의해 구원된 사람들의 사랑의 공동체인 교회 전체를 위해 눈에 보이는 하나의 신약 전례를 제정하셨다(마태 26,26-28; 마르 12,22-24; 루카 22,17-20; 1코린 11,23-25). 그것은 공동체의 연회, 사랑의 만찬으로서 한 식탁을 에워싸고 모두가 함께 식사하는 회식의 형식으로 거행되는 신약의 공동체적 전례였고, 이것이 주님의 말씀과 성체성사의 전례, 즉 미사의 초기 모습이었다(「미사」, 쯔찌야 요시마사, 성바오로, 1997, 145쪽). 초대 사도 공동체의 모습은 오늘날에도 이어져 오고 있다. 미사 때 거행되는 성찬 전례(감사의 전례)[27]는 예수님이 빵을 나누시고 사도들이 빵을 나누는 모습을 재현하였는데, 초대 사도 공동체에서 빵을 나누는 행위는 전례적 집회의 절정이며 그리스도의 구원 사업에 대한 감사의 기념(「미사」, 쯔찌야 요시마사,

성바오로, 1997, 146쪽)이라는 의미를 갖는다. 공동체가 한자리에 모여 감사의 전례를 봉헌할 때, 그들은 함께하고 있다는 의식을 미사의 의미와 본질적으로 결합시켜, 그 자리에 함께하지 못하는 이들을 위해서도 잊지 않고 성찬 전례의 은혜를 나누려는 노력을 하였다. 무엇보다도 공동체 생활에 활력이 되는 성찬 전례에 참여하지 못한 이들과 은혜를 나누고 교회의 일치를 위해 오늘날의 봉성체와 같이 음식을 전하는 등 많은 노력을 하였다. 교부들의 증언에 의하면, 초대 사도 공동체에서 미사의 은혜를 나누기 위해 그리고 성찬 전례를 위해 사용했던 통일된 전례 예식은 전해지고 있지 않다고 한다. 특히 성 유스티노는 이렇게 말했다. "성찬 전례를 위한 정확한 기도문은 아직 존재하지 않는다. 당시 주례자는 자기가 가장 잘 아는 대로, 즉 최선을 다해 자유로이 기도를 드렸다." (*Storia della Liturgia in Liturgia*, B. Neunheuser, San Paolo, Milano, 2001, p. 1949) 성찬 전례를 위한 통일되고 규격화된 예식서가 없음에도 불구하고, 그리스도인들은 하나의 신앙 안에서 거룩한 성찬 전례에

---

26) 사도 공동체는 전례의 고정된 규정을 가지지 않으면서도 이미 고유한 전례 형태를 소유하고 있었음이 분명하다. 성찬 전례와 세례와 기도를 위한 모임은 아주 중요한 것이었다. 사도 시대에 있어서 전례를 형성하고 발전시키는 데 본질적인 4가지 요소는 예수의 가르침과 활동, 예수의 죽음과 부활의 신비, 그리스도인들과 함께하는 그분의 현존에 대한 자각, 성령의 활동이었다(*Liturgia*, M. Augé, San Paolo, Milano, 1992, p. 26).
27) 감사의 전례는 그리스도교 신자 생활의 원천이다. 이것으로 양육된 덕분에 초대 교회 신자들은 신앙이 투철하여 순교도 두려워하지 않고, 사회에서도 신자 생활을 할 수가 있었다(「미사」, 쯔찌야 요시마사, 성바오로, 1997, 146쪽).

참여함으로써, 그리스도의 파스카 신비를 통해 삶의 활력과 어려운 역경에서도 일어설 수 있는 큰 힘을 얻었다.

안티오키아의 이냐시오가 거듭 말하듯 그들은 하나의 모임에서, 그리스도 안에서 하나로 결합되어 그리스도의 구원의 십자가와 부활을 통해 성취된 구원 사실에 대해 감사하며 공동으로 하느님을 찬미하였다. 즉 미사에서 그리스도의 파스카 신비(부활의 신비)를 거행하고, 그 은총으로 양육되고 힘을 얻어 박해나 순교까지도 견디어 내는 힘을 얻었던 것이다(「미사」, 쯔찌야 요시마사, 성바오로, 1997, 150쪽). 공동체가 한자리에 모여 음식을 나누는 성찬 전례의 감사 예식의 의미는 시간이 지남에 따라 일반 식사와 구별되는 쪽으로 변해 갔으며, 그것은 실제적인 음식 나눔의 형식에서 기념과 재현의 형태를 갖는 의식으로 발전하게 된다(「미사」, 쯔찌야 요시마사, 성바오로, 1997, 146쪽). 2세기 중엽 성 유스티노는 주일 예배의 구조에 있어서, 특히 성찬 전례에 있어서 감사 전례의 아가페적 회식의 의미가 의례적이고 구조적인 형태로 변하고 있음을 설명하고 있다(Storia della Liturgia in Liturgia, B. Neunheuser, San Paolo, Milano, 2001, p. 1948).[28] 성 유스티노가 언급하는 의례적이고 구조적인 형태는 오늘날 미사의 구조 연구에 있어서 중요한 근거로 제시되고 있다.[29] 초기 교회가 증언하는 것처럼 말씀 전례가 끝난 후에 성찬 전례를 거행하고 빵을 나누며 그 안에서 일치를 이루는 것은 중요한 전례 행위라고 생각했으며, 말씀 전례와 성찬 전례로 구성된 주일 예배는 사도로부터 내려오는 전례의 연속성과 역사성을 강조하면서 전례의 구성을 통한 풍요로운 공동체 안에서의 신앙적 유산을 보여 준다.

전례를 만들어 낸 이들은 예수 그리스도와 함께한 사도들이다. 사도들은 기도하는 백성으로서 풍부한 유다인들의 예배 의식을 통해 잘 훈련된 이들이며, 어떻게 새로운 예절이나 예배에 대처해야 하는지 잘 알고 있었다.[30] 전통적인 유다 전례와 비교해서 새로운 예절은 예수 그리스도를 중심으로 하며, 유다-그리스도인들의 새로운 전례 안에서 개념적 차이를 통해 차별화를 선포한다. 무엇보다도 자신들이 알고 있는 전례 안에서 차별화된 개념을 통해 유다 전례와 결별을 선언하게 된다. 안식일의 주인은 예수 그리스도

---

28) ① 태양의 날(주일) 모두 모인다. ② 예언자들과 사도들의 글을 읽는다. ③ 강론과 신자들의 기도가 이어진다. ④ 빵과 물이 섞인 포도주를 가져오면 회중의 주례자는 그 빵과 포도주에 대해 자기가 잘 아는 대로 기도와 감사를 드리고 모든 이들은 아멘으로 응답한다. ⑤ 축성된 빵과 포도주를 모든 이에게 나누어 준다. ⑥ 이 빵과 포도주는 예수님의 몸과 피로 변했다.
29) 예배 예절에 있어서 성서 봉독과 식사의 의식, 즉 말씀 전례와 성찬 전례가 연결되어 미사의 구조를 형성하는 시기는 대략 150년경으로 본다(*Apologia I*, Justinus Martyr, C. 65-67). 하지만 오늘날과 같은 미사 구조를 이룬 시기는 대략 7세기 중엽으로 추정된다.
30) 그리스도인들은 더 이상 구약의 예배 형태에 의존하지 않았다. 오히려 회당과 유다 백성의 생활 가운데 더욱 영성화된 형태에 따라 표현된 말과 행위 안에서, 신약에서의 그리스도 사건의 선포를 통하여, '성령과 진리' 안에서 그리스도를 통하여 성부를 찬미하는 참된 예배를 드리게 되었다. 이 모든 것은 새롭고 대단히 단순하며 권위가 있고 활발했다. 그리고 외적인 것과 내적인 것을 완전히 조화시키려는 의도에서 이루어졌다(「문화사에 따른 전례의 역사」, 부르크하르트 노인호이저, 분도, 1992, 34쪽).

이고, 안식일은 사람을 위해 존재할 뿐만 아니라 야훼를 경배하고 찬미하며 야훼의 사랑을 체험하는 날로서 존재하는 것이라고 설명한다.[31] 사도들은 안식일에 사람을 의식하지 않고 야훼의 존재만 설명하는 것은 잘못이라고 주장하였다. 사도들은 새로운 전례 안에서, 전례를 통하여 대도시에서 복음을 선포하고 교회의 기초를 놓았다. 초대 교회의 형성 과정에 있어서 전례는 새로운 그리스도인들을 위한 구심점 역할을 하게 되었으며, 나아가 많은 이방인들이 그리스도교로 개종하는데 있어서 중요한 역할을 담당했다.

(2) 초대 교회 전례의 특징

초기 그리스도교 공동체에서 거행되는 전례의 특징은, 유다인들의 전통적인 전례와 외형적인 차별을 두지 않지만 내적인 면에서는 상당한 부분에 차별성을 두어 자신들만의 전례를 거행하고

---

31) 유다인들에게 있어서 안식일이란 금요일 해 질 녘부터 토요일 해 질 녘까지다. 유다인들은 이날 모든 일손을 쉬고 그들의 신인 야훼께 기도하였다. 이 기원은 구약 성경의 창세기 1장에서 천지 창조의 과정 가운데 6일 동안 우주 창조를 끝마치고 7일째 되는 날 휴식하는 것에서 비롯되었다. 또 모세에게 내려진 십계명을 통하여 이날 모두 쉬도록 명하였다. 그리하여 유다교에서는 안식일을 철저하게 지키는 전통이 생겼다.

있었으며[32] 사도적이고 지역적인 특성을 갖고 있었다. 사도적이고 지역적인 특성을 가진 초기 그리스도교 공동체는 예루살렘에서 안티오키아, 시리아, 소아시아, 알렉산드리아, 로마를 연결하는 파트리아르카patriarch 교회(로마, 예루살렘, 안티오키아, 콘스탄티노플, 알렉산드리아)를 형성하였으며, 각 지역 교회의 특색 있는 전례를 거행하면서 발전해 나갔다. 이 같은 사실은 그리스도교 초기 공동체가(적어도 기원후 70년까지는) 유다 교회당에서 집회를 열고, 유다교 예절과 밀접한 관계를 맺는 한편, 유다교의 예법서를 재해석하고 적용하여 그리스도인들만을 위한 새로운 전례를 만들면서 그리스도교를 전파하였음을 시사한다.

초기 그리스도교 전례는 말씀 선포와 형제적 친교를 강조하였으며, 말씀 선포 중 설교는 예수 그리스도와 종말론적인 내용이 중심을 이루었다. 또한 말씀 전례를 통해 사람에게 세례를 베풀고 성찬 전례에 참석시키는 사도적 선교 활동을 했다(*Il culto cristiano in occidente*, Enrico Cattaneo, C.L.V., Roma, 1984, p.18; 사도 2,37-47 참조). 회당 예절에 익숙한 유다인들에게 있어서 새로운 그리스도교 예절은 공간적인 제약으로 인하여 쉽게 접근할 수 없었다. 하지만

---

[32] 초기 예루살렘 공동체의 신도들은 유다교와 밀접하게 결합되어 있었다. 그들은 매일 기도 시간에 성전에 갔으며 전처럼 모세 율법을 준수했다. 그러나 어떤 사람들은 자기 집에서 그들 고유의 예식을 거행하기도 했다(「세계 교회사 산책」(상), 전수홍, 성바오로, 2002, 33쪽).

초대 그리스도인들은 예수 그리스도와 사마리아 여인의 대화(요한 4,20-24 참조)를 근거로 하여, 유다인 회당에서 예배가 거행되어야 한다는 공간적인 전통에서 벗어나 비 공간적 개념을 도입하고 진실한 예배, 영적으로 참된 예배를 통해 새롭게 탄생되는 그리스도교 전례를 소개하였다. 사도들에 의한 그리스도교 전례는 그리스도를 통한 새로운 종교 안에서 필요한 영적인 행동과 더불어 하느님의 충만한 은총이 함께하고 있다는 사실을 증명함으로써, 새로운 그리스도인을 교회로 인도하였다. 초기 공동체의 전례사에 대한 특색은 예수님의 신원에 대한 그리스도론적(에페 1,3-10; 필리 2,6-10) 해석이다. 최후의 만찬을 통한 예수 그리스도의 성찬 전례 예식은 전례학적 · 신학적인 면에서 중요한 위치를 차지하고 있다 (*Liturgia eucaristica*, Vincenzo Raffa, C.L.V, Roma, 2003, p. 40). 예수 그리스도는 죽지 않고 살아 계신 하느님의 어린양이시고, 하느님께 대한 영원한 희생 제물이시며, 대사제라는 인식이 전례에 있어서 중심 사상이기 때문이다.

초기 그리스도인들의 삶과 예수 그리스도를 중심으로 하는 전례의 관계성의 특색은, 일상적인 삶의 태도와 전례 안에서의 신앙 표현을 구별하지 않았다는 것이다. 초기 그리스도교 공동체는 예수 그리스도의 말씀을 나누는 말씀 전례와 빵을 나누는 성찬 전례를 통한 아가페의 공동체적 사랑을 삶 안에서 실천하고 있었기 때문이다. 그리스도교 공동체를 유지하기 위한 규범으로 전례의 질서와 통일성(1코린 14,26-42) 안에서 그리스도교 공동체의 특징을 표현하게 되었다. 그들만의 전례를 구성하고 거행하기 위해, 전례를 보다 효과적으로 표현하기 위해 새로운 표징과 상징 및 새로운 개념이 필요하게 되었다. 유다 전례와 그리스도교 전례의 차이를 이해하기 위해서 성찬 전례와 파스카 신비(부활 신비), 주일의 개념, 세례와 죄의 용서를 통해 개념들의 상이점과 공통점이 강조되었다. 이러한 요소들은 구체적인 공동체의 모임과 행위 안에서 그리스도와 함께하는 새로운 교회의 존재 자체를 강조하게 되었다.

① 성찬 전례

성찬 전례는 주님의 식탁에서 빵을 나누는 예식이라는 생각을 갖고 있었다(루카 24,35; 사도 2,42; 1코린 1,10.16-21; 11,23-25). 성찬 전례의 시작과 모델, 규범 등은 예수 그리스도가 제자들과 함께하신 최후의 만찬에 근거를 두고 있다. 예수 그리스도가 제자들에게 이 예식의 반복을 명하심으로써 오늘날에도 거행되고 있는 것이다 (*Liturgia eucaristica*, Vincenzo Raffa, C.L.V, Roma, 2003, p. 40). 사도 바오로는 성찬 전례의 의미를 예수 그리스도로부터 받은 것이라고 설명하면서, 계속해서 그리스도 공동체에서 거행되기를 원하셨다는 것을 언급하고 있다. 유다-그리스도인들이 이해하는 성찬 전례와 유다인들의 회식 절차는 차이가 있으며, 파스카 신비를 기억하고 기념하는 anamnesis 개념의 변화는 성찬 전례 안에서 찾아볼 수 있다. 유다-그리스도교의 파스카 예절의 변화는 새로운 이집트 탈출의 의미를 제공하는 예수 그리스도의 죽음과 부활 사건이다. 그리고 그리스도의 몸과 피를 먹고 마심으로써 구원으로 향하고, 영원한 삶을 위한 새로운 종말론적 파스카를 증명하며, 향연과 희생의 양면적인 예절이면서, 새로운 계약을 세우고, 새로운 하느님 왕국을 창조하며, 죄와 노예 상태에서의 해방이라는 새로운 의미를 전해 주고 있다. 이러한 새로운 계약은 구약의 유다교 전례에서 언급하는 단순한 예언적 행위가 아니라, 지금 이 순간 현실화되고 실행됨을 설명하고 있다는 특징을 보여 준다(*Liturgia eucaristica*, Vincenzo Raffa, C.L.V, Roma, 2003, pp. 56-57). 성 유스티노에 의하면 말씀 전례와 성찬 전례가 연결되어 거행되던 미사의 구조는 이미 150년경이며, 오늘날과 같은 미사의 형태는 7세기 중엽에 완성되었다고 한다(「성찬례」, 아돌프 아담, 분도, 1996, 23-26쪽).

② 일요일

일요일 전례는 유다인들의 토요일 예배와 대치되었다. 그리스도인들은 예수 그리스도가 부활하신 날을 기념하여 일요일 전례를 거행하였다. 부활 신앙을 지닌 공동체의 정체성을 위해서였다.

그리스도교 공동체는 주님의 날을 기념하기 위해, 예수 그리스도의 부활을 기억하기 위해 일요일에 모임을 가짐으로써 기존의 유다인들과 다른 개념으로 전례를 거행하게 되었다. 초기 공동체는 그리스도교 신앙 안에서, 주님의 날에 대한 새로운 자각[33] 안에서 그들만의 새로운 신앙을 증거하고자 했다. 안티오키아의 이냐시오는 유다-그리스도인들의 일요일 전례에 대해 이렇게 말했다. "새로운 희망을 품은 이들은 기존의 안식일을 더 이상 지키지 않고 그들만의 주일을 지킨다."(「전례주년」, I. H. 달매 · P. 쥬넬, 가톨릭대학교 출판부, 1996, 18쪽) 오늘날 교회에서 사용하는 일요일, 주일[34] (주님의 날, 부활하신 날)이라는 이름의 역사는 그리스도께서 부활하신 날에 그 기원을 두고 있으며 사도 시대의 전통에 따라 표기되었다.

---

[33] 옛 질서를 따라 살던 사람들이 안식일을 더 이상 지키지 않고 수일을 지킴으로써 새 희망을 갖게 되었다. 주일은 그리스도와 그분의 죽음을 통하여 우리의 삶이 높이 들린 날이다(「전례주년」, I. H. 달매 · P. 쥬넬, 가톨릭대학교 출판부, 1996, 13-14쪽).

[34] 주일의 역사는 그리스도의 부활로 시작된다. 또한 그리스도교 주일은 니케아 공의회(325) 이전에 결정적 형태를 취하였다고 말할 수 있다. … 그리스도께서 죽은 이들 가운데서 부활하심, 제자들 가운데 나타나심, 당신 제자들과 함께하신 부활 이후의 종말론적 식사, 성령의 증여와 선교사로서 교회의 파견, 이 모든 것이 온전한 의미의 그리스도교 파스카이다. 이것이야말로 언제나 '주간 첫날'에 일어난 구원사의 중심 사건이다. 주일에 지내는 모든 신비는 파스카 날(부활 날)에 이미 현존한다. 주일은 파스카 신비의 주간 거행이다(「전례주년」, I. H. 달매 · P. 쥬넬, 가톨릭대학교 출판부, 1996, 10-13쪽).

③ 주님의 날

이는 그리스도인들의 예배 날에 대한 기본적 호칭이다. 우리는 이 이름을 묵시록에서 발견하며(1,10), 주간 각 날의 명명에 있어 5세기 이후에는 '태양의 날'(일요일)이란 이름으로 대신하게 되었다. 게르만 어에서는 태양과 관계된 이름(독일어 Sonntag, 영어 sunday)이 보존된 반면, 라틴어(프랑스 어 dimanche, 이탈리아 어 domenica, 스페인 어 domingo) 안에는 주님과 관련된 내용이 들어간다. 주님의 날에서 '주님'은 정확히 창조주 하느님이 아니라 주 그리스도를 뜻한다. 그리스도가 이날 부활하신 까닭에 주일은 그리스도의 날이다. 주일이란 이름 자체는 세 가지 측면을 상기시킨다. 첫째, 우리가 믿음으로 거행하는 부활의 기념이다. 둘째, 우리가 희망 가운데 체험하는 주님 재림의 기다림이다. 셋째, 그리스도인들이 모여 하느님 말씀을 선포하고 성찬 제사를 지내는 가운데 주께서 당신 제자들 가운데 현존하심이며, 우리는 사랑 안에서 (그분과) 통교한다(「전례주년」, I. H. 달매 - P. 쥬넬, 가톨릭대학교 출판부, 1996, 18-19쪽). 이렇듯 구약의 유다교 회당 예절과 신약의 그리스도교 예절의 차이는 일요일 전례 및 정의에 의해서 구분됨을 알 수 있다.[35] 즉, 그리스도인들에게 있어서 일요일은 예수 그리스도의 부활과 더불어 새로운 세상의 창조를 표현하는 종말론적인 성격을 띠고 있었다.

④ 세례

정결 및 회개를 의미하는 구약의 전통 예식에서 유래되었다. 하지만 그리스도교에서는 새로운 의미로서, 성령과 물로 다시 태어나는 의미로서 적용할 수 있으며(사도 8,36-37), 성령의 은총으로 말미암아 완전한 세례가 구성된다. 그리스도교에서 세례의 의미는 그리스도 신앙의 신비체인 교회의 일원이 되어 그리스도교 신자가 됨을 의미한다. 유다인들이 할례를 통해 유다 공동체의 일원으로서 신원을 인식한다면, 그리스도인들은 세례를 통해 그리스도인이라는 신원을 느끼려고 했던 것이다.

⑤ 죄의 용서

예수님은 인간의 죄를 용서하는 권한을 지상의 교회에 맡겨 놓으셨다(요한 20,22-23). 유다인들은 오직 하느님만이 인간의 죄를 용서하신다고 믿었다. 하지만 예수님은 하느님의 아들이시기 때문에 "사람의 아들이 땅에서 죄를 용서하는 권한을 가지고 있음을 너희가 알게 해주겠다"(마르 2,10)고 말씀하셨다. 또 "너는 죄를 용서받았다"(마르 2,5)고 하시면서 이 신적 권한을 행사하셨다. 나아

---

35) 유다교와 그리스도교 전례에 있어 하루는 그 전날 해 진 다음부터 시작하여 그날 해 질 때까지다. 따라서 '안식일 다음 날'이란 표현은 토요일 저녁부터 일요일 저녁까지를 가리키며, 그 기간에 성찬 전례가 행해졌다(「전례주년」, I. H. 달매 · P. 쥬넬, 가톨릭대학교 출판부, 1996, 12-13쪽).

가 당신의 신적 권위로 이 권한을 제자들에게 주시며, 당신의 이름으로 행사하게 하심으로써 사죄권을 당신 제자들에게 위임하신 것이다. 그리스도교는 인간의 죄에 대한 용서가 하늘에서 지상의 교회로 내려왔음을 언급한다. 그리고 주님의 기도에 나오는 "저희에게 잘못한 이를 저희도 용서하였듯이"(마태 6,12)라는 표현에서 잘 드러나듯, 신자들이 서로의 죄를 용서해 주기를 원하심으로써 하느님 나라가 실현되기를 바라셨다.

초대 그리스도교는 유다교뿐만 아니라 로마 제국과도 종교적 문제를 해결해야 하는 문제를 안고 있었다. 로마 제국은 법치 국가지만 그리스도교를 불법 종교religio illicita로 간주하여 여러 가지 방법으로 박해하고 있었다. 그리스도인들은 유일신 개념으로 인하여 이교적인 로마 제국의 다신적인 종교 의식에 참가하는 것을 거부하였다. 그래서 로마인들로부터 무신론자라는[36] 오해를 받았으며, 하느님을 유일한 주님으로 숭배하는 그리스도인과 로마인의 황제 숭배가 서로 대립되어 그리스도교는 로마 제국과 불편한 관계에 놓이게 되었다. 로마인들이 국가와 황제에 대한 그리스도인들의 충성심을 의심하게 만듦으로써 그리스도교 박해의 요인을 만들어 주었던 것이다. 그리스도교의 성찬 전례에 대한 당시의 잘못된 윤리적 개념[37]은 로마인들의 박해를 정당화시키는 데 일익을 담당했다. 로마 제국은 사회적인 불안과 군사적인 실패도 그리스도인들이 국가의 신들에게 제물 봉헌을 거부하였기 때문이라고 하면서, 의도적이고도 합법적으로 그리스도교를 박해하였다(「세계 교회사」, 아우구스트 프란츤, 분도, 2001, 64-67쪽). 그리스도교에 대한 박해는 303년을 기점으로 본격적으로 로마 제국 내에서 황제의 칙령에 의해 시작되었다. 모든 교회가 파괴되고, 교회 서적과 종교 집회가 금지되었으며, 사제는 체포되어 고문을 당하고 처형되는 한편, 그리스도교를 믿는 이들에게는 신분적으로 불이익을 받게 하였다.

(3) 초대 교회의 세례식

초대 그리스도교가 종교의 자유[38] 이후에 입교하려는 사람들에게 세례성사를 베푸는 예식에서 이루어진 세 가지 질문에 대한 답변은 당시의 교회를 이해하는 데 도움이 된다.[39] 그리고 세례 때 사용되는 물은 '시냇물'이나 '샘물'처럼 살아 있는 물이어야 하며, 찬물을 사용할 수 없는 경우(유아나 어린이 세례)에는 따뜻한 물을 사용할 수 있다. 세례를 베푸는 자와 받는 자는 단식해야 하는데, 보통 수요일과 금요일로 정해졌다. 그 이유는 월요일과 목요일에 단식하는 유다 전통 예배와 구별하기 위해서이다.[40] 초대 그리스도교는 유다교의 전통 전례 안에서 다양한 상황과 방법을 통해 자신들만의 전례를 정착시켰다.

① 초대 교회에서는 세례를 원하는 사람들, 즉 개종하는 사람들

---

36) 무신론자의 의미는 다신多神에 대한 부정이지 유일신의 부정을 뜻하는 것은 아님.
37) 그리스도인들의 은둔 생활은 혐의와 중상하고자 하는 욕망을 불러일으켰다. 그리스도인들의 비밀 집회에서 범죄적인 예배행위가 있고, 거기서 참가자들이 인육을 먹는(사실은 그리스도의 몸과 피를 모심) 티에스테스적인(그리스 신화에 나오는 티에스테스Thyestes가 식탁에 죽은 자식들의 요리를 차렸다는 것처럼) 식사를 하며, 그리스도인들 사이에서 서로 통하는 '형제자매 관계'가 그 계기가 되었을지 모를, 근친상간적인 음란 행위를 한다는 소문이 나돌았다(「세계 교회사」, 아우구스트 프란츤, 분도, 2001, 67쪽).
38) 로마 제국 내에서 그리스도교의 자유를 허용한다는 포고 형식의 칙령을 말한다. 이 칙령은 313년 로마 황제 콘스탄티누스 1세와 리키니우스Licinius가 밀라노에서 발표한 일종의 협정문이다. 이로서 박해 시대 때 몰수되었던 교회의 재산이 반환되었고, 박해를 위한 모든 법령이 폐지되었다. 여기에는 성직자에게 지방세를 면제해 준다는 내용이 포함되어 있다(「천주교 용어 사전」 밀라노칙령, 최형락, 작은 예수, 1994).
39) '언제, 몇 살 때 세례를 주었는가? 세례를 주는 날은? 누가 세례성사를 주는가?' 하는 질문을 던져 볼 수 있다.
40) 「열두 사도들의 가르침 · 디다케」, 정양모 역주, 분도, 1993, 7장 세례 :
ⓒ '살아 있는 물'은 웅덩이에 고여 있는 썩은 물과 달리 강물이나 샘물처럼 움직이는 신선한 물이다. 피부병 환자를 정하게 할 때 살아 있는 물을 사용했다(레위 14장). 기타 정결례를 행할 때도 살아 있는 물을 사용했다(민수 19,17). 당시 세례는 머리 꼭대기까지 물속에 푹 담그는 침례였다. ⓓ 살아 있는 물이 없으면 땅속에 저장해 둔 빗물이나 웅덩이에 고인 물 같은 죽은 물로 침례를 베풀라는 것이다. 2b절에서는 2a절의 내용을 반복한다는 학설이 있으나(Niederwimmer), 그보다는 겨울철에 또는 병약자에게 따뜻한 물로 침례를 베풀라는 뜻이리라(Rordorf-Tuilier). ⓔ 살아 있는 물도 죽은 물도 없으면, 찬물도 더운물도 없으면 머리에 세 번 물을 부어 약식 세례를 베풀라는 것이다. 오늘날 침례교파를 제외한 가톨릭과 기타 개신교에서는 약식 세례를 베푼다. ⓕ 세례를 베푸는 사람과 세례를 받는 사람은 세례 전에 반드시 단식해야 하고, 다른 교우들도 되도록 단식하라는 것이다. 초창기에는 이러한 관행이 있었으나(유스티노, 「호교론」 1,61,2; 가…), 곧 사라지고 세례를 받는 사람만 단식하는 관행으로 바뀌었다(히폴리투스, 「사도행전」 20…).

에게 즉시 세례를 베풀었다(사도 8,37; 16,33). 그 후 2~3세기에 이르러 그리스도인 사이에 태어난 영아들에게 새로운 약속을 요구(자신의 의견을 표현할 수 없는 어린이 대신 부모나 친척들 중 한 사람이 대답한다)하는데, 이것은 세례 중에 하는 약속이나 신앙 고백에 따라 어린이를 교육시킬 책임을 부여하는 것이다(「사도전승」 2부 '입교 절차와 입문 성사', 21). 개종자에게는 3년 정도의 예비 기간을 두었으며(「사도전승」 17 참조), 200년경에 이르러서는 어린이 세례를 폐지하고 성인에 한해서만 세례를 베풀었다.[41] 세례는 물로 씻는 예식을 통해 인류의 원조인 아담이 지은 원죄와 본죄로부터 용서를 받으며, 새로운 사람으로 다시 태어나는 의미와 더불어 그리스도의 구원 행위(죽음과 부활)에 참여하고, 나아가 공동체의 일원이 되는 의미를 지니는데, 이를 강조하기 위해 어린이 세례를 폐지하였다.

② 세례를 주는 시기는 초대 교회의 전통에 따라 부활 축일 밤으로 정했다. 테르툴리아노는 198~200년경에 쓴 「성세론 De baptismo」 19장을 통해, 세례는 전례적 의미와 잘 맞는 부활 축일에 우선적으로 거행하고, 그 다음으로 성령 강림 축일에 거행하며, 필요한 경우에는 어느 일요일에도 거행할 수 있다고 했다(「사도전승」 2부 '입교 절차와 입문 성사').[42]

③ 세례성사는 주교, 사제, 부제, 평신도 모두 집전할 수 있었다.

하지만 통상적인 집전자는 주교, 사제, 부제들이다.

　　세례자 요한이 요르단 강에서 세례를 베푼 행위를 통해, 사도들의 세례식은 유다인들이 해오던 예식임을 알 수 있다. 하지만 사도들이 행했던 세례식에는 유다인들이 갖고 있지 않았던 복음 선포와 신앙 고백(사도 8,35.37.38)의 의미가 첨가되었고, 세례 후에 성령을 받는 안수 예식(사도 29,6)이 있는 것은 당시 유다인들과 구별되는 점이었다(「문화사에 따른 전례의 역사」, 부르크하르트 노인호이저, 분도, 1992, 27쪽). 초대 교회가 입교 과정에서 사용했던 예비자 교리 교육 내용은 오늘날의 그것에 근거가 되고 있다. 교육 내용은 복음화-신앙(회개)-세례라는 절차를 통해 새로운 그리스도인들이

---

41) 테르툴리아노는 카르타고 교회에서 200년경에 쓴 「성세론」 17장을 통해 스스로 신앙 고백을 할 수 없는 어린이들에게 세례를 베푸는 것은 타당하지 못하므로, 18세 이상의 성인에게만 세례를 베풀라고 했다. 약 50년 후에 카르타고의 주교 치프리아노는 'Fidus에게 보낸 서간' (Ep 64)에서 어린이들에게 가급적 빨리, 생후 8일 이내에 세례를 주어야 한다고 말하면서, 이는 카르타고 주교회의의 결정 사항임을 강조하고 있다(「사도전승」, 히폴리투스, 분도, 1992, 126-127쪽).
42) 「세계 교회사 산책」(상), 전수홍, 성바오로, 2002, 202쪽 :
　3세기부터 테르툴리아노와 히폴리투스 등은 세례에 따르는 중요한 행위들을 강조했다. 세례 전날의 단식, 십자표의 부여, 마귀를 끊어 버림, 구마 예식, 기름 부음, 신앙 고백, 세 번 침수, 새로운 기름 부음 등이 그것이다. 세례성사에 이어 즉시 견진성사가 뒤따랐다. 견진성사에서는 이전의 기름 부음들과는 의미가 다른 세 번째 기름 부음이 있는데, 여기엔 안수도 함께 이루어졌다. 그리고 성체를 모셨다. 세례를 받은 사람들은 우유와 꿀을 섞은 것을 받고 8일간 흰옷을 입고 다녔다(sino alla Dominica in alibis deponindis). 이 같은 세례식은 215년에 작성된 히폴리투스의 「사도전승Traditio Apostilica」에 나타나 있는데, 이는 '디다케' 이후 가장 오래된 전례 규정서로 알려져 있다.

탄생하게 되는 것이며, 예수님의 이름으로 받는 세례의 가장 중요한 교리는 성부와 성자와 성령의 이름으로 받는 삼위일체적 차원의 세례라는 것이다.[43] 당시의 교리 교육을 살펴보면 무엇보다도 예비신자들의 기간과 양성 프로그램에 따른 실천적 의무에 대해서 많이 배려했는데, 특히 전례 안에서 실천적인 요소들을 많이 강조하였다.[44] 히폴리토에서는 주교에 의해 완결되는 일련의 세례 후 예식들을 말해 주는데, 즉 안수 기도-감사 기름의 도유-이마 위의 (십자) 표시-평화의 인사이며, 예식 후에 새 영세자들은 공동체에 결합하여 그들과 함께 성찬 전례에 참여하였다.

---

43) 「열두 사도들의 가르침 · 디다케」, 정양모 역주, 분도, 1993, 7장 세례 :
교회 초창기에는 예수 그리스도의 이름으로 세례를 베풀었다(사도 2,38; 8,16; 10,48; 19,5; 갈라 3,27; 1코린 6,11; 디다케 9.5). 이와 달리 마태 28,19나 디다케 7,1.3에는 아버지와 아들과 성령의 이름으로 세례를 베푼다고 쓰여 있다. 이는 후대의 삼위일체 교리와는 내용이 다르다. … 이는 마태오 복음서와 디다케에 쓰인 시리아 교회의 세례 관행을 반영한다.

44) X. Basurko · J. A. Goenaga, La vita liturgico-sacramentale della chiesa nella sua evoluzione storica in Aa Vv, La celebrazione nella chiesa vol I, Elle di ci, Leumannn(Torino), 1994, pp.70-72 :
① 예비자 기간에 들어감(ingressus in catechumenatum). 후보자들의 선택을 실행하게 된다. 이때 보증인(대부)으로부터 후보자의 증언을 듣고 후보자의 혼인 관계, 직업, 사회적 위치를 통해 그리스도교와의 관계 및 문제점들을 설명한다.
② 교리적 양성(formation doctrinalis). 첫 시험 후에 교리 교육이 시작되며, 평신도보다는 교사들doctores에 의해 양성된다. 고유한 예식이라고 할 수 있는 십자가의 수여consignatio나 십자가의 표지는 교리 교육 기간에 하며, 말씀을 경청하는 이들의 교사doctor audientium의 관심 아래 후보자는 점차적으로 그리스도교 신앙의 총체에 이르는 특별한 교육을 받게 된다. 교육은 근본적으로 성서에 그 기초를 두고 있으며, 교육받는 이는 전례 독서와 강론을 통하여 더욱 맛들이게 된다.

::2장
사도 시대와 종교의 자유 이후 전례의 변천

로마 제국에 종교의 자유가 선포된 이후(313년), 그리스도교 전례 상에 나타난 중요한 점은 그들만의 언어와 집회 장소에 대한 개념의 변화와 더불어 전통적인 유다교 의복에 대한 재구성이다. 또한 종교의 자유로 인하여 공개적이고 자유로운 신앙 표현을 통한 개별적 · 공동체적 신심의 발전 및 변천을 찾아볼 수 있다. 그리스도교는 국가로부터 종교의 자유를 얻은 이후 많은 특권과 특혜를 받았으며, 종교 활동이나 성무에 있어서도 자유롭게 활동하

---

③ 세례에 가까운 준비(praepartio proxiam ad baptismum). 후보자와 보증인(대부모)이 함께 하는 자리를 통해 후보자의 회개 노력과 관심과 계명, 특히 이웃에 대한 사랑의 근본적인 계명을 실천하였는지 물어본다. 그 후에 후보자는 기도와 단식 그리고 예식적 구마 단계에 들어가게 된다. 이 시기에 후보자들은 복음을 듣고(evangelium auiant) 말씀 전례에 참여하는 의무를 받는다.

④ 세례 거행(celebration baptismi). 세례 거행에 관한 예식은 다음과 같다(「사도전승」 21장, 127-133). 수탉이 울 시각에 먼저 물에 기도할 것이다. 샘에서 흘러나오는 물이나 위에서부터 흐르는 물이어야 한다. 불가피한 경우를 제외하고는 그렇게 할 것이다. 만일 불가피하고 절박한 경우라면, 현지에 있는 물을 사용할 것이다. (세례 받을 사람들은) 옷을 벗을 것이며, 어린이parvulus들에게 먼저 세례를 베풀 것이다. 말할 수 있는 사람은 스스로 대답할 것이고, (어린이의 경우처럼) 말할 수 없는 경우에는 부모나 가족 중 한 사람이 대신 대답할 것이다. 그 다음 남자vir와 여자mulier 순으로 세례를 주는데, 여자들은 모두 머리를 풀고 몸에 지닌 금은 장신구를 벗어 놓을지니, 아무도 다른 어떤 것을 걸치고 물에 내려가지 말아야 한다. 세례를 베풀 시간이 되면, 감독자episcopus는 기름에 감사의 기도를 바친 다음 그릇에 담을 것이니, 이를 감사 기름oleum gratiarum actionis이라 부른다. 그리고 다른 기름을 들고 구마식을 하는데, 이것을 구마 기름oleum exorcismi이라 부른다. 한 봉사자diaconus는 구마

였다. 유다-그리스도인들은 로마인들의 문화와 생활 습관인 원로원의 의복, 인사 방식, 무릎 끊기 등을 그리스도교 전례에 받아들였으며, 미사의 구조 안에서 조화를 이루며 그리스도교 측면에서 표현하였다. 로마인들의 풍습을 포함하여 비 그리스도인들이 사용해 오던 종교적 특징이 그리스도교 전례에 도입됨으로써 이질적인 의미가 희석되고 사라졌으며, 그리스도교의 전례 안에서 제도화되고 양식화되었다.

종교의 자유 이후에 그리스도교 전례 상에 나타난 현상은, 무엇보다도 전례 언어의 변화와 상징을 통한[45] 전례의 역동성이다. 사도

기름을 가지고 장로presbyter의 왼편에 서고, 다른 봉사자는 감사 기름을 가지고 장로의 오른편에 설 것이다. 장로는 세례 받은 사람들을 한 명씩 잡고 다음과 같이 말하면서 끊어 버릴 것을 명한다. "사탄아, 너는 너와 너에 대한 모든 공경과 모든 (미신적인) 행위들을 끊어 버린다." 각자 끊어 버리겠다고 대답하면, 장로는 다시 "모든 (사악한) 영이 당신에게서 떠나갈지이다." 하고 말하면서 구마 기름을 바를 것이다. 그리하여 그는 세례 받을 물 옆에 서 있는 감독자나 장로에게 벗은 채로 인도된다. [1] 봉사자는 이러한 모양으로 그와 함께 내려갈 것이다. 세례 받을 사람이 물에 내려가면 세례를 베푸는 이는 그에게 안수하면서 "저 높으신 하느님 아버지를 믿습니까?" 하고 물어볼 것이다. 세례 받을 사람은 "믿습니다." 하고 대답할 것이다. 그러면 즉시 [1] 그의 머리에 안수하면서 한 번 침수시킬 것이다. 그 다음 "하느님의 아들 예수 그리스도, 성령으로 말미암아 동정녀 마리아에게서 태어나시고, 본시오 빌라도 치하에서 십자가에 못 박혀 죽으시고 묻히셨으며 사흗날에 죽은 이들 가운데서 부활하시고 하늘에 올라 성부 오른편에 앉으시고 산 이와 죽은 이들을 심판하러 오실 것을 믿습니까?" 하고 물어볼 것이다. 그가 "믿습니다." 하고 대답하면, 그를 다시 침수시킬 것이다. 그리고 다시 "성령과 성교회와 육신의 부활을 믿습니까?" 하고 물어볼 것이다. 세례 받는 이가 "믿습니다." 하고 대답하면 세 번째로 그를 침수시킬 것이다. 그 다음 그가 (물에서) 올라오면, 장로는 성화된 기름을 그에게 바르면서 "나는 예수 그리스도의 이름으로 당신에게 성유를 바릅니다." 하고 말할 것이다. 이렇게 하여 한 사람씩 몸을 닦고 옷을 입게 한 다음 성당 안으로 들어가게 할 것이다.

들에 의한 지역 교회와 그 후계자들인 주교의 영향에 따라 고유한 전례가 지역 교회에 자리 잡게 되면서부터, 그리스도교에 라틴어가 사용되기 시작하였다. 그리스도교 라틴어는 아프리카 북부에서 발달했는데 테르툴리아노, 미누치오, 펠릭스, 치프리아노, 라탄치오 등을 그 창시자로 생각해 볼 수 있다. 초기 그리스도교에서는 그리스어를 사용했지만 신도들의 편의를 위해 서서히 라틴어 사용이 급증하게 되었다. 그 후 로마 교회에서는 다마소 교황(366-384) 때 공식 전례 언어를 그리스어에서 라틴어로 선포하였다(Storia della Liturgia in Liturgia, B. Neunheuser, San Paolo, Milano, 2001, pp. 1952-1953). 언어의 변화를 포함하는 전례의 역동성은, 과거의 소극적인 태도에서 적극적이고 공격적인 선교 방식으로 변함에 따라 복음 선포에 큰 역할을 하게 되었다. 로마 제국에 종교의 자유가 보장되자 교회 내에서는 호교론적 입장에서 신학 논쟁이 시작되었다. 예를 들면 북아프리카에서는 도나투스Donatismus[46]의 성사 신학 문제, 아리우스Arius[47]와 네스토리우스Nestorius[48]의 그리스도론 문제 그리고 이 문제의 해결을 위한 니케아(Nicea, 325)·에페

---

45) 알파-오메가($A-\Omega$) → 영원한 그리스도, 닻 → 신앙 및 믿음, 빵과 포도주 → 성찬례, 십자가 → 예수 그리스도의 죽음, 비둘기 → 예수님의 세례 때의 성령, 불꽃 → 성령 강림 때의 성령, 물고기 → 구세주, 하느님의 아들 예수 그리스도의 말의 시작 단어 모음이 그리스어에서는 'ICHTHUS'로 표기되는데 이는 "물고기"를 뜻한다. 양 → 그리스도의 자기희생, 목동 → 그리스도가 당신의 백성을 돌보는 것, 배 → 교회.

소(Ephesus, 431) · 칼체돈(Calcedon, 451) 공의회가 대표적이다.

콘스탄티누스와 리키니우스 황제의 밀라노칙령(313)에 의해 종교의 자유가 선포되자, 그리스도교 공동체에 있어서 예배를 위한 공간적인 개념의 변화는, 초기 사도 공동체에서 강조된 영적 봉헌이라든가 내적인 봉헌 개념이 희박해지고, 가시적인 예배 공간으로서의 가정 교회domus ecclesiae[49]에서 바실리카basilica[50]로 변함에 따라 화려하고 성대한 예배를 하게 되었고 구약의 성전이나 제

---

46) 도나투스(Donatus, 313-347)에 의해 시작된 북아프리카의 이단 사상으로, 박해 이후 신앙의 자유가 주어진 상황에서 배교한 주교에 대한 처리가 사회적인 문제로 확대된 것이다. 로마 교회에서는 배교했던 펠릭스 주교로부터 품을 받은 체칠리아노Caeciliaunus 주교에게 관용을 베풀었으나, 북아프리카 지역 교회에서는 70명의 주교들이 도나투스의 영향을 받아 그를 받아들이지 않고 다른 주교인 마요리노Majorinus를 내세웠다. 도나투스는 일종의 엄격주의자, 완벽주의자로 신앙에 대한 열성은 높이 평가할 만하나 그 견해는 성사의 의미에 대한 신학적 문제를 불러일으켰다. 즉, 성사는 사효성ex opera operato이 아니라 인효성ex opera operantis에 따른다고, 그래서 이단자나 배교자가 베푼 성사는 무효라고 주장했다(이단자 세례 논쟁 참조). 그의 주장은 아우구스티노를 비롯한 후대 교부들에 의해 반박되었다. 도나투스는 5세기부터 영향력을 잃었으며, 7세기에 자취를 감추었다.

47) 아리안파Arianismus는 그리스도의 신성을 부인한 4세기경의 이단 사상이다. 알렉산드리아의 사제 아리우스(250-336)에서 시작하였는데, 삼위가 모든 면에서 대등한 것이 아니라 오직 성부만이 그러하고, 성자는 모든 피조물들과 같이 무에서 창조된 것으로 신으로 불릴 수는 있지만 그것은 단지 피조물과 신의 중개 역할을 하고 세상을 구원하도록 신의 의해 선택되었기 때문이라는 것이다. 그는 신이 아니라 덕을 갖춘 반신이며 이점에서 성부와 닮았다는 것이다. 또한 강생의 신비를 단지 수사학적인 문제로 돌림으로써 그리스도의 근본 교리가 해체될 위험에 처하자, 325년 니케아 공의회에서 단죄를 받았다. 또한 공의회는 니케아 신경을 발표하여 삼위일체 교리를 분명히 했다. 그리고 다시 고개를 든 아리안 이단을 381년 제1차 콘스탄티노플 공의회에서 단죄하고 니케아신경을 재확인하였다. 그러나 그의 후계자들에 의해 북부 게르만 민족들에게 전파되었던 아리아니즘은 게르만 민족의 로마 진입과 더불어 로마 제국 전역에 퍼졌다. 교회는 7세기에 이르러서야 아리안 사상을 완전히 몰아내고 정통 교리를 회복할 수 있었다.

단 개념이 필요함을 느끼게 되었다. 또한 주교의 사회적 위치가 격상함에 따라 그들만을 위한 복장이 필요해졌는데, 이러한 변화는 전례 복장에 있어서 커다란 혁신을 가져다주는 계기가 되었다. 종교의 자유가 일으킨 변화 중에 전례를 위한 건물 축조는 그리스도교에 있어서 특징적인 모습을 발견할 수 있게 된다.

밀라노칙령을 통한 종교의 자유는 그리스도 공동체에 있어서 그리스도의 신비에 대한 새로운 형태의 신앙을 갖게 하는 계기가 되었다. 그리고 개인 신심에 있어서는 성지 순례와 그리스도에 대

---

48) 네스토리안파Nestorianismus는 강생한 그리스도 안에 신성과 인성이라는 두 가지 분리된 위격과 인격이 동시에 존재한다고 주장했다. 이는 그리스도 안에 하나의 위격으로 동시에 신이자 인간이라는 정통 교리와 대치되었다. 또한 네스토리안파는 '하느님의 어머니' 라는 교리도 반대했다. 이들은 그리스도의 단일성은 인정하지만, 인간 그리스도 안에는 두개의 다른 본성과 위격이 존재한다고 주장하면서 '본질적 일치' 라는 말 대신 '의지의 일치' 라는 그리스도 양자설의 용어를 사용한 점에서 특히 교회의 공격을 받았다. 에페소 공의회 (431)에서 단죄를 받았다.
49) Domus Ecclesiae라는 말은 교회의 집, 교회 역할을 하는 집이라는 뜻이다. 박해 시대 때 다른 사람의 눈을 피해 모임에 적당한 공간을 가지고 있는 신자 집에서 예배를 보았는데, 이러한 장소가 점차 발전하여 교회 역할을 담당하였고, 마침내 박해 후에는 그 집터 위에 거대한 성당들을 짓게 되었다. 로마에만 이러한 장소가 30여 군데 있는데, 성 클레멘스 성당, 성 사비나 성당, 성 체칠리아 성당이 이에 해당한다.
50) 고대 로마의 시장과 법정을 겸비한 공공건물. 이 말은 본디 건물의 내부에 있는 주랑으로 둘러싸인 홀을 가리키는 것이었다. 초석으로 짐작하면 로마 시의 핵심을 이루는 포르 로마노(공공광장)에 속하는 지붕이 가설된 홀을 가진 건조물이다. 313년 밀라노칙령에 따른 그리스도교 보호령의 공표는 그리스도교 성당의 건립을 촉진시켰으며, 이 새로운 상황에 직면한 당시의 건축가들은 고대 로마 초기 바실리카의 기본 형식을 본떠 성당을 급히 건축하게 된다. 이 건조물들은 돌 벽체로 둘러싸였고, 나무로 짠 지붕을 가설한 직사각형의 건물이며, 정면 입구와 마주보는 안쪽의 벽체는 반 돔을 얹은 앱스apse를 형성하고, 중앙에 제단을 설치하였다. 이 형식은 유럽 성당 건축의 기본이 되었다. 성 베드로 성당, 성 바오로 성당, 라테라노 대성전 등이 그 예이다.

한 유적이나 유물에 대한 강한 애착심과 믿음을 가졌으며, 순교자의 유해와 유물 공경 같은 감각적인 신심이 강하게 대두되었다. 그리스도인들의 신앙생활뿐 아니라 당시의 저술이나 전례문에서도 그 영향을 찾아볼 수 있는데, 성 토마스의 위 복음서僞 福音書 중의 기도, 나지안조의 그레고리오의 저술, 젤라시오 교황(492-496)이 쓴 것으로 추정되는 「성사 의식서」의 기도 등을 예로 들 수 있다. 종교의 자유 이후 그리스도인들의 신앙은 신학적인 부분에 있어 기초를 마련하는 시기인 동시에 개개인의 신앙에 있어서는 혼란과 더불어 엄격주의로 흐르는 경향이 시작되었다. 공동체적인 전례의 성격 안에서 개인적이고 사적인 은혜를 받으려는 경향이 나타났으며, 전례의 형태는 개인적이고 사적인 청원을 하고자 미사를 바치는 습관이 시작되었다. 미사는 본래 신자가 모여 공동체 전체를 위해 바치는 교회 전례인데, 개인이나 소수의 사람들을 위해 사제가 청을 받고 미사를 드리는 관습이 시작되었다. 일례로 암브로시오(397, 밀라노 주교, 교회학자)의 문서 중에 어떤 귀족의 부탁을 받고 로마에서 사적인 미사를 봉헌했다는 기록을 찾아볼 수 있다.

  교회는 새로운 국면을 맞았다. 공동체적인 전례의 성격이 점차 희박해지고 개인적인 영성 및 신심을 키우는 양상이 나타났다. 기도의 태도나 신앙심도 하느님과 공동체적으로 맺는 관계보다 개인적인 쪽으로 치우치게 되었고, 전례와 성사가 개인적인 신심 및 영성을 위해 이용되는 경우가 발생했다. 4세기부터 그리스도인들 사이에 나타난 순례에 대한 열망은 대중적인 순교자들의 성지Sanctuarium를 방문함으로써 그리스도교 신앙에 대한 표현으로 보이곤 했다. 특히 에제리아의 순례 여행기[51]를 보면 초기 그리스도교의 전례적인 상황이나 전례사에 중요한 자료를 제공하고 있다.

그리스도인들이 개인적인 신심 차원에서 미사에 참여하고, 미사를 통해 개인적인 영적 양식을 얻으려는 전례 영성 생활의 변화는 전례 자체의 공동체적인 기도에 영향을 끼쳤다. 게다가 개인적인 기도가 공동체적인 전례에 도입됨으로써 그리스도인의 공동체적 기도 정신이 희박해지게 되었다. 이러한 전례관, 전례적 신앙

---

51) 「에제리아의 여행기Intinerarium Egeriae」. 순례를 포함한 에제리아의 여행을 담은 기록문. 그녀가 정확하게 언제 어디를 여행했는지는 알 수가 없다. 그러나 폴 드보(Paul Devos, 1967년)의 기록에 의하면, 에제리아의 여행 보고서에 남아 있는 부분은 383년 12월 16일부터 384년 6월까지라고 전해지고 있다. 에제리아가 콘스탄티노플까지 해로나 육로로 갔는지는 알 수 없다. 콘스탄티노플에서 예루살렘까지의 여정은 칼체돈에서 비티니아, 갈라티아, 카파도키아 지방을 지나, 타르수스와 안티오키아를 거쳐 해안을 따라 카르멜 산과 예루살렘까지이다. 그녀는 381년 부활절에 예루살렘에 도착했으며, 384년 부활절 이후에 그곳을 떠났다. 그녀는 이 기간에 예루살렘을 기점으로 여러 곳을 여행했다. 그녀는 382년부터 처음에는 수도원 제도의 발상지들을 방문하고 383년 5월 18일 돌아왔으며, 그 뒤에는 사마리아, 갈릴래아, 유다 지방을 여행하고 383년 12월 마침내 시나이에 도착했다. 이곳부터 「여행기」에 남아 있는 부분이 이어진다. 49장으로 이루어진 이 작품은 크게 두 부분으로 나뉜다. 1-23장은 연대기에 따른 여행 보고서이며, 24-49장은 예루살렘 전례와 전례가 거행된 장소들에 대한 상세한 서술로 아르메니아 독송집Lektionar과 함께 가장 중요한 전례사 사료에 속한다.

심의 큰 변화는 신자들의 종교 생활에도 영향을 주어 교회의 영성 전체에서 공동체적인 것을 별로 의식하지 않게 되었다. 전례사에서 바라보는 전례 영성의 변천은 시대의 요청에 따른 그리스도인들의 신앙생활의 변천 자료가 되었다.

::3장
로마 전례와 프랑스-게르만 문화의 만남부터[52] 중세까지

고전적 로마 시대 전례는 많은 순례자들과 정치 세력에 의해 주변 지역에 전파되었다. 특히 프랑스-게르만 교회는 기존에 있던 갈리아 전례와 새로 유입된 로마 전례를 혼합하여 사용하였다.[53] 갈리아 전례와 로마 전례의 특색에 있어서 프랑스-게르만 문화는 갈리아 전례의 특색인 감상적·열정적·감동적 용어를 즐겨 사용하면서 극적인 행위를 선호하는 데 반해 로마 전례는 간략하고 정확성과 단순성을 선호하며 수다스럽지 않고, 덜 감정적이며 종교적·인간적·영적 위대함 같은 큰 가치를 지닌 문학성이라고 할 수 있는 특징(「문화사에 따른 전례의 역사」, 부르크하르트 노인호이저, 분도, 1992, 78쪽)을 갖고 있어서, 이를 혼합하여 사용함으로써 기존의 전례를 더욱 풍요롭게 만들었다. 이러한 프랑스-게르만 전례서는 다시 로마로 재수입되면서 토착화 과정을 거친 후 중세 로마 전례로 발전되었다.

로마 전례가 프랑스-게르만 지역으로 전해져 북유럽 전례에 접목되어 변형된 후에 다시 로마에 되돌아온 프랑스-게르만 전례는 중세 로마 교회 전례의 기초 역할을 하게 되었다. 프랑스-게르만 지역에 있어서 로마 전례의 도입은 제국을 다스렸던 피핀(Pipin I, 751-768년) 황제 때 로마 전례의 공경을 선포함으로써 이루어졌다. 황제에 의해 로마 전례가 도입된 동기는 교회의 전례를 통일함으로써 제국의 일치를 도모하고, 로마와 성 베드로좌의 친밀감을 통해 구원에 대한 보증을 받으려는 것이었다. 갈리아 전례와 로마 전례의 혼합이 만들어 낸 결과는 8세기에 만들어진 「젤라시오 성사집」을 통해 알 수 있다. 프랑스-게르만 지역으로 간 로마 전례 중 「그레고리오 성사집」이 프랑스-게르만 교회를 만족시킬 수 없었던 이유는, 제국 내에 존재하는 축제와 전통적인 예식이 포함되지 않았기 때문이다. 로마에서 온 「그레고리오 성사집」은 완성된 것이 아니어서 카를 대제(768-814년) 왕국의 새 상황에 적용하기에 적절하지 않았다. 황제는 로마 미사 전례서에 지역 교회의 전례적 요소들을 포함한 부록을 만들도록 했다.[54] 이 보완된 성사집은 전 서방 제국에 퍼져 풍부한 전례를 위한 기초가 되었으며, 미사에 필요한 요소들을 갖춘 '총 미사 전례서'가 나올 수 있는 계기를 마련하였다.

---

52) '로마 전례서'들은 상당히 이른 시기에 프랑스-게르만 지역에 전해졌다. 이중 「젤라시오 성사집」, 「그레고리오 성사집」, 「로마 예식서」 등이 포함되어 있으며, 이 새로운 지역에서 이미 수 세기 전부터 독자적으로 존재했고 꽃피어 왔던 갈리아 전례와 만나게 된다. 이에 다방면에 걸쳐 서로 간에 영향을 미치게 되었으며, 이후 이 만남의 열매는 로마로 재수입되어 몇 가지 토착화 과정을 거친 다음 중세 로마 전례로 발전되었다(「문화사에 따른 전례의 역사」, 부르크하르트 노인호이저, 분도, 1992, 85쪽).

53) 「문화사에 따른 전례의 역사」, 부르크하르트 노인호이저, 분도, 1992, 87-88쪽 :
로마 전례가 프랑스-게르만 문화권에 도입된 정확한 이유는 알 수 없고, 단지 여러 가설들을 말할 수 있다. 그리고 성사집에 대한 설명은 이렇다.
1단계-피핀 시절(740-750년), 여러 성사집을 섞어서 새로운 책을 만듦. 아마도 플라빙냐에서 만들었을 것이며, 이것은 8세기 「젤라시오 성사집」의 원형이 된다.
2단계-이 책들이 만족을 주지 못하므로 카를 대제는 하드리아노 교황에게 순수한 로마 성사집을 요청하게 된다. 그로부터 얼마 후 교황은 황제에게 「그레고리오 성사집」을 보내게 된다.
3단계-이 성사집은 프랑스-게르만 교회의 필요성을 충족시켜 주지 못했다. 따라서 황제는 이 책을 알맞게 고치도록 했는데, 편저자가 알쿠인Alcuin이라는 설이 일반적이고, 데쉬스 Deshusses는 아니안의 베네딕토St. Benedictus de Aniane라고 보고 있다.
4단계-「그레고리오 성사집」과 보충판(부록)의 혼합. 이것은 후에 미사 전례서(총 미사 전례서)로 발전하게 된다. 이러한 일련의 과정의 중요성을 과장해 평가할 수는 없다. 로마에서 5-8세기에 걸쳐 발달한 순수 로마 전례가 프랑스에서 왕의 경당용으로 쓰기 위해 수입되었는데, 그것이 서방 제국의 교회가 쓸 수 있게끔 변형된 것이다[「베로나 성사집」 492-604년, 「젤라시오 성사집」 8세기, 「그레고리오 성사집」 7세기 이전].

54) 「문화사에 따른 전례의 역사」, 부르크하르트 노인호이저, 분도, 1992, 85쪽 :
이때의 시기에 따른 전례의 변화를 살펴보면 이러하다. 순수 로마 전례와 순수 갈리아 전례의 병존, '로마 전례서'들의 프랑스-게르만 지역으로의 이동, 피핀 시절 「젤라시오 성사집」의 탄생, 카를 대제Magno Karl 시절(784-791년경) 교황 하드리아노가 「그레고리오 성사집」을 보냄(그레고리오-하드리아노 성사집). 토착화의 결과로 'Hucusque'로 시작되는 부록이 첨가된 「그레고리오 성사집」이 나옴. 여러 전례서들을 한데 모아 미사에 필요한 모든 것을 갖춘 '총 미사 전례서'가 나올 수 있는 길을 엶. 로마 예식서들의 경우 약 950년경 마인즈에서 '로마-독일 주교 예식서'로 발전하였으며, 이 책은 후에 로마로 돌아와 '로마 주교 예식서'가 되었다(La vita liturgico-sacermentale della chiesa nella sua evoluzione storica in La celebrazione nella chiesa I, Xabier Basurko-Jos Antonio Goenaga, Elle Di Ci, Leumann(Torino), 1988, pp. 110-112).

1. 성사집 Sacramentarium[55]

「젤라시오 성사집」을 통하여 알 수 있는 것은, 미사 전례서의 구조[56]가 구체적으로 완성되기까지 많은 시간이 필요했다는 것이다. 미사 중에 사제의 행동을 통해 상징적으로 표현되는 의미와 더불어 미사 전례 성서, 성가집이 완성되기까지 많은 시간을 필요로 했던 것이다. 성사집의 변천 과정을 살펴보면, 단순한 형태를 간직하던 순수 로마 전례가 프랑스-게르만 전례의 영향으로 보완되어 새로운 혼합 전례로서 풍부하고 체계적인 로마-프랑스 전례 혹은 로마-게르만 전례가 되었다. 성사집의 변화로 인하여 초 축성(파스카) 예절과 신심 미사, 사적인 성격이 강하게 드러나는 수많은 청원 기도, 사제가 자신의 죄를 침묵 중에 (낮은 목소리로) 사적으로 고백하고 용서를 청하는 기도문을 미사의 각 부분에서 찾아볼 수 있다. 기도 방법이나 형태에 있어서도 변화를 찾아볼 수 있는데, 그 중에서도 그리스도를 통하여 성부께 드렸던 기도를 직접 그리스도에게 바치는 것을 통해 미사 전례의 중심이 성부에서 그리스도로 옮겨짐을 알 수 있다(Storia della Liturgia in Liturgia, B. Neunheuser, San Paolo, Milano, 2001, pp. 1959-1961). 전례 기도문에 있어서는 고정된 형식이 존재하기 않았기 때문에 주례자가 그날의 전례 주제에 맞게 즉흥적으로 전례 기도문을 작성하였으며, 이러한 즉흥적 전례 안에서의 기도문은 초기 그리스도 공동체의 깊은 신앙과 더불어 매우 감동을 주는 감성적이고 주관적인 것이었음을 알 수 있다.

성사집이 알려지기 전까지 교회 안에는 공식적인 기도문이 존재하지 않았다. 하지만 많은 주교들이나 사제들은, 유명한 주교나 사제가 미사 전례 때 사용했던 기도문을 개인적으로 적어서 보관하거나 메모해서 사용하고 있었다. 그 후 주교들이 전례에 관심을 보이면서 많은 기도문을 작성하고 수집하게 되었는데, 특히 로마에서는 위대한 주교들의 창작물인 기도문을 수집하고 보존하였으며, 이를

---

55) 「문화사에 따른 전례의 역사」, 부르크하르트 노인호이저, 분도, 1992, 70쪽 :
처음에는 임시로 만들어진 기도문들이 점점 애용되고 반복됨으로써, 또 기도문들의 수집과 복사가 이루어짐으로써 점차 성사 집행에 필요한 기도문들을 모아 놓은 소기도서libelli sacramentorum가 생겨나게 되었으며, 이 소기도서들이 한데 모여서 성사집이 되었다. 성사집은 사제가 연중 시기에 성사를 집행할 때 필요한 모든 것을 담고 있었다(특히 기도문). 이 모든 과정은 교회의 명령이 아닌 자유의사로 이루어졌다. 시간이 지남에 따라 주교들은 사제들에게 기도문을 사용하기 전에 먼저 '박식한 형제'에게 자문을 구하도록 요청하게 되었다(예: 히포 공의회 393년; can. 21(누구든 기도문을 복사할 때 형제들의 의견을 먼저 듣고 협의하기 전에는 그것을 사용할 수 없다); Mansi 3(1759), 922]. 이러한 성사집이 탄생하게 된 동기가 무엇인지는 대답하기 어렵다. 아마도 성인 공경에서 그 원인을 찾을 수 있을 것이다. 즉, 성인 공경을 더욱 쉽게 할 수 있는 가능성을 주려고 그랬을 수 있다. 어찌 됐든 이러한 현상은 침묵·관상적 성향의 동방인들(그들은 단지 하나의 감사기도문만 사용했다)보다는 서방인들의 적극적·능동적 성향의 표현이라고 볼 수 있다.

56) 「문화사에 따른 전례의 역사」, 부르크하르트 노인호이저, 분도, 1992, 73쪽 :
「그레고리오 성사집」에 수록된 미사 순서(1-33항). 입당송(자비송) → 대영광송(주교 참석 시, 주일이나 축일 때) → 본기도 → 독서(사도서한) → 층계송 또는 알렐루야 → 복음 → 봉헌 기도 → 감사송 → 거룩하시다 → 감사기도 → 주님의 기도 → 평화의 인사 → 하느님의 어린양.

필사하여 보관하면서 때에 따라 이용하였다. 그 중에서도 성찬 전례 거행을 위해 필요한 기도문은 소성사집libelli sacramentarium 안에 모아졌고, 그 후 소성사집을 한데 엮어 성사집이라 불리는 책이 되었다.[57] 이 중에 첫 번째가 「베로나 성사집sacramentarium veronense」인데, 일명 '레오 성사집leonine sacramentario' 이라고도 한다. 1713년 베로나의 카피톨리네Capitoline 도서관에서 처음 발견되었는데, 모든 기도문이 레오Leo 교황(440~461) 때 쓰였다고 하여 레오 성사집이라고 불렀다. 훗날 모든 기도문이 레오 교황 때 쓰인 것이 아니고 젤라시오(Gelasio, 492~496) 교황과 비지리오(Vigilio, 537~555) 교황 때도 쓰인 것으로 확인되었으며, 그레고리오(Gregorio, 590~604) 교황도 참여한 것으로 알려졌다. 이러한 사실은 「베로나 성사집」이 200년 동안 작성되고 사용된 성사집이라는 것을 말해 준다. 하지만 「베로나 성사집」에는 규범이라 할 만한 것이 없어 기술적(학문적)인 성사집으로 볼 수는 없다. 이 책은 다섯 가지 기도 요소를 설명하고 있다. 본기도colleta, 감사기도super obrata, 감사송prefacio, 영성체 후 기도postcomunione, 마지막 강복super popolum이 그것이다. 여기엔 1331개의 기도문이 있는데, 이중 250개가 감사송이다. 이것이 교회에 있어서 최초의 성사집이라고 볼 수 있다.

그 후에 「젤라시오 성사집gelasianum vetus」이 나왔다. 줄여서

'Ge' 혹은 'GeV' 라고도 한다. 이 성사집은 최초의 실제적 성사집이다. 실질적으로 젤라시오 교황과는 관련이 없으나, 단지 가장 오래된 GeV로서 바티칸Vatican에 보관되었기에 V를 첨가한 것이다. 그리고 이 책은 교황이 아닌 사제가 저술했다. 또한 「그레고리오 성사집」은 두개의 번역판이 있는데, 그레고리아노 아드리아눔(Gregoriano Hadrianum=GrH)과 그레고리아노 파도바(Gregoriano Padova=GrP)가 그것이다. 책 이름은 그레고리오 교황 때 정해졌지만 쓰인 것은 오노리우스Honorius 교황 때이다. 「베로나 성사집」과 「젤라시오 성사집」은 주교를 위한 것인 데 반해, 「그레고리오 성사집」은 교황에게만 허용된 전례서라는 것이 특징이다. 「그레고리오 성사집」에는 네 가지 전례 예식서가 있는데 사순, 부활, 성령 강림, 성령 강림 이후가 해당된다. 「젤라시오 성사집」과 「그레고리오 성사집」은 「베로나 성사집」보다 더 공적인 성격을 띠며, 그 핵심 내용은 5~6세기의 로마 기도문들을 예로 들 수 있다.

성사집들에 따르면, 사제가 청원과 찬미의 기도를 드리고 나면

---

57) 성사집은 사제가 드리는 기도를 모은 책이다. 원래 주례자는 자신의 영감에 따라 자유로이 기도하였다. 설령 일련의 형식들을 따른다 해도, 근본적으로는 기도에 관한 한 주례자는 자유를 가지고 있었다. 하지만 이후 서서히 기도문들을 기록하였고, 잘된 기도문들은 다른 사제들을 위해 미사와 다른 성사 거행에 필요한 기도들을 모아 놓은 소성사집에 수록되었다. 그 후 성사집들은 재차 다시 모아졌다. 처음에는 개인이 정한 순서에 따라, 나중에는 외적인 기준(월별)에 따라, 나아가서는 1년 주기에 맞춰 신학적 기준에 따라 조직적으로 모아졌다. 그리하여 이 모음집들이 성사집을 이루게 되었다(*Storia della Liturgia in Liturgia*, B. Neunheuser, San Paolo, Milano, 2001, pp. 1956-1957).

하느님의 말씀과 그리스도의 구원 업적이 선포된다. 이 선포를 위해서 성서 본문이 들어 있는 미사 전례 성서 lezionari[58]가 사용되었다. 이같이 지정된 성서 구절을 위해 따로 묶어 독립적으로 만들었는데, 부제가 복음 낭독을 하도록 복음집 evangeliarium을, 독서자를 위해서는 서한집 epistolarium을 만들었다. 전례 음악은 대부분 그레고리오 대교황 시기보다 후대의 것이다. 그러나 미사와 시간 전례를 위해 곡과 가사를 모은 성가집 antifonari은 6-7세기까지 거슬러 올라간다. 또한 전례가 어떻게 진행되었는지에 대한, 로마 예식서 ordines romani에 대한 규범도 필요했다. 오늘날 우리가 갖고 있는 로마 예식서는 대부분 로마에 순례 온 프랑스-게르만 사람들이 기록한 일종의 보고서 양식의 규범 전례이다. 그들은 로마의 전례 규범을 본받을 만한 것으로 생각했다. 그래서 귀국 후에 모방해서 쓰고 싶은 원의를 갖고 자기 나라에 소개하기 위해 만든 것이다. 그후 로마 예식서는 다시 로마로 재수입되어 새롭게 정착했다(*Storia della Liturgia in Liturgia*, B. Neunheuser, San Paolo, Milano, 2001, p. 1957).

---

[58] 미사 전례에서 읽힐 성서 구절들이 지정된 책을 말한다. 최초의 미사 전례 성서는 4세기에 나왔다. 그 유형에는 capitolare(장으로 나누는 형식)과 lezionari가 있다. 오늘날 우리가 사용하는 것은 lezionari이며, 여기엔 주일과 축일 순서에 따른 독서들이 적혀 있다.

2. 미사 전례

미사 전례의 변화는 초대 교회에서 강조되었던 공동체적 미사 전례의 의미가 퇴색되어, 5-7세기에 이르러 점차 개별적이고 특정 공동체를 위한 미사 전례로 변화됨으로써 미사에 참여하는 그리스도인들의 생각에 변화를 가져오게 했다.[59] 초대 교회와 비교해서 사제의 위치에 대해서는 "미사 집전자는 항상 제대와 미사 참석자 사이에"(「문화사에 따른 전례의 역사」, 부르크하르트 노인호이저, 분도, 1992, 92쪽)라고 규정하였으며, 미사 예물이 봉헌되면서 주례자의 사사로운 행위 안에서 전례가 진행되었다. 동시에 여러 대의 미사가 중복되어, 하루에 많은 미사를 하게 되었다. 공동 집전 미사는 서품 예식 때만 거행되었고, 그리스도의 파스카 신비를 재현하기 위해서는 하나의 제대가 필요했지만, 실제적으로 미사 예물을 놓고 미사를 거행하기 위해서 많은 제대가 필요하게 되었다.[60] 나아가 공동체 없는 미사, 신자 없이 드리는 미사, 즉 개인 미사 private mass가 등장한다. 개인 미사의 확산은 "신자들의 지향과 신심 양식의 이유로서, 신자의 참여에 대한 중요성이 충분히 인식되지 않은 채 사제 혼자서 미사를 드리는, 미사가 거의 독립적인 가치를 갖는"(「문화사에 따른 전례의 역사」, 부르크하르트 노인호이저, 분도, 1992, 92쪽) 것으로 생각하였다. 그 결과 신자들은 소극적으로

미사에 참여하였고, 자주 성직자 위주의 전례를 구경하는 무언無
言의 관중으로 남았다. 또한 지나친 성체 신심으로 인해 영성체를
자주 하지 않는 습관[61]을 갖게 되었다. 이러한 상황은 사제가 홀로
미사를 거행하고 성무를 수행하는 데 있어서 무감각하고 습관적
인 성무 집행으로 만드는 계기가 되었다.

사제가 전례를 수행함에 있어서 간편하게 전례의 모든 내용이
담긴 한 권의 책이 요구되었으며, 이러한 시대적 요구는 로마-독
일 주교 예식서 Pontificale Romano-Germanicum[62]가 나오게 하는
계기가 되었다. 결국 중세의 미사 전례는 공동체적 사고에서 개인
주의적 사고로 변했고, 소공동체적 신앙심으로 인하여 미사의 수

---

[59] 사제와 함께 희생 제사를 지냄으로써 교회를 이룬다는 하느님의 백성의 모임이란 측면이 더 이상 고려되지 않았고, 이제 미사는 사제가 다른 이들을 위해 드리는 희생 제사 그 자체로서 가치를 지닌 것으로 여겨졌다(「문화사에 따른 전례의 역사」, 부르크하르트 노인호이저, 분도, 1992, 114쪽).

[60] 신심 행위의 증가로 신도들은 더 많은 미사를 드리고 싶어 했다. 그러한 목적으로 제단에 봉헌할 제물 대신 돈을 바쳤다. 그 후 신도들은 개인적인 경우를 포함하여 많은 미사를 드리게 되었다. 이러한 미사 수의 증가에 대처하기 위해 많은 사제가 필요했고, 그 결과 당시까지는 대다수가 평수사였던 수도자들이 사제로 서품되었다. 이로써 미사 거행은 그들의 가장 중요한 활동 중 하나가 되었다. 그들은 하루에 2-3번 또는 7-9번까지 미사를 드렸다. 그 후에 교도권은 한 사제가 하루에 두 번 미사를 드리는 것을 반대했다. 그리하여 10-11세기에 이러한 행위들은 사라졌다. 하지만 많은 신도들의 신심을 만족시키기 위해 반복 미사(미사를 두 번 드린 것으로 간주했으며 미사 지향도 두 개였다. 그러나 감사기도는 한 번이었으므로 참 미사는 한 번만 드린 것이라 생각하여 교회법을 어긴 것으로 보지 않는다. 여기서 미사와 감사기도를 동일시하는 현상을 볼 수 있다. 그리고 성변화에 대한 신심의 강도를 알 수 있다)가 생겨났다. 즉 '거룩하시다' 까지 두 번 경문을 외우고, 감사기도는 한 번만 하는 방식으로 미사를 드렸다(「문화사에 따른 전례의 역사」, 부르크하르트 노인호이저, 분도, 1992, 114쪽).

가 많아졌으며, 미사가 자주 사적 성격을 띠게 되는 경향을 보였다(*Storia della Liturgia in Liturgia*, B. Neunheuser, San Paolo, Milano, 2001, pp. 1960-1961). 이러한 중세의 시대 상황은 전례 개혁을 바라는 원인 및 근거가 되었다. 교회 안에서 미사가 통일되지 않은 채 여러 방법으로 거행되어, 교회 전례에 대한 개혁의 필요성이 대두되었던 것이다. 공식적으로 한 사제가 하루 한 번 이상 미사를 드리는 것이 금지되었지만, 미사를 많이 드릴수록 더 많은 돈을 벌 수 있으므로 사제들은 미사를 많이 집전할 수 있는 방법을 모색하게 되었다. 그 예로 어떤 사제는 축성 없는 헛된 미사를 드렸고, 어떤 사

---

61) 9세기 이후에 나타나는 신심의 특징은 한마디로 '죄의식'이라 할 수 있을 정도로 신자들은 어떻게 해야 하느님께 죄를 짓지 않는가에만 신경을 썼다. 이 문제는 고해성사의 발달 과정과 밀접한 연관을 가지고 있다. 당시까지는 생애 오직 한 번만 죄 사함을 받을 수 있었다. 따라서 사람들은 임종 순간에 죄를 고백하고자 하였다. 살아가면서 죄를 짓지 않고 산다는 것은 불가능하다고 여겼기 때문이다. 따라서 죄를 짓고 나서 고해성사도 하지 않은 채 성체를 모시는 것은 또 다른 큰 죄라고 여겼기에, 신자들은 자연히 영성체를 멀리하게 되었다. 영성체를 하지 않은 대신 그들은 '하느님을 바라봄', 즉 미사 중에 하느님으로 변하는 '성체를 바라보는 것'에 더 많은 관심을 기울이게 되었다. 이를 계기로 '성체 신심'이 크게 일어났고, 결국 '성체 성혈 축일'과 이와 관련된 각종 행사 등이 중세에 크게 성행하였다(「문화사에 따른 전례의 역사」, 부르크하르트 노인호이저, 분도, 1992, 93쪽).
62) 단 한 권의 책에 성찬 전례를 포함한 다른 전례들의 거행에 관한 지침과 기도문을 '성사집'들에서 뽑아 한데 모음으로써 사용하기에 편리하도록 이 책을 만들었다. 원래 제목은 '로마 예식서' 또는 '예식서'였다. 13세기 말 '로마 교황청 관례에 따른 주교 예식서Liber pontificalis secundum consuetudinem romanae curiae'로 이름이 바뀌었다. 기존의 '로마 예식집'과 달리, 이 책에는 기도문 외에도 다른 요소들이 있다. 설교, 미사 해설, 주님의 기도, 신경 및 위령 성무일도에 대한 설명, 더 이상 사용되지 않는 옛 예식들의 모음, 각종 축복 기도들, 수많은 '하느님 정의' 등. 이 책은 한마디로 혼합 '전례서'로서 '로마 전례서'들이 프랑스·독일 지역에 들어감으로써 생긴 최종 결과이며, 또한 앞날의 발전의 출발점이기도 하다(「문화사에 따른 전례의 역사」, 부르크하르트 노인호이저, 분도, 1992, 90쪽).

제는 단지 돈을 지불한 이들만을 위해 미사를 축성했으며, 또 어떤 사제는 한 번에 여러 대의 미사를 드리기도 하였다(봉헌 예식을 계속한다). 그리고 시간을 단축하고 편리함을 추구하기 위해 양형보다 단형(성체만)을 수용할 것을 권고하였다. 물론 당시의 교회 사정으로 볼 때 사제들의 경제적인 어려움이 가져온 결과의 하나였음을 교회사에서 언급하고 있지만, 중세에 있어서 교회의 정신은 초대 교회의 정신과는 다른 세속적인 측면이 드러남으로써 교회 안에서 개혁의 바람이 불어오게 하는 데 큰 영향을 미치게 되었다.

미사 전례는 수 세기에 걸친 많은 변화를 통해 수용되는 과정에서 시대에 적응하고 부흥하였으며, 교회는 미사 전례 안에서 시대의 변화와 개혁의 요구에 응답하였다. 고전 로마 시대의 전례와 프랑스-게르만 전례를 수도원 교회 전례와 주교좌 교회 전례에 사용하기에는 내용이 너무 많았고, 교회 전체적으로 하나의 미사 전례를 만들기에는 무리가 있었다. 결국 본당이나 작은 공동체에서는 순례자들을 위하여 미사 전례를 단순하게 거행하였으며, 12~13세기 교황청 내의 성직자들의 노력으로 빛을 볼 수 있게 되었다.[63] 중세의 이르러 미사 전례는 단순하게 재편성되었고, 프란치스코회원들로 인해 더욱 실제적으로 수정, 보완되어 서유럽에 퍼지게 되었다. 그리고 클뤼니, 프레몽트레, 시토, 도미니코회 등의 커다란 수도 단체들 내에서도 고유한 전례가 대주교좌와 연결되어 형성, 유지되고 있었다. 이는 당시 여러 종류의 전례가 공존하고 있었다는 역사적 증거가 된다(Storia della Liturgia in Liturgia, B. Neunheuser, San Paolo, Milano, 2001, pp. 1961-1962).

중세에 있어서 미사 전례와 더불어 교회는 지극히 성직자 및 수도자 중심이었다. 그리스도에 의해 구원된 하느님 백성이 한 곳에 모여 교회 안에서 하느님께 흠숭과 찬미를 드리고 성화를 꾀하는 전례가, 교회 안에서 신분의 차별 및 비합리성 때문에 그 의미가 희석되어 가고 있었다. 극단적인 예를 들어 초기 공동체의 전례를 보면 좌석이나 위치에 구분 없이 함께했는데 점차 집전자와 신자석, 즉 성직자와 신자석이 엄격히 구별되어 거행되었다. 또한 일반인이 알아들을 수 없는 라틴어를 전례 언어에 사용함으로써 성직자 외에는 전례를 이해할 수 없었다. 그래서 성직자와 일반 신자가 함께하는 전례라 해도, 일반 신자들이 자유롭게 의사를 표현할 수 없었기에 공동체적이고 종교적인 의미를 느낄 수 없었던 것이다.[94] 이는 신자들로 하여금 전례 참여에 있어서 더욱 소극적이고 수동적인 태도를 갖게 하는 계기가 되었다.

이러한 현상들을 통해 교회와 전례는 끊임없는 쇄신과 변화, 개혁을 경험하게 된다. 결국 12세기에 전례 안에서 일어나는 일반 신자들과의 거리는 미사 참례에 있어서 더더욱 구체적으로 나타나게 되었다. 당시 미사는 "전례에서 그리스도의 현존을 빵의 형상 아래 국한시키고, 성체에 대한 지나친 경외심을 강조"(「미사」, 쯔찌야 요시마사, 성바오로, 1997, 160쪽)함으로써 신자들로 하여금 성찬 전례에서 멀리 떨어져 있게 했다. 그리하여 라테라노 공의회(1215)에서 적어도 1년에 한 번 부활절 때 영성체를 해야 한다는 규정을 정할 정도로 영성체를 기피하는 현상이 나타났다. 성체 신심은 감사기도 시 사제가 성체 축성 후 성체를 들어 올리는 거양 관습을 통해 강조되었다. 이 예식은 13세기 초부터 시작되었으며 12세기 중엽 성체 안에 주님이 현존하시는 문제를 강조하기 위해서 생겨났다(Storia della Liturgia in Liturgia, B. Neunheuser, San Paolo, Milano, 2001, p. 1962). 하지만 이러한 거양 관습이나 영적 신심의 강조가 비록 부정적 판단에 따른 반응이 시작 동기라고 할지라도, 그 결과나 효과에 있어서는 당시 소극적이고 수동적으로 전례에 참석하는 일반 신자들에게 전례에 있어서 감각적인 효과나 이해에 큰

---

63) 공동체 성격을 강조한 교황청 전례는 교황청의 작업으로 만들어진 미사 전례서, 시간 전례서, 주교 예식서 등을 관례에 따른 로마 교황청 전례Pontificale curiae Romanae라고 했다. 예식서의 변천을 살펴보면 다음과 같다. 주교 예식서(Pontificale, 주교에 속하는 전례 거행의 예식과 본문) → Pontificale romano Germanico(10세기) → Pontificale Romano(12세기) → Pontificale Curiae Romanae(13세기)

64) 전례 언어가 그리스어에서 라틴어로 바뀐 것은(다마소 교황 때, 4세기) 당시 교회의 주체가 라틴어를 모국어로 하는 사람들이었기 때문이다. 하지만 7-8세기에 이르러 프랑스-게르만 지역의 신자들은 대부분 라틴어를 모르는 사람들, 즉 라틴 족이 아니라 게르만 족이나 노르만 족을 위시한 라틴어 이외의 언어를 사용하는 사람들이었다. 따라서 이들이 라틴어로 거행되는 전례에 능동적이고 적극적으로 참여하기란 사실상 불가능하였다(「문화사에 따른 전례의 역사」, 부르크하르트 노인호이저, 분도, 1992, 93쪽; 「미사」, 쯔찌야 요시마사, 성바오로, 1997, 158-159쪽).

도움을 주려고 노력했다는 것을 부인할 수 없다(「미사」, 쯔찌야 요시마사, 성바오로, 1997, 160쪽). 아울러 교회는 감각적이고 자극적인 방법을 통해 전례에 참석하는 그리스도인들의 신앙생활을 도와주려고 노력했는데, 예를 들면 "그리스도의 인간성에 대한 신심, 특히 그리스도의 수난과 성모 및 성인들에 대한 공경"(「미사」, 쯔찌야 요시마사, 성바오로, 1997, 159쪽)을 통한 공동체적이고 종교적인 요구를 충족시켜 주었다. 지속적인 전례 변화는 그리스도인들의 요구에 대한 교회의 응답으로서, 그리스도인들로 하여금 교회에 계속 머물게 하는 커다란 역할을 하게 되었던 것이다.

12세기에 일반 신자들은 당시의 교회 관습으로 인하여 새로운 방식의 신앙생활을 추구하게 되었다. 무엇보다도 반 성직자적, 반 성사적, 반 전례적인 운동이 일어났다. 당시 전례는 그들의 삶이나 현실과 너무나 동떨어져 있었고, 전례가 마치 성직자나 수도자들을 위한 것으로 인식되었다. 이러한 현상을 교회사는 '12세기의 이단'이라고 언급하고 있다. 사실 그리스도인들의 신앙생활을 위한 새로운 운동은 교회와 그리스도인들이 동떨어지지 않고, 깨끗하고 이성적이고 감각적인 종교를 추구하는 것이다(「미사」, 쯔찌야 요시마사, 성바오로, 1997, 159쪽). 전례와 신앙과 교회가 서로 일치를 이루지 못하는 중세에는 사법주의 및 외형주의가 대두되었는데, 전례는 교회의 이름 안에서 공식적 대표(사제)에 의해 공적으로 수행되는 교회 행위에 포함된다고 설명하였다. 사제가 주재하면 그것은 전례였다. 그러나 다른 이가 같은 것을 하면 그것은 전례가 아니라는 생각이 지배적이었다. 성직자들은 기도와 전례를 위한 특별 계급에 속하였고, 전례는 법적 의례가 되어 버렸다. 외형주의에 대해서는 미사에 많이 참석할수록 그 효과에 경중이 있다고 했으며, 미사 예물의 상한선은 주교가 정했다. 하루에 미사를 두 번 드릴 경우 두 번째 미사에서는 성가를 부르지 않았다. 또한 제대가 성인들의 유해를 보관하고 있어서 공경심을 강조하기 위해 높아졌으며, 이로 인하여 미사 때 평신도는 주례 사제를 바라보는 형국이 되었다. 1215년에는 교회가 정한 법에 의해 신자들은 주일 미사에 참례해야 하는 의무 조항이 생겼다. 그 전에는 미사 참례가 의무가 아니었다. 그래서 각자 편하고 좋은 날에 자유롭게 미사 참례를 할 수 있었다.

전례의 특징은 복음을 설명할 때 상징과 표징, 은유법을 사용한다는 것이다. 전례 안에서 강론은 전례에 참석하는 이들에게 요구되는 신앙에 성서 말씀을 해석하여 삶 속에서 받아들일 것을 호소한다. 초대 교회에 나타난 강론의 주된 내용은 그리스도론과 더불어 윤리적이며, 교의적이고, 전례적이었다.[65] 중세의 강론은 성서적·전례적·복음 선포적·설교학적·예언적 내용을 통해 이단에 대한 신앙을 옹호하며, 나아가 종교 생활에 요구되는 도덕적 훈계를 전하는 데 사용되었다.[66] 강론에 사용되는 상징이란 가시적인 것으로서 비가시적인 것에 대치할 뿐 아니라 이들은 서로 밀접한 관련을 맺고 있다. 예를 들면 아브람의 아들 이사악의 봉헌은 성자 예수 그리스도의 봉헌과 대치되고, 성체성사에서 빵과 포도주는 그리스도의 몸과 피로, 므리바의 물은 생명의 물로 대치되는 것과 같다. 이처럼 가시적인 상징을 비가시적인 상징으로 표현했

---

[65] 2~3세기 동방 교부들의 강론은, 그리스도께서 성체 안에 현존하시는 것처럼 독서 안에도 현존하심을 보여 주기 위한 성서 해석이었다. 이러한 강론들은 격식을 차리지 않고 유다회당에서 행해지는 설교 관행을 닮았다. 4세기의 설교는 좀 더 형식을 갖추기 시작했다. 즉, 예비신자가 참여하는 미사와 신자가 참여하는 미사의 구분이 좀 더 뚜렷이 강조되기 시작했다. 따라서 교리문답식 설교의 필요성이 제기되었다. 그리고 새로운 전례 시기와 성인 및 순교자들의 축일이 생겨남으로써 강론의 어조도 바뀌었다. 또한 이단과의 싸움에 대한 필요성이 신앙을 옹호하는 호교론적 설교 강화를 야기했다. … 동방에서는 거룩한 전례를 신비스러운 희생제mystical sacrifice로 보기 시작함에 따라, 강론은 그 고유한 자리를 가지기 어렵게 되었다. 설교는 한 성서 구절을 현실에 맞게 설명하는 것에서 어떤 교의나 사건을 해설하는 것으로 변하였다. 장례 설교, 순교자들에 대한 찬사, 하느님의 어머니에 대한 신학적 연설과 찬미가 대중화되었다. 서방에서 이루어진 초대 교회의 강론은 정교한 의식에 의해 좌우되었다(「강론이란?」, 로버트 P. 와즈나크, 분도, 2003, 19-23쪽).

[66] 12~13세기에 도미니코 수도원과 프란치스코 수도원의 활약으로 중세의 설교(강론)가 부흥했다. 탁발 수도회의 노고로 설교는 보다 대중적인 것이 되었고 그 질도 좋아졌다. 그러나 도미니코회 수사들이 지지하던 스콜라 철학적 설교는 종종 복잡했는데, 이단에 대항에 신앙을 옹호하는 데 그 목적을 두었다. 프란치스코회 수사들의 대중적 설교는 종종 성서 텍스트를 종교 생활에서 요구되는 도덕적 훈계를 전하는 데 편리한 도입 부분으로 사용하였다. 설교 자료의 많은 수집은 설교자에게 성서 해석에 필요한 우화적 자료, 옛 문헌에서의 학문적 인용, 기괴한 이야기와 전설과 예화를 제공하였다. 하지만 이러한 설교 자료는 성서를 펼치면서 청중에게 반응을 요구하는 강론의 예언적 측면을 위협하기도 했다. 트렌토 공의회는 아시시의 성 프란치스코의 전통에서 차용하여 악과 덕에 초점을 맞추었다. 프란치스코회 수사들에게 덕과 악을 정의하고 교화함으로써 청중의 마음을 통찰할 것을 촉구했다. 그리고 예수회의 성 로베르토 벨라르미노는 그리스도교 설교자의 목적은 신자들이 반드시 알아야 하는 것이나 그들이 거룩한 교리를 아는 데 필요하고 적합한 것을 가르치며, 동시에 그들을 감동시켜 덕행을 쌓고 악행을 피하도록 하는 데 있다고 말했다.

다. 즉, A와 B는 하나의 실재를 구성한다. 그리고 표징Sign을 설명하자면 내적 관계의 유무에 관계없이 어떤 것이 다른 어떤 것을 대체하는 것이다. 신호등, 깃발 등 일종의 약속 같은 것을 예로 들 수 있다. 상징과 표징과 더불어 강론에서 사용된 은유Allegory는 한 그룹의 표징이 모인 것이다. 우리는 A와 B가 한 실재를 이루지 않기에 B를 이해하기 위해서 A를 읽는다. 예를 들어 성체성사 중에 십자 성호를 세 번 하는 것은 예수님이 3년 동안 공생활을 하신 것이며, 돌아가신 지 3일 만에 부활하신 것이라고 설명했다. 중세의 미사는 그날의 복음 설명을 상징이 아닌 은유로 했다. 이는 미사의 참된 의미를 잃어버리게 하는 위험을 갖고 있었으며 17~18세기까지 존속되었다.

3. 시간전례[67]

유다인들은 야훼께 고정된 시간에 세 번의 기도(아침, 점심, 저녁)를 바쳤는데, 3시경(오전 9시)과 6시경(정오), 9시경(오후 3시)에 기도하였다. 예수 그리스도 역시 유다교의 기도 양식에 맞추어 자주 기도하셨다. 그리스도교 공동체도 정해진 시간에 기도하던 유다인들의 기도 양식을 도입하여 생활 속에서 실천하였다(「시간전례」,

A. G. 마르티모, 가톨릭대학교출판부, 2003, 1-5쪽). 그러나 그리스도교 공동체는 유다인들의 풍습을 받아들이면서도 공동체만의 새로운 근거[68]를 제시하며 기도했다.

종교의 자유 이후 그리스도교 공동체의 시간전례는 두 가지 형태로 교회에 전해지고 있는데, 그리스도교 백성의 성무일도와 수행자와 수도자들의 성무일도가 그것이다.[69] 하지만 시간이 지남에 따라 교회에서는 지나친 신심과 더불어 맹목적인 교부들의 사상

[67) 한 주간과 1년을 전례의 흐름에 따라 구성하듯, 하루 역시 그러하다. 그리스도께서는 언제나 '낙심하지 말고 끊임없이 기도해야 한다'(루카 18,1)고 명하셨다. 그러므로 교회는 그리스도의 이 명에 충실히 복종하여 끊임없이 기도하고 다음 말씀으로 우리에게 권고한다. "예수님을 통하여 언제나 하느님께 찬양 제물을 바칩시다."(히브 13,15) 교회는 미사뿐만이 아니라 다른 방법으로도, 특히 낮밤 전체를 성화시키는 시간경으로 명을 채운다. 오늘날 '시간전례Liturgia Horarum'라는 표현은 앞에서 설명한 기도를 가리킨다. 이는 제2차 바티칸 공의회까지 사용되어 오던 '성무일도Officium divinum'라는 용어보다 더 널리 사용되었다. 하느님께 대한 찬미는 거행되어야 할 의무임이 분명하다. 성 베네딕토는 하느님께 대한 찬미 기도를 '하느님의 일Opus Dei'이라고 했다. 하지만 시간전례를 특징짓는 것, 즉 시간전례가 다른 전례와 다른 점은 하루를 여러 순간으로 나누어 기도를 드린다는 점이다. 이 순간들은 '모든 행위가 끊임없는 기도'라는 이상을 실천하는 데 도움을 주는 특권적 순간들이다. 라틴 교회에서 습관적으로 사용되었던 '브레비아리움Breviarium'이라는 말을 포기하게 된 데는 더 큰 이유가 있다. 이 용어는 "요약"이라는 의미를 가지고 있다. 따라서 '성무의 요약Breviarium Officii'이라고 표현해야 그 완전한 의미를 드러낼 수 있지, 말 자체로는 아무 의미도 가리키지 못하였다. 이 표현은 여러 권으로 나뉘어 수록되어 있던 성무일도의 구성요소들을 한데 모아 쉽게 기도할 수 있도록 나온 책을 중세 때 '브레비아리움'이라 부른 데서 유래하였다. 동방 교회는 그들의 시간전례의 기반이 되는 책을 '호롤로기온Horologion'이라 불렀다(「시간전례」, A. G. 마르티모, 가톨릭대학교출판부, 2003, 13-14쪽).
68) 테르툴리아노는 세 번의 기도에 대한 근거를 사도 공동체가 겪었던 사건을 기념하는 것과 연계시키고 있다. 즉, 3시경에는 성령이 오심(사도 2,15)을, 6시경에는 기도하던 베드로에게 내린 이방인들을 부르심에 대한 계시(사도 10,9)를, 9시경에는 성전에 올라가던 요한과 베드로가 '아름다운 문'에서 중풍병자를 낫게 한 사건(사도 3,1-2)을 기념한다(「시간전례」, A. G. 마르티모, 가톨릭대학교출판부, 2003, 16쪽).

을 흉내 내며 시간전례를 거행하는 성무일도가 과중하게 다가왔으며, 기도 시간의 의미도 점차 퇴색되었다(「시간전례」, A. G. 마르티모, 가톨릭대학교출판부, 2003, 26-28쪽).

트렌토 공의회(1545~1563)에 앞서 교회 내부에서는 성무일도의 개혁 및 변화를 가져왔다. 당시 성무일도의 변화는 프란치스코회원들이 중심이 되었다. 중세 교회의 기도 생활에 있어서 프란치스코회원들은 교황청 전례를 받아들임으로써, 기도 생활이 한 개인의 전례로 인식되었다. 하지만 시대가 변하고 교회가 변하는 가운데에도 전례의 개혁 및 변화를 요구하는 과정에서 성공하지 못하는 상황이 연출되었다. 그 예로 퀴뇨네스Quiñónez 추기경의 작품인 「성 십자가의 간이 성무일도」(Breviarium S. Croce, 1535)에 대한 평가를 통해 당시의 시간전례에 대한 배경 및 변천을 이해할 수 있다.

당시 프란치스코회원들은 탁발하면서 시간전례를 제때에 한다는 것이 무리라고 생각했다. 그들은 시간전례에 충실하기 위해 개인 기도의 필요성을 강조했고, 필사된(당시에는 아직 인쇄물이 나오

---

69) 그리스도교 백성의 성무일도는 주교좌성당에서 주교와 사제들을 중심으로 그리스도인들이 참여하는 가운데 이루어졌으며, 일부 교회에서는 매일 기도 때 강론이 베풀어졌고 청원 기도 후 주교나 사제가 본기도를 바치면서 기도를 끝맺었다. 수행자들과 수도자들의 경우를 보면 당시 더욱 완전한 삶, 고행과 기도 중에 주님께 봉헌하는 삶을 열망하던 그리스도인들 가운데 일부는 도시에 머물렀지만 광야와 수도원에 사는 사람들도 많았다. 그들이 모여서 기도하는 장소oratorium가 있었는데, 그들은 신약 성경과 초기 영적 저자들의 글 안에 뚜렷이 나타난 끊임없는 기도에 대한 계명을 잘 지킬 수 있는 방법을 모색하곤 했다(「시간전례」, A. G. 마르티모, 가톨릭대학교출판부, 2003, 20-24쪽).

지 않았다) 시간전례서를 갖고 다니면서 기도했기 때문에 공동 기도는 할 수가 없었다. 사실 시간전례의 형태를 유지하기 위해서는 적지 않은 시간과 노력이 요구되었다. 그리하여 퀴뇨네스 추기경은 합당하게 시간전례를 하기 위해 긴 시간을 줄임으로써 실제적인 시간전례를 바칠 수 있도록 했다. 또 시편 전체를 규칙적으로 읊을 수 있게 강조하는 동시에 성서 전체를 잘 배치하였고, 확실성이 떨어지는 신화 같은 이야기들은 삭제함으로써 개인 기도에 충실할 수 있도록 했다(*La chiesa in preghiera vol IV*, A. G. Martimort, Queriniana, Brescia, 1983, p. 286). 하지만 퀴뇨네스의 간이 성무일도는 공동 시간전례를 배제하고 있었으므로 교회로부터 오류를 지적 받을 요지가 있었는데 결국 단죄를 받았다. 퀴뇨네스 추기경의 「성 십자가의 간이 성무일도」는 1535년에 첫 판, 1536년에 2판을 내고 1568년 비오 5세 치하에서 금지되기까지 100판 이상 인쇄되었다(「문화사에 따른 전례의 역사」, 부르크하르트 노인호이저, 분도, 1992, 114쪽). 그러나 지나치게 전통적인 공동 기도와 맞지 않는다 하여 금지되었다.

그 후 1568년 「성 비오 5세의 간이 성무일도 Breviarium S. Pii V」가 나왔으나, 과거의 성무일도와 유사하다고 해서 폐간되었다. 그리고 1911년 「성 비오 10세의 간이 성무일도 Breviarium S. Pii X」가 나왔고, 제2차 바티칸 공의회 이후 1971년에 새롭게 「바오로 6세의 시간전례Liturgia Horarum Pauli VI」가 출간되었다.

성무일도 비교표 [70]

	성 십자가 간이 성무일도	성 비오 5세의 간이 성무일도	성 비오 10세의 간이 성무일도	바오로 6세의 시간전례
신학	• 교회의 기도 - 기능적, 개인적 - 시간 배정 불투명	• 교회의 기도 - 기능적, 공동체적, 개인적 - 시간 배정 불투명	• 그리스도와 교회의 기도 - 기능적, 개인적 - 시간 배정 불투명	• 그리스도와 교회의 기도 - 기능적, 공동체적 - 개별적인 기도 시간의 진실성
전례주년	• 그리스도 축일 - 강조되지 않음 • 성인 축일 - 상대적 축소	• 그리스도 축일 - 강조됨 • 성인 축일 - 상대적 축소	• 그리스도 축일 - 강조성 유지 • 성인 축일 - 개별적이고 공통된 부분에 근본적 개혁	• 그리스도 축일 - 두드러지게 강조됨. • 성인 축일 - 애매한 부분 축소
시 편집	• 한 주간 - 시간경에서 시편 수 감축, 확실한 분배(거의 기계적) - 시간과 날에 부적합	• 적절한 주간 - 전통 방식에 따른 시간경을 시간과 날에 따라 적합하게 배분	• 적절한 주간 - 시간경 수의 감소, 시간과 날에 따라 전통적으로 새롭게 분배	• 월별 - 시간경의 과감한 감축, 시간과 날에 따라 개선, 전통 안에서 배분
독서	• B - 거의 배타적으로 길다. • P - 아주 적다. • A - 개혁의 시작	• B - 아주 짧고 미완성의 선집 • P - 개혁의 시작 • A - 개혁의 시작	• B - 개혁 선포 • P - 개혁 선포 • A - 개혁 선포	• B - 거의 완성된 2년 주기 • P - 완성 • A - 거의 완성
기도 요소	거의 삭제	유지	유지	유지, 강한 제기, 풍성함
부가 요소	거의 삭제	거의 삭제	거의 삭제	삭제

* B : Bibliche, 성서
P : Patristiche e autori ecclesiastici, 교부 및 교회학자
A : Agiografiche, 성인전

::4장
중세의 전례

    15세기 유럽 사회는 신대륙 발견과 산업 혁명으로 커다란 변화가 시작되었고, 교회 안에서도 개혁의 바람이 불기 시작했다. 무엇보다도 마르틴 루터(1483~1546)를 비롯한 개혁자들에 의해 시작된 변화는, 당시의 그리스도인들에게 새로운 신심을 불어넣어 주었고 가톨릭교회가 교의적・전례적 개혁을 시작하는 계기를 만들어 주었다. 트렌토 공의회와 비오 5세(1566~1571)는 중세 가톨릭교회의 교의와 전례를 설명하고 규정하는 데 있어서 중요한 위치를 차지한다. 당시 그리스도인들은 미사 전례보다 성지 순례나 종교적 신심 행렬(당시의 종교적 행렬은 성체 거동, 성모 행렬, 아기 예수 행렬 및 지역 교회의 주보성인이나 성녀 등을 예로 들 수 있다)에 적극적으로 참여하였다. 그리고 성모 신심이나 고유한 성인들에 대한 공경은

---

70) *La celebrazione nella Chiesa III*, Dionisio borobio, AA.VV, Elle Di Ci, Leumann(Torino), 1990, p. 375.

그리스도의 신비에 바탕을 둔 성사적 의미보다, 기복적이고 자기만족에 기본을 둔 신앙적인 측면에 더 많은 관심을 갖고 있었다.

트렌토 공의회의 중요성은 전체 교회사뿐만 아니라 전례사에서도 중요한 위치를 차지하고 있다. 당시 전례는 그리스도인들의 일상사에 영향을 주지 못했다. 전례 거행에 참석한 이들은 전례 참여에서 배제되는, 사제 중심적인 전례 거행이 대부분이었다. 사실 전례에 참석한 이들은 당시의 전례를 이해하는 데 많은 어려움을 겪고 있었다. 그래서 일부 개혁자들은 그리스도와 함께하며 가르침을 받았던 초기 교회를 그리워하기도 했다. 그 이유는 가톨릭교회 내에서 분명한 교의적 결정이 형성되지 못했기 때문이기도 하지만, 개혁자들은 반교의적dogma인 것이 아니라 지나친 형식주의에서 나오는 교의주의dogmatism에 반대하고 있었기 때문이다. 또한 전례에 있어서 지나친 형식주의ritualism는 미사 참석에 긴장감과 부담을 만드는 요소가 되어 버렸다.

형식주의에 빠진 미사 전례는 제자들을 초대하여 하느님을 찬양하고, 하느님 나라를 흠모하며, 형제들에게 자비와 용서를 베풀면서 형제애를 나누기를 원하셨던 예수 그리스도의 가르침에 모순되는 것이다. 나아가 미사 전례에 행해지는 상징과 표징에 대한 충분한 이해가 없는 까닭에 참석하는 이들에게 완전한 참여를 요구하는 것은 무리였다.[71] 개혁자들에 의해 시작된 전례의 변화는 커다란 자극을 주어 가톨릭교회도 개혁이라는 물결을 타게 되었다. 교회 내에서의 개혁 물결은 소중한 교회 유산에 대해 전통적 가치를 계속 살리는 분위기에서 시작되었다.

마르틴 루터가 요구하는 전례 개혁은, 오히려 가톨릭교회가 전례에 있어서 더욱 견고해지고 일치하는 계기가 되어 신학적으로 자리를 잡게 했다. 루터에 의해 만들어진 미사 전례[72]는 기존의 가톨릭 미사와 구별되는 그들만의 예절을 만들었으며, 그와 동시대의 인물들이 벌인 전례 개혁은 중요하고 긍정적인 자극을 가톨릭교회에 주었다. 예를 들면 라틴어가 아닌 자국어로 드리는 예배, 양형 영성체, 지나친 사적 전례의 극복, 미사 참여의 태도, 미사 중 영성체에 참석할 것, 전례 남용의 제거 등 시대적 요구에 대해 가

---

71) 12세기에 이르러 제대 위에 촛대가 놓이고, 전례 중에 한쪽 무릎을 꿇고 장궤하는 자세를 취하게 되었다. 미사는 그리스도의 생애, 특히 수난에서 승천까지의 과정을 수난극 형태로 설명했다. 즉, 성체 거양은 십자가에 달리신 그리스도를 바라보는 것으로, 영광송 때 성체와 성혈을 들어 올리는 것은 그리스도의 유해를 십자가에서 내리는 것으로 해석했다. 또한 성체를 나누고 그중 작은 조각을 성혈에 넣는 것은, 주님이 몸과 피로 다시 합치는 부활을 의미하는 것으로 설명되었다. 영성체는 그리스도가 부활했을 때 제자들과 식사를 같이한 것으로, 파견 축복은 주님께서 올리브 산에서 제자들을 축복하시며 승천하신 의미로 해석되었다(「미사, 기쁨의 잔치」, 정의철, 생활성서, 2006, 31-32쪽).

72) 루터는 감사기도(그는 이것을 교회 안에 바알의 예배를 끌어들인 것이라고 보았다), 감사송, 주님의 기도, 평화의 인사, 거룩하시다, 성찬 전례 제정 말씀 등을 미사에서 없앴다. 가톨릭에서는 다음과 같이 언급할 수 있다. (루터에게서) 감사기도의 마지막 흔적마저 사라져 버렸다. 감사송도 없고, 주님의 기도 대신 도덕적(교훈적) 주해가 있을 뿐이다. 주님에 대한 기념은 순전히 주관적인 것으로 축소되었다. 즉, 실재적 현존을 얻기 위한 모호한 형태의 축성 기도와 성만찬이 되었다. 초세기의 귀중한 유산들 중 하나이자 유일한 전례 행위인 위대한 감사기도는 더 이상 존재하지 않게 되었다(「문화사에 따른 전례의 역사」, 부르크하르트 노인호이저, 분도, 1992, 132쪽).

톨릭교회는 기존 전례를 옹호하며 지켜 나갔다. 그러나 오류에 빠진 교의를 극복하는 개혁 운동은 전례 분야에도 큰 영향을 주었다(Storia della Liturgia in Liturgia, B. Neunheuser, San Paolo, Milano, 2001, p. 1963). 트렌토 공의회에서는 교의적이고 전례적인 규정을 통해 전례적 남용과 새로운 신심에 따른 인간적 행위를 반박하였으며, 개혁자들에 의해 혼란이 야기된 전례에 대해서는 새로운 미사 전례서(루브리카 미사 전례서, 1570 : 미사 전례서에 붉은색으로 예절을 표시함)를 발간하여 전통과의 연속선상에서 역사·비판적 안목으로 전례 개혁을 이루고자 했다. 하지만 트렌토 공의회는 기존의 신학적 이론에서 성사Sacrament 및 교의적 가르침은 옹호했지만 전례 책에 대해서는 개혁을 단행했다.[73] 전례 책들을 정화하는 과정에서 가장 좋은 편집을 위한 기준은 앞서 사용되었던 교부들의 책이라고 가정하였다. 교황은 전례서를 결정하는 데 있어서 여러 개가 아닌 단 하나를 선택함으로써 그 권한을 주교들에게 주지 않았다. 공의회가 미사를 보편적이며 동일한 것으로 정의한 것이 그 이유였다.

비오 5세는 1568년에 성무일도를, 1570년에는 새로운 미사 전례

---

73) 공의회는 전통과의 연속선상에서 역사-비판적 의미로 전례 개혁을 하고자 했다. 전례에 관한 혼돈 상태를 극복하고자 했기 때문이다. 그리하여 후대에 첨가된 요소들을 제거하고, 해당 시기의 전례에 우선권을 주며, 성인 축일과 신심 미사의 수를 줄였다. 최대한 전례의 통일을 이루고자 모든 이에게 의무로 부과되는 홍주를 미사 전례서에 집어넣었고, 합리적으로 미사의 길이를 줄였다(Storia della Liturgia in Liturgia, B. Neunheuser, San Paolo, Milano, 2001, p. 1964).

서를 유포하였다. 그러면서 기존의 모든 전례에 대한 폐지를 명하고, 새로운 미사 전례서에 의한 로마의 미사 방식이 온 교회의 의무임을 선포하였다. 하지만 비오 5세는 전례적 전통이 200년 이상 되는 경우는 예외시켰다. 이는 새로운 전례에 대한 무시가 아니라, 로마 교회 전례와의 일치를 위해 교회가 특단을 내린 것이었다. 예외적인 경우로는 이탈리아 밀라노의 암브로시오Ambrosiano 교회 전례와 전례로 유명한 베네딕토 수도원을 들 수 있다(*Missarum Sollemnia vol I*, J. A. Jungmann, Marietti Editori Pontifici, 1953, pp. 118-119). 비오 5세의 미사 전례서는 1970년 바오로 6세에 의해 새로운 미사 전례서가 만들어지기 전까지 사용되었다. 이 밖에 로마 주교 예식서(Pontificale Romanum, 1596)와 주교 예식서(Caeremoniale Episcoporum, 1600)는 클레멘스 8세(1592~1605)의 업적이다. 또한 바오로 5세는 로마 예식서(Rituale Romanum, 1614)를 만들었고, 1588년에는 식스토 5세가 전례 개혁을 보장하기 위해 바티칸에 예절성성을 세웠다. 이러한 결정은 가톨릭교회 전례를 획일화시키고 고정화시켜 생동감을 잃어버리게 했지만, 가톨릭교회의 전례 거행에 있어서 행동의 일치와 동일한 신학적 의미를 공유한다는 큰 의미를 가져오는 계기를 만들어 주기도 했다. 중세의 전례는 단순히 예절에 대한 개혁뿐만 아니라 음악, 교회 건축 및 제구에 있어서도 많은 변화를 주었다. 또 지역 교회의 신심 행위와 성인 공경이라는 새로운 교회 문화를 이루지만, 공의회와 교황들에 의해 추진 되었던 전례 개혁은 제한된 작업[74] 안에서 개혁의 근본적인 의도를 이해하지 못한 채 그리스도교 공동체 안에서 거행되고 지속되었다.

---

74) 트렌토 공의회와 교황들의 개혁 작업은 큰 찬양을 받을 만하지만 제한된 작업일 뿐이었다. 당시의 혼란한 상황을 극복하기 위하여 전례를 확립하면서도 현실 생활과 전례에 거리를 두었고, 거의 경직시킴으로써 백성의 신심과 더 거리를 두게 되었다. 이는 백성이 전례 대신 대중 신심에 매력을 느끼게 하는 결과를 초래했다(「문화사에 따른 전례의 역사」, 부르크하르트 노인호이저, 분도, 1992, 135쪽).

제3부

전례주년

::1장
전례주년의 역사

문명이 발달하고 일상생활 안에서 여러 가지 기억하고 기념해야 할 일들이 생기면서 인간은 달력을 이용하게 되었다. 교회에서도 마찬가지로 외아들 예수 그리스도를 통해 인류를 구원하신 하느님의 업적을 기억하고 기념하기 시작하면서, 일반 달력과 같은 교회 달력의 필요성을 느낌에 따라 전례주년Annus liturgicae이 생기게 되었다. 즉, 교회 안에서 순간적이면서도 연속적이고 지속적인 시간적 특성을 전례적 학문으로 다루게 된 것이다. 전례주년의 특징은 예수 그리스도가 구원사 안에서 인간과 관계를 맺은 사건을 중심으로 하며, 인간과의 일치를 원하는 그리스도의 신비적 차원에서 시작되었다고 할 수 있다.

거룩한 교회는 한 해의 흐름 속에서 지정된 날에 하느님이신 신랑의 구원 활동을 거룩한 기억으로 경축하는 것을 임무로 여긴다. 매주 주일이라고 부르는 날에 주님의 부활을 기념하고, 1년에 한 번 주님의 복된 수난과 함께 부활 축제를 가장 장엄하게 지낸다. 한 해를 주기로 하여 강생과 성탄에서 승천, 성령 강림까지, 복된 희망을 품고 주님의 오심을 기다리는 대림까지 그리스도의 신비 전체를 펼친다. 이렇게 구속의 신비들을 기억하며, 주님의 풍요로운 힘과 공로가 모든 시기에 현존하도록 신자들에게 열어 보이고, 신자들이 거기에 다가가 구원의 은총으로 충만해지게 한다(「전례헌장」 102항). 초기 교회의 전례주년은 오늘날과 같이 다양하지 못했다. 그리스도교적 의미를 지닌 파스카 축제도 2세기 후반에 이르러서야 지내게 되었다. 초기 교회에서 예수 그리스도를 기억하는 일요일, 즉 주일 외에 다른 축제의 날이 존재하지 않았다는 의미는, 전례주년의 주된 내용이 그리스도를 통한 구원 역사라고 생각했기 때문이다. 시간이 지남에 따라 그리스도인들의 신앙을 위해, 하느님의 은총에 대한 감사를 위해 다양한 날들을 지정하게 되었다. 전례주년 안에서 이루어지는 그리스도에 대한 다양한 기념과 기억은, 그리스도인들로 하여금 하느님을 일상사에서 끊임없이 만날 수 있게 해주었다.

그리스도교 전례주년의 특징은 말씀이 인간과 함께하는 은총의 시간이며, 하느님께서 인간의 역사 안으로 들어오셨다는 것이다. 하느님께서 인간의 역사 안에 현존하신다는 의미는 인간에 대한 구원사를 설명한다. 본질적으로 예언적 의미를 갖고 있는 구원사를 이해하는 것은, 과거의 경험을 통해 습득된 사실을 현재에서 재해석하여 미래의 사건을 미리 현재화하고 투사하는 것이다. 이러한 의미에서 전례주년의 특징은 하느님의 은총, 즉 인간에 대한 구원의 은총을 현재의 시간 안에서 재해석한다는 의미를 포함한다. 이러한 뜻에서 전례주년은 그리스도의 구원 업적이 시간 안으로 들어와 우리와 함께하는 것이다.

말씀이 사람이 되시는 사건은, 하느님이 인간의 시간 안으로 들어오시어 당신의 선하심을 가시화하고 구체화하심으로써 교회의 전례 시간 안에서 드러냄이라고 설명하고 있다(*La celelbrazione nella Chiesa Vol III*, Dionisio Borobio(ed), Elledici, Leumann(Torino), 1994, p. 55). 전례는 그리스도가 행하신 것을 지금 이 자리에서 실제로 기념하는 아남네시스anamnesis이며, 나아가 파스카의 신비를 실제화하고 현재화하는 시간적 개념을 갖는다. 무엇보다도 파스카 개념은 전례 안에서 그리스도의 신비와 복음 선포의 중요한 주제가 된다. 전례주년에서 그리스도의 신비의 현존은 불가사의하고 영적인mystica et spiritualis것이 아니라 신비하고 성사적인 mysteriosa et sacramentilis 현존이다. 또한 예식 행위, 즉 전례 안에서 이루어지는 현존이기에(*La celelbrazione nella Chiesa Vol III*, Dionisio Borobio(ed), Elledici, Leumann(Torino), 1994, p. 64) 전례주년 안에서 설명되는 그리스도는 실제성을 갖는다.

오늘날 사용하는 전례주년은 파스카의 신비를 통해 생겨났다고 볼 수 있는데, 실제적으로 전례주년을 구성하는 것은 예수 그리스도에 대한 부활절과 성탄절이다. 초대 그리스도교 공동체는 주님의 날(주일)을 거룩하게 보내기 위해, 파스카를 기념하기 위해 모였다. 당시에는 주님의 날이라는 개념 외에는, 그리스도의 파스카를 기념하는 것 외에는 다른 어떤 것이 있을 수 없었다. 유다-그리스도인들은 기존의 유다 예절에 새로운 로마 제국의 예절이나 이교도 예절을 결합시킴으로써 자신들의 종교에 대한 신원을 더 확고히 했고, 새로운 예절을 통해 유다인이나 로마인들과 다름을 보여 주고자 했다. 또한 이교도들의 종교적 풍습의 영향으로부터 보호하려는 차원에서 자신들만의 새로운 예절에 대한 의미를 가지려 했다.

예를 들면 파스카 시기는, 일요일에 모여 그리스도의 파스카 신비를 기념하면서 유다인의 파스카와 비교하여 1년에 한 번 어떻게 파스카를 성대하게 지낼 것인가 생각하다가 대(大)주일이 나게 되었다. 이 대주일은 부활 3일로 발전하여, 나중에는 파스카를 50일간 지내게 되었다. 그 후 4세기에 그리스도의 신비를 더욱 깨닫기 위해 예수 그리스도의 수난을 재현하려는 경향에 이르러 성주간과 유사한 기원을 갖게 되었다.

성탄 시기는 파스카와 달리 336년경 이래로 로마 교회에서 12월 25일에 성탄 축일을 지낸 사실을 알려 주는 문헌이 발견되었다. 당시 12월 25일은 로마인들의 축제인 "무적의 태양신 탄생 축일"이었으므로 그 대처 방안으로 이 날이 선택되었다. 퇴폐적 이교도가 판치던 이 시기에는 태양신 숭배가 대단히 유행하여, 12월 25

일에 성대한 축제들이 행해졌다. 이 같은 우상 숭배 축제로부터 신도들을 멀리하게 만들 목적으로, 교회는 각 사람을 비추는 참된 빛이신 그리스도의 탄생을 생각하도록 촉구했던 것이다. 그 후 4세기 말에는 파스카 시기에 맞추기 위해 성탄 축일을 준비하게 되는데 이것이 대림절이다.

:: 2장
전례주년의 구조

교회에서 신자들과 성직자가 함께 드리는 공식적인 의식을 전례라고 한다. 그리고 전례를 절기별로 나누어 놓은 달력을 전례력(전례주년)이라고 한다. 또한 전례를 거행하는 방법을 설명해 놓은 세 가지 중요한 책(미사 전례서, 성무일도, 성사 예식서)을 전례서라고 한다. 전례력은 성탄을 준비하는 대림 첫 주일에 시작하여 그리스도 왕 대축일을 마지막으로 다음 해로 넘어간다. 교회에서 사용하는 달력은 사회에서 일반적으로 사용하는 달력과 다르다. 전례주년 중에서 가장 중요한 주일 미사에 참여함으로써, 신자들은 전례의 흐름 속에서 그리스도인으로 존재함을 느낄 수 있다. 주일은 1년을 주기로 예수 그리스도의 탄생과 생애, 죽음과 부활의 신비를 기념하면서 다양하게 경축되고 있다. 매 주일 미사는 각기 다른 복음과 독서,[75] 노래와 기도로 구성되어 있다. 사제의 제의 색깔도 절기와 축일 등에 따라 다르게 사용되는데,[76] 이 역시 전례력에 근거를 두고 있다.

교회 달력, 즉 전례력은 주일 중의 주일인 부활 주일을 정점으로 전례 전체가 하나의 커다란 구속 신비의 기념을 이루고 있으며, 예수 그리스도의 탄생도 전례력 구성에 있어서 중요한 위치를 차지하고 있다. 전례주년을 쉽게 이해하기 위해서는 파스카 축일과 성탄 축일을 큰 축으로 생각하면 된다. 먼저 파스카 축제를 중심으로 하여 앞으로는 사순 기간, 뒤로는 부활 팔일축제를 갖는 부활 신비 기간(사순 시기+부활 대축일+부활 시기)이다. 또 예수님의 탄생을 기점으로 하여 앞으로는 대림 기간, 뒤로는 성탄 팔일축제를

---

[75] 현재 독서의 배열은 특수 시기에는 조화의 원칙을 적용하며 그 시기의 사상에 맞추어 독서를 선택하고, 연중 시기에는 준 연속의 원칙을 적용하여 연속적으로 독서를 읽어 나간다. 주일과 대축일에는 세 개의 독서를, 평일에는 두 개의 독서를 3년 주기로 바꾸어 가며 읽는다(「간추린 미사성제 해설」, 최윤환, 가톨릭, 1997, 32쪽).

[76] 제의 같은 전례복의 색깔은 거행하는 미사, 전례주년과 축일, 이에 참여하는 신자 생활의 의미를 드러낸다. 제의의 기본 색은 백, 홍, 녹, 자, 흑, 장미 등 여섯 가지 색이다(「미사 총 지침」, 346항). 백색은 빛, 기쁨, 생명, 부활, 정결을 뜻하며 주님의 축일과 순교자 외의 성인 축일이나 기념일에 입는다. 홍색은 사랑, 고통, 순교 등을 뜻하며 성령, 사도, 복음사가, 순교자 외의 성인 축일이나 기념일에 입는다. 녹색은 자연, 성실 등을 나타내며 연중 시기와 대림 시기에 쓰인다. 흑색은 죽음, 슬픔 등을 상징하며 위령 미사 때 쓰인다. 장미색은 희망, 작은 기쁨을 뜻하며 대림 제3주일과 사순 제4주일에만 사용된다. 한국 주교회의 소속 전례위원회는 1990년 초 개정된 「미사 총 지침」을 번역하면서 장례 등 위령 미사용 삼베 색을 추가했다. 그러나 차일피일 미루다 지침서 전체가 주교회의에 상정되지 못했다(「쉬운 미사 전례」, 이홍기, 분도, 2005, 46쪽).

갖는 성탄 신비 기간(대림 시기+성탄 축일+공현 축일)을 지낸다. 그리고 나머지는 연중 주일(33~34주)이라고 생각하면 쉽게 이해할 수 있다.

1. 일요일

일요일(주일)은 그리스도교 공동체의 존재에서 중요한 의미와 위치를 가지며, 전례의 거행에 있어서 장소의 개념과 더불어 시간이라는 개념을 갖게 해주는 중요한 의미를 포함한다. 오늘날에는 일요일이 공동체의 날이라는 개념으로 바뀌면서, 주님의 날을 기념하는 의미에 인간적인 가치를 강조하며, 전례의 거행에 있어서도 인간적인 요소들이 강조되고 있다. 일요일에 대한 올바른 이해는 그리스도인들의 신원을 더욱 확고히 하는 계기가 되며, 전례 안에서 그리스도와 일치를 이루는 방법을 알게 해준다.

(1) 일요일의 신학적 이해

일요일에 대한 정의는 그리스도의 부활 사건과 초대 공동체의 특성에서 찾아볼 수 있다. 무엇보다도 일요일은 그리스도의 파스카[77]를 기억하기 위한 그리스도인들의 거룩한 모임 날이다. 나아가 교회의 삶에 있어서 근본(「전례주년」, I. H. 달매 · P. 쥬넬, 가톨릭대학교 출판부, 1996, 13쪽)이라고 할 수 있다. 그리스도의 부활은 죽음에 대한 승리이며, 그분은 엠마오에서 제자들을 만나 말씀을 나누시고(루카 24,13-35), 빵의 나눔을 통해 말씀 전례와 성찬 전례의 중요성을 공동체에 알려 주셨다. 이는 그리스도인에게 죄의 굴레에서 벗어나 새로운 삶을 살아갈 수 있는 기회를 주는, 새로운 삶에 대한 창조 사건이다. 초대 그리스도인들은 주간 첫날 하느님께서 빛의 창조를 통해 세상을 창조하셨음을 이해하고 있었다. 그들은 예수 그리스도의 부활을 새로운 세상 창조로 생각했기에 일요일에 전례를 거행하게 된 것이다. 구체적으로 그리스도인들이 주일이라고 부르는 일요일, 즉 태양의 날에 모임을 갖는 것은 로마 풍습과의 충돌을 피하기 위한 것이다.

"태양의 날이라 불리는 날, 도시 또는 시골에 사는 사람들 모두 같은 장소에 모여 사도들의 비망록이나 예언서들을 읽는다. 사람들은 언제나 태양의 날에 모인다. 이날은 하느님이 어둠으로부터

---

[77] 그리스도께서 죽은 이들 가운데서 부활하심, 제자들 가운데 나타나심, 부활하신 이후 당신 제자들과 함께하신 종말론적 식사, 성령 증여와 선교사로서의 파견, 이 모든 것이 온전한 의미의 그리스도교 파스카이다(「전례주년」, I. H. 달매 · P. 쥬넬, 가톨릭대학교 출판부, 1996, 11쪽).

질료를 끌어내어 세상을 창조하신 첫날이자, 구세주 예수 그리스도께서 죽은 이들로부터 부활하신 날이기 때문이다."(「전례주년」, I. H. 달매 - P. 쥬넬, 가톨릭대학교 출판부, 1996, 15쪽)

일요일이 주일로 불리게 된 연유는 묵시록(1.10)에서 언급하는 '주님의 날'에서 찾아볼 수 있다. 이 말은 서방 교회에서 'dominicus dies'로 번역했는데(「전례주년」, I. H. 달매 · P. 쥬넬, 가톨릭대학교 출판부, 1996, 13쪽) 오늘날 라틴어 권에서는 아직도 흔적이 남아 있다. 라틴어 'Dominica', 이탈리아 어 'Domenica', 스페인 어 'Domingo', 프랑스 어 'Dimanche' 등이 그것이다. 그리고 일부 국가에서는 로마 제국의 전통을 그대로 표현하여 사용하고 있는데 영어의 'Sunday', 독일어의 'Sonntag'이 그 예다. 로마 제국 시대 때 주간의 각 날은 행성의 이름을 붙여서 사용했는데, 교회에서도 이를 그대로 따랐다.[78] 여기서 요일에 대한 판단은 교회가 사회적 현상과 혼용하여 사용했다고 볼 수 있다.

예수 그리스도의 부활 후, 그리스도교 공동체는 유다인들과의 충돌을 피하기 위해 주일과 안식일의 개념적 차이의 충돌을 피했다. 그리고 유다인처럼 노동을 하지 않으면서 주일을 지낸다는 것은 사회적으로 불가능했기 때문에, 공동체는 성찬례 참석을 위해 가능하면 일시적인 활동을 중지할 것을 명했다. 테르툴리아노는 그리스도인들이 주님의 날에 공동체 모임에 참석하기 위해 약간의 시간을 내어, 세속적인 업무에서 벗어나기를 초대하였다. 사도 헌장(13장)에서는 하느님의 말씀보다 여러분의 세상일을 먼저 생각하지 말고, 주님의 날엔 모든 것을 잊고 교회에 열심히 달려갈 것을 권고했다(La celebrazione nella chiesa vol III, Dionisio Borobio(ed), Elledici, Leumann(Torino), 1994, p. 90). 사실 일요일, 즉 주일이 휴식의 개념으로 사람들에게 다가온 시기는 4세기로 황제 콘스탄티누스에 의해 결정되었다.[79] 하지만 그리스도인에게 성사적 의미를 갖고 있던 주일이 황제에 의해 결정된 주일-휴식일의 개념은 그들의 삶에 있어서 크게 와 닿지 않았다. 그럼에도 불구하고 황제에 의해 결정된 휴식의 날[80]은 공적으로 존중을 받게 되어, 로마인들의 태양의 날과 유다인들의 안식일, 그리스도인들의 주일이 각자가 생각하는 개념 아래서 유지되었다.[81] 그리스도인들에게 있어서 '주일은 휴식의 날'이라는 명제가 히브리인과 다른 근본적인 이유는 무엇일까? 성 아우구스티노는 "물리적으로 아무것도 하지 않고 안식일을 준수하는 유다인처럼 하는 것이 아니라, 영적으로 안식일을 존중하라"(La celebrazione nella chiesa vol III, Dionisio Borobio(ed), Elledici, Leumann(Torino), 1994, p. 91)고 강조하였으며, 육체적인 휴식이 아니라 정신적이고 영적인 휴식을 통한 파스카적 특성 안에서 그리스도와 함께하고 있음을 인식하는 것에 초점을 두고 있었다.

유다-그리스도인에게 주일과 안식일의 선택은 쉬운 문제가 아니었다. 회당 예배나 주일 예배를 준수하였지만, 비유다-그리스도인에게는 주일의 개념이 크게 작용하여 안식일보다 주일-휴식일을 더 중요시하게 되었다. 당시의 사회적 · 종교적 배경으로 볼 때 유다인들의 안식일 개념은, 초대 공동체가 주일 개념을 인식하는

---

78) *La celebrazione nella chiesa vol III*, Dionisio Borobio(ed), Elledici, Leumann(Torino), 1994, p. 74 :
Luna(달, 월요일), Marte(화성, 화요일), Mercurio(수성, 수요일), Giove(목성, 목요일), Venere(금성, 금요일), Saturno(토성, 토요일), e Sole(일요일)
79) 하루가 기도를 위해 정해진 특별한 모양으로 날들의 주인이며 첫째 날이 그날이 되도록 설정하였다. 왜냐하면 이날은 주님의 날이고, 구원의 날이며, 이날에 주님이 당신 이름을 부여하셨기 때문이다(Eusebio, vita di Costantino, 4,18). 321년 첫 칙령이 나왔다. 그 내용은 공경하올 태양의 날Venerabili die solis, 곧 주일엔 재판관들이 쉬어야 하며 다른 시민 활동들도 보류해야 한다는 것이다. 하지만 들판의 노동은 금지하지 않았다. 아마도 농사일은 중지할 수 없기 때문이었을 것이다(*La celebrazione nella chiesa vol III*, Dionisio Borobio(ed), Elledici, Leumann(Torino), 1994, p. 90).
80) 「전례주년」, I. H. 달매 · P. 쥬넬, 가톨릭대학교 출판부, 1996, 16쪽 :
박해 시대 말에 교회는 혹독한 고통 중에도 그리스도인들을 기쁨으로 넘치게 한 주일의 성사적 실체 외에 다른 것을 더 가지고 있지 않았다. 하지만 평화로 인해 주일은 황제의 법으로 공적 존중을 받게 되었다. 태양신 숭배와 그리스도에 대한 예배를 함께 증진시키고자 콘스탄티누스는 태양(신)의 날이자 그리스도의 날인 일요일에 일을 하지 않도록 함으로써 태양신과 그리스도를 다 함께 공경하는 데 만족하였다. 첫 법(321년 3월)은 '공경하올 태양의 날'에 일하지 말 것을 명령하고 있다. "모든 법관과 백성은 모든 직무를 공경하올 태양의 날에 쉬도록 할 것이다." 그러나 계절의 변화 때문에 농사일은 계속할 수 있도록 허락되었다. 두 번째 법(321년 7월 30일)은 부연하기를, 종들에게 자유를 주기에 합당한 태양의 날에 소송과 불화를 일삼는 것은 옳지 못하다고 했다.
81) 안식일과 주일의 설립을 볼 때 이 둘 사이에는 사실상 그 어떤 연속성이 없다. 안식일은 본질적으로 일을 쉬는 것과 관계되며, 모세의 계약에 따른 의무상의 언급 외에는 아무런 종교적 가치를 지니고 있지 않다. 주일은 본질적으로 제자들의 모임을 통해 주님의 부활을 기념하고 그분의 재림을 기다리는 것으로 이루어진다(「전례주년」, I. H. 달매 · P. 쥬넬, 가톨릭대학교 출판부, 1996, 18쪽).

데 풍부한 배경으로 일익을 담당했다.

유다인들의 안식일[82]	초대 공동체의 주일[83]
안식일은 하느님의 창조 능력과 권한에 대해 예배하며, 하느님과 인간의 관계성과 만남을 제공한다.	사도적 전통에 의해, 첫 파스카와 같은 날에 의해 물려받은 자기 전승의 사실 자체이다.
	주일은 여덟째 날에 파스카 신비를 거행한다.
안식일은 축제와 휴식으로의 초대이다. 하느님은 일곱째 날에 쉬셨고, 모든 비인간화의 교정 수단이다.	선호하는 이름은 '주님의 날'이다.
	이날 공동체 신자들이 서로 모인다.
안식일은 형제애의 사회적 의미이다. 안식일의 휴식은 가정생활과 우정으로의 초대이다.	하느님의 말씀을 듣기 위해.
	성찬 전례를 거행하기 위해.
안식일은 하느님과 당신 백성의 파스카 계약을 실현하는 날이다. 첫 안식일이 하느님에 의해 성화sanctificatio되듯이, 주간 안식일은 모든 시간과 역사를 성화한다.	주님의 파스카 신비를 기념하기 위해.
	주일은 공동체를 위한 살아 있는 희망, 근원적인 축제, 기쁨과 휴식의 날이다.
	다른 모든 거행에 앞서 우선권을 보유한다.
	주일은 모든 전례주년의 기초요 핵심이다

신학적인 의미에서 볼 때 초대 공동체의 경우 주일의 중요한 개념은 "주님과 그리스도교 공동체가 만나는 날"(*La celebrazione nella chiesa vol III*, Dionisio Borobio(ed), Elledici, Leumann(Torino), 1994, p. 85)로서 강조되었다. 주일에 주님과 공동체가 만나는 데 부수적으로 따라오는 예절 및 의미들은 본질적 요소들을 더욱 풍부하게 만드

는 역할을 하며 "여덟째 날 그리스도인들은 그리스도의 파스카 승리의 기념을 거행"(*La celebrazione nella chiesa vol III*, Dionisio Borobio(ed), Elledici, Leumann(Torino), 1994, p. 85)하는 것을 이론적으로, 의미론적으로 확고하게 해주었다. 여덟째 날이라는 의미는 주일로부터 7일 후에 다시 돌아온 날로서, 첫 생명이지만 영원한 생명을 다시 주고자 어떤 첫날은 이처럼 제8일이 되곤 했다. 무엇보다도 부활을 기념하면서, 새로운 탄생을 통해 예수 그리스도의 재림을 기다리는 종말론적 의미를 갖는다. 바티칸 공의회의 「전례헌장」에서는 다음과 같이 일요일을 정의하고 있다.

"그리스도께서 부활하신 날에 그 기원을 둔 사도 시대의 전통에 따라, 그리스도의 성교회는 여덟째 날마다 파스카 신비를 경축한다. 바로 이 때문에 이 날을 합당하게 '주의 날' 혹은 '주일' 이라고 부르는 것이다. 이 날 신자들은 함께 모여 하느님의 말씀을 듣고 미사성제에 참여함으로써, 주 예수의 수난과 부활과 영광을 기념하고, 하느님께 감사해야 한다. 이는 하느님이 '죽은 이들 가운데에서 다시 살아나신 예수 그리스도의 부활로 우리에게 생생한 희망을 주셨기'(1베드 1,3) 때문이다. 그러므로 주일은 근원적인 축일이니, 신자들의 신심을 일깨워 주어, 이 날이 또한 즐거움과 휴식의 날이 되도록 강조해야 한다. 참으로 극히 중요한 것이 아니면, 다른 축제를 이와 대치하지 말 것이니, 주일은 전례주년 전체

의 기초요 핵심이다."(「전례헌장」106항)

　아울러 '전례주년과 전례력에 관한 일반 지침'(1969)[84]과 '새 교회법'(1983)[85]에서도 주일에 대해 언급하고 있는데, 무엇보다도 주일 개념이 경축 및 경배 그리고 휴식 안에서 강조되고 있음을 알 수 있다.

(2) 주일과 공동체

　주일은 그리스도의 파스카를 기억하기 위하여 모이는 날이며, 그리스도교 공동체가 그리스도의 수난과 부활을 기억하고 기념하

---

82) *La celebrazione nella chiesa vol III*, Dionisio Borobio(ed), Elledici, Leumann(Torino), 1994, pp. 78-79
83) *La celebrazione nella chiesa vol III*, Dionisio Borobio(ed), Elledici, Leumann(Torino), 1994, pp. 82-83
84) 성교회는 한 해 동안 지정된 날에 그리스도의 구원 업적을 경건하게 기념하며 경축한다. 주간마다 주일이라 부르는 날에는 주님의 부활을 기념한다. 한 해에 한 번씩 대축일 중 대축일인 예수 부활 대축일에 그리스도의 복되신 죽음과 부활을 함께 기념한다(1항). 주간 첫날을 주일이라 하는데 그 기원이 그리스도가 부활하신 날이므로, 교회는 사도 시대부터 전통적으로 이 날 주님의 파스카 신비를 경축해 오고 있다. 따라서 주일은 근원적 축제로 보아야 한다(4항). 주일이 이렇게 중요하므로 주일 축제는 오로지 대축일과 주님 축일에만 양보한다. 그러나 대림, 사순, 부활의 모든 주일은 모든 주님 축일과 대축일에 우선한다. 이런 주일에 지내야 할 대축일은 토요일에 앞당겨 지낸다.
85) 부활 신비를 거행하는 주일은 사도전승에 따라 전 교회에서 근원적인 의무 축일로 준수되어야 한다(1246조). 신자들은 주일과 그 밖의 의무 축일에 미사에 참여할 의무가 있다. 또한 하느님께 바쳐야 할 경배, 주님의 날의 고유한 기쁨, 마음과 몸의 합당한 휴식을 방해하는 일과 업무를 삼가야 한다(1247조).

는 가운데 공동체 안에서 그리스도와 그리스도인들의 만남이 이루어지는 날이다. 주일 전례를 통해, 그리스도와의 만남을 통해 그리스도인들은 더욱 그리스도와 일치를 이루어 하느님을 찬미하며, 스스로의 성화를 위해 노력한다. 또한 주일은 "우리가 그리스도께 봉헌하는 날"(*La celebrazione nella chiesa vol III*, Dionisio Borobio(ed), Elledici, Leumann(Torino), 1994, p. 85)로 설명하며, 아울러 "하느님에 의해 완성된 구원, 곧 부활하신 주님의 새 생명이 충만하도록 하느님께서 우리에게 선사하시는 주간의 선물로, 시간의 흐름 가운데 우리에게 부여하시는 휴식"(*La celebrazione nella chiesa vol III*, Dionisio Borobio(ed), Elledici, Leumann(Torino), 1994, p. 85)의 날로 이해할 수 있다. 주일에 교회와 공동체가 함께하는 이유는 바티칸 공의회의 「전례헌장」[86]에서 언급하고 있는데, 주일은 단순한 일요일로 휴식하는 개념이 아니라, 그리스도인들이 믿음을 갖고 전례 안에서 예수 그리스도의 부활을 기념하고 상기하는 것이다. 주일은 그리스도인들이 희망 가운데 체험하는 주님 재림의 기다림이고, 그리스도인들이 모여 하느님의 말씀을 선포하고 성찬 제사를 지내는 가운데 주님께서 당신을 믿고 따르는 제자들 가운데 현존하심이며, 그리스도인들은 사랑 안에서 그리스도와 통교한다

---

86) 이날 신자들은 하느님의 말씀을 듣고 성찬에 참여하기 위해 집회에 모여야 한다(「전례헌장」 106호).

는 것을 깊이 상기시켜 주는 의미를 갖는다.(「전례주년」, I. H. 달매 - P. 쥬넬, 가톨릭대학교 출판부, 1996, 19쪽). 주일은 "교회 회중의 정체성과 성령에 의해 모이고 움직이는 공동체를 분명하게 설명하는 날"(*La celebrazione nella chiesa vol III,* Dionisio Borobio(ed), Elledici, Leumann(Torino), 1994, p. 87)이다.

주님의 날에 대한 개념은 그리스도인들의 공동체의 정체성과 관계성에서 잘 설명된다. 모든 그리스도인들은 주님의 날에 갖는 모임을 통해 그리스도인으로서의 삶과 신원을 확인하게 되며, 교회 안에서 전통적으로 내려오는 전례에 참석함으로써 그리스도와의 일치를 확인한다. 그리스도인들은 주님의 날에 있는 집회에서 하느님의 말씀을 듣고, 성찬 전례에 참여함으로써 예수 그리스도의 수난을 기억하고, 그분의 영광스러운 부활에 동참함으로써 주일의 의미를 되새긴다. 결국 그리스도인들은 미사에서 말씀 전례를 통해 하느님의 말씀을 듣고, 성찬 전례를 통해 당신 자신을 희생하시고 봉헌하신 예수 그리스도와 적극적으로 하나가 됨을 알게 되는 것이다.

로마 황제 콘스탄티누스에 의해 결정된 주일-휴식일에 대한 개념을 그리스도교 공동체는 니케아 공의회를 거쳐 교회 안에 정착시키고, 주일은 하느님 말씀을 선포하고 성찬 전례를 거행하는 전례 모임의 날로 일상적 삶 안에서 축제의 날로 자리 잡게 되어, 신자들은 주일 공동체 모임에 참석해야 하는 당위성을 갖게 되었다(「전례주년」, I. H. 달매 - P. 쥬넬, 가톨릭대학교 출판부, 1996, 16쪽). 그리하여 주일 공동체는 그리스도인들의 생활이 중심이 되는 사목적인 의미에서 출발하며 자리를 잡는다. 성찬 전례는 주일 공동체의 형성에 큰 역할을 했다. 성찬 전례가 그리스도인들의 생활에서 중심이 되어 그리스도와 구체적인 방법을 통해 만나게 하는 역할을 해주었다. 주일 공동체 모임은 자발적이고 적극적이며 능동적인 그리스도인들의 태도로 형성되지만, 성찬 전례는 그리스도인들의 자발적인 주도 아래 이루어지는 것이 아니라 사제와 함께 주님이신 그리스도와 성령의 도우심에 의하여 완성된다. 성찬 전례는 그리스도의 파스카 은총에 초대되어 일치되고, 하나의 공동체 안에서 주님의 신비스러운 현존을 느끼며 새 생명에로 부름을 받는 것이다(La celebrazione nella chiesa vol III, Dionisio Borobio(ed), Elledici, Leumann(Torino), 1994, p. 88-89). 주일 공동체, 주일, 일요일의 특성을 이해할 수 있게 설명하고 있는 성찬 전례는, 그리스도교 주일 공동체가 전례 거행을 통해 서로 간에 긴밀한 관계성을 갖고 있음을 보여 준다.

2. 주간 평일

주간 평일 전례에 관한 근거를 성서와 사도들의 문헌을 통해 의미와 기원을 찾기란 어렵다. 주일과는 달리 주간 평일 전례에 관한 그리스도교의 전통적 기원을 찾아볼 수 없지만, 유다인들의 주간 리듬에 맞추어 유다-그리스도인들이 적용한 것으로 생각해 볼 수 있다. 예를 들면 유다-그리스도인들이 부활 시기를 제외한 모든 수요일과 금요일에 단식하는 근거를 월요일과 목요일에 단식하는 유다인들과 연결시켜 이해할 수 있다. 당시의 로마 제국 아래에서 새로운 전례의 도입이나 새로운 이론은 기존의 유다인들과 유다-그리스도인들 사이에 종교적 갈등과 혼란을 가져올 수 있었기 때문이다. 유다-그리스도인들은 불필요한 오해를 불러일으키는 것을 원하지 않았기 때문에 유다인들이 행하고 있는 관습을 표면적으로 거행했다. 유다인들의 월요일과 목요일 단식의 의미와 대치되는 유다-그리스도인들의 수요일과 금요일 단식의 의미는, 유다의 배반으로 예수 그리스도가 붙잡히시는 수요일과 그분이 수난을 당하시고 십자가 위에서 돌아가신 금요일을 기억하는 데 기원을 두고 있다. 주간 평일 전례에 대해서는 성주간의 의미 안에서 해석할 수 있으나, 후에 신심에 의한 주간 평일 전례로 변하게 된다. 초대 교회 내에서도 주간 전례에 관해서는 수요일과 금요일 모임 때 성찬례를 하지 않는 알렉산드리아의 무전례無典禮 모임과 로마 교회, 성찬례를 거행하는 아프리카 교회, 예루살렘 교회, 카파도키아 교회로 구분되어 있었다. 그리고 6세기 이후에 수요일과 금요일에도 성찬 전례를 포함하는 미사를 드리는 미사 전례가 서방 교회에 퍼지게 되었다.[87] 주간 평일 전례는 주간의 첫 번째 날인 일요일에 관련되어 주간 전례를 시작한다.

::3장
주요한 전례주년

전례주년은 구세주의 약속으로 시작되고 세상 종말에 그분의

---

87) 옛 그리스도인들은 모두 수요일과 금요일의 단식 관행을 지켰다. 로마 교회는 여기에 토요일을 덧붙였다. 서방에서는 6-10세기 사이에 이러한 관행이 약해졌다. 무엇보다도 수요일 단식은 금육으로 축소되었고 이후 금육마저 사라지게 되었으며, 금요일 단식 또한 같은 운명을 겪었다. 단지 사계四季의 수요일, 금요일, 토요일이 제2차 세계 대전 때까지 옛 관행의 흔적을 보여 주었을 따름이다. 기도에 관해 살펴보자면, 사적으로 기도하던 관행이 점차 공동체 안에서 기도하는 쪽으로 옮겨 갔다. 하지만 수요일과 금요일 모임은 장소와 때에 따라 서로 다른 형태를 취했다. 5세기 중엽의 알렉산드리아에서의 모임은 무전례 모임, 즉 성찬 전례를 거행하지 않았다. "성서를 읽고 나서 교사들이 그것을 주해한다. 봉헌을 제외하고는 모든 것을 행한다." 이러한 관행을 증언하는 역사가 소크라테스는 1세기 전에 오리게네스가 수요일과 금요일 모임을 위해 많은 주해를 만들었다고 명확하게 말하고 있다. 성 레오 대 교황 시대의 로마 역시 '제4일'(수요일)과 '제6일'(금요일)의 무전례 모임 관행을 인정하고 있었던 듯하다. 이와 반대로 아프리카 교회, 예루살렘 교회, 카파도키아 교회는 이날 성찬 전례를 지냈다. 6세기 이후 수요일과 금요일에 미사를 드리는 관행이 서방 교회에 퍼지게 되었다(「전례주년」, I. H. 달매 - P. 쥬넬, 가톨릭대학교 출판부, 1996, 28-29쪽).

재림 때까지 계속되는 우리 구원 역사 안의 중요한 사건들을 해마다 기념한다. 따라서 전례주년은 거룩한 절기들과 축일들로 나뉘어 있다. 주일 중의 주일인 부활 대축일을 정점으로, 1년의 전례 전체가 주님의 탄생과 생애와 죽음과 부활을 하나의 커다란 구원의 신비로서 기념한다.

전례주년은 인류에 대한 하느님의 영원한 사랑의 역사로 표현된다. 대림을 통해 약속된 구세주이신 그리스도의 오심을 희망적으로 인류가 기다리는 시기의 장면이 펼쳐지고, 성탄과 사순과 부활을 통해 그분의 탄생에서 부활까지 역사적으로 전개되는 그리스도의 생애가 나타나며, 마지막으로 그리스도의 신비체인 교회 안에서 그분의 생명과 활동의 지속을 표현한다.

1. 대림 시기

대림 시기는 예수 그리스도께서 육화하시는, 즉 말씀이 사람이 되시는 사건을 준비하는 시기이며, 그리스도교 교리에서 중요한 신학적 의미를 갖는 시기이다. 그리스도께서 인간의 구원에 대한 신비를 완성하기 위해 시간과 공간의 제약을 받는 역사 안에 오셨다는, 그리스도에 관한 단순한 신학적 의미보다 인간 구원에 따른 삼위일체의 신비를 보여 주는 중요한 전례 시기임을 알 수 있기 때문이다. 역사 안에서 성사의 은총이 드러나는 역사적·신학적 사건이다. 2000년 전에 이미 인간의 모습으로 오셨고, 오늘날 아기 예수의 모습으로 이 땅에 태어나시고 현존하시며, 나아가 종말에 다시 오실 주님을 깨어 기다리며 몸과 마음을 준비하는 거룩한 시기, 기쁨의 시간을 준비하고 기다리는 시기인 것이다.

(1) 대림 시기의 기원과 특색

대림 시기에 관한 교회의 전례는 초대 교회 때부터 있었던 것이 아니다. 4-5세기 스페인과 갈리아 교회에서 그리스도의 성탄과 공현을 준비하는 과정에서 생겨났으며, 로마 교회에서는 6세기 후반에 성사집과 미사 전례 성서의 전례문에서 찾아볼 수 있다(「전례주년」, I. H. 달매 - P. 쥬넬, 가톨릭대학교 출판부, 1996, 107-108쪽). 그리스도인들의 신앙 안에서 대림의 의미는 주님의 오심, 즉 하느님이 인간이 되시는 성탄을 기다리는 축제의 기간이다. 한편, 전례력 안에서 대림 시기의 특징은 전례주년(교회력)의 시작이다. 대림 시기는 성탄절 4주 전에 시작되는데, 대림 제1주일부터 12월24일 아침까지다. 이 기간에 교회는 그리스도의 강생을 기념하면서 그분의 재림을 준비하게 된다.

교회는 대림 시기의 의미를 단순히 참회와 속죄에 두지 않고, 기다림의 기쁨과 평화의 분위기 안에서 합당한 준비를 하며, 그리스도교의 구원관과 역사관을 배우는 기간으로 여긴다. 대림 시기는 예수 그리스도의 성탄을 기념하면서 세상 종말 때 영광스럽게 재림하실 그리스도를 기다리는 시기(대림 첫 주~12월 16일)와 성자께서 사람들을 찾아오신 성탄 대축일을 준비하는 시기(12월 17일~12월 24일)로 구분된다. 대림 시기의 첫 주일은 교회의 달력, 새로운 전례주년의 시작이므로 사회에서 사용하는 달력과는 차이가 있다. 대림 시기에는 교회와 신자들 각자가 구세주 그리스도의 재림을 준비하고, 겸손된 참회의 정신과 회개로 기도와 희생을 하며, 가치 있고 풍요로운 주님의 성탄 대축일을 맞이하기 위해 기쁨을 갖고 생활해야 한다.

대림절은 두 가지 성격을 지니고 있다. 성자께서 사람들을 찾아오신 성탄 대축일을 준비하는 시기요, 성탄을 기념하면서 세상 종말 때 재림하실 그리스도를 기다리는 시기이다. 이런 이중적 성격 때문에 대림절은 간절하고 감미로운 희망의 시기가 된다(「미사경본의 총 지침」, 전례력 지침 39, 한국천주교중앙협의회, 1969).

교회 전례 안에서 지내는 대림 시기는, 40일을 단식하면서 부활 축일을 준비했던 4세기경 로마에서의 사순 시기와 같이 성탄을 준비하기 위해 절제하고 금욕주의적 삶을 통해 주님의 오심을 기다리지 않았는가 하는 관계성을 생각해 볼 수 있다. 초기 교회에서는 대림 시기를 통해 그리스도교 공동체의 정체성과 예수 그리스도의 탄생을 호교론 측면에서 사용했다. 대림 시기는 서방 교회의 전형적인 전례이지만, 대림(待臨, Adventus)의 유래는 그리스의 이교 종교에 근거를 두고 있으며, 언어적 의미는 신이 신도들을 만나러 자신의 신전에 1년에 한 번 찾아온다는 뜻이다. 하지만 그리스도교에서 대림의 의미는, 그리스도의 육화와 더불어 구원 사업을 완성하러 영광스럽게 오시는 예수 그리스도의 재림이라는 이중적 의미를 갖는다(「전례주년」, I. H. 달매 - P. 쥬넬, 가톨릭대학교 출판부, 1996, 107쪽). 오늘날 교회에서 지내는 대림 시기는 6세기 이후 로마와 라벤나의 전례 안에서 거행되기 시작했으며, 그레고리오 대 교황(590~604)이 4주간으로 고정시켰다. 대림 4주에 관한 전례적 의미는 6~7세기 초에 예수 그리스도의 성탄과 재림을 준비하는 4주간의 시기로서, 제1주간은 구세주의 오심을 깨어 기다려야 하는 교회의 종말론적 자세를 강조하고, 제2주간은 구세주의 오심에 앞서 회개하도록 촉구하며, 제3주간은 구세주께서 오실 날이 가까웠으니 기뻐하고 권고하며, 제4주간은 예수님의 탄생 예고와 그분이 누구인지를 밝히는 한편 동정녀 마리아에 대한 내용을 설명하고 있다. 특히 제4주간은 마리아 주간이라고 할 수 있는

데, 무엇보다도 원죄 없이 잉태되셨다는 내용으로 동정녀 마리아를 통한 기다림이 이루어진다는 성서적 상황을 설명하고 있다. 그리스도의 탄생은 마리아의 협조(마태 1,18-25; 루카 2,1-7)를 통한 관계성으로 인하여 인류 구원의 신비가 시작되었음을 암시하고 있다. 그리고 이 시기의 미사와 성무일도의 기도문들은 주로 이사야 예언서와 세례자 요한의 설교들로 구성되어 있는데, 이사야 예언서가 이스라엘 역사에서 가장 어려운 시기에 백성을 위로하고 메시아의 구원이 다가오고 있음을 약속했기 때문이다. 또한 마지막 예언자로서 이스라엘 백성 가운데 구세주가 오셨음을 선포하여 신약의 시간을 여는 역할을 담당했기 때문이다.

대림 시기에는 제대 주위의 화려한 장식을 피하고, 대영광송을 하지 않으며, 사제는 사순 시기와 같이 속죄와 회개의 의미가 담긴 자주색 제의를 입게 된다. 한마디로 전례를 지내는 것은 단순히 그리스도의 탄생만을 기억하려는 것이 아니라, 그분의 탄생이 이 순간에도 이루어지고 있다는 의미를 갖는다.

(2) 대림 시기의 전례의 특징

대림 시기의 전례는 예수 그리스도의 강생에 대한 기쁨, 기다림,

희망 속에서 그리스도인들의 삶을 표현한다. 그리스도의 오심을 직접 목격하고 참여하며, 하느님의 약속에 대한 증인으로서 그리스도를 기다리는 시기이기에, 공동체와 더불어 그리스도인들은 성탄을 기념하면서 새롭게 태어나는 시기라고도 할 수 있다.

대림 시기에 사제는 자색 제의를 입는다. 자색은 회개와 보속을 뜻하며, 미사 때는 대영광송을 바치지 않는다. 이는 아직 그리스도께서 오시지 않았기 때문이다. 또 사순 시기와 달리 '알렐루야'는 노래하는데, 대림 시기는 우리를 구원하러 오시는 그리스도를 기다리는 기쁨과 희망의 시간이기 때문이다. 대림 시기 중 가장 눈에 띄는 전례적 특징은 대림초이다. 제단 주위에 4개의 대림초를 두고 매주 하나씩 더해 가면서 밝히는데, 이는 구세주가 어느 정도 가까이 오셨는지를 상징적으로 드러낸다.

대림환의 네 가지 의미

① 대림환은 둥글게 만드는데, 이 원은 A와 Ω의 의미를 지닌 처음도 마침도 없으신 하느님의 영원하심과 전지전능하심을 나타낸다.

② 대림환은 늘 푸른 전나무(희망의 상징, 살아 있는 생명력을

의미함)로 만든다.

③ 대림환에는 초 네 개를 준비한다. 동서남북, 즉 온 세상을 예수님이 두루 비추신다는 뜻이다. 그분은 유다인만을 위해 이 세상에 오신 것이 아니며 선한 사람만을 위해서 오신 것도 아니다. 이는 세상 모든 사람들과 모든 죄인들을 위해 예수님이 오셨음을 의미한다.

④ 대림환에는 매주 하나씩 새 촛불을 붙인다. 차츰 밝아지는 세상, 주님이 오셔서 세상의 빛이 되심…. 주님이 오시어 이 세상과 우리의 마음을 죄의 어둠에서 해방시키고 진리의 빛으로 채워 주신다.

대림초의 색

초의 색깔이 차츰 밝은 색으로 바뀌는 것은 예수 그리스도께서 우리의 주님으로 가까이 오고 계심과 주님이 세상의 빛이심을 의미한다. 또한 주님의 오심이 우리에게 점점 가까이 다가오는 것에 대한 기쁨을 표시한다. 보라색, 연보라색, 분홍색, 흰색(혹은 노란색) 순이다. 대림환에 사용되는 대림초의 원래 색깔은 지금 사용하는 보라색, 연보라색, 분홍색, 흰색(혹은 노란색)이 아니라 붉은색 2개, 노란색 1개, 흰색 1개였다. 붉은색은 예수 그리스도의 강생을 상징하고, 노란색은 영혼과 육신의 생명력을, 흰색은 신적 영광 또는 예수 그리스도의 신성神性을 의미했다. 이는 대림 시기에 속죄와 보속을 상징하는 자색 제의를 입는 것과 같은 의미로 볼 수 있다.

2. 성탄 시기

하느님께서 당신 사랑으로 인류에게 보내 주신 구세주 그리스도께서, 세상의 모든 인간을 구원하시기 위하여 사람으로 태어나셨음을 특별히 기념하는 날이다. 인간에 대한 성부의 사랑으로 말미암은 독생 성자의 육화 사건으로 인간의 구원이 시작되었음을 알리는 날이며, 성탄 전례 안에서 구원의 신비를 선포함으로써 구원의 충만함을 통해 파스카 축제를 준비하게 하여 새로운 존재로 거듭난 모든 그리스도인들이 그리스도의 탄생과 구원을 이해하게 해주는 축일이다(*Scientia liturgica*, Piemme, A. J. Chupungco, Casale Monferrato(AL), 1988, p. 234). 성탄 시기는 성탄 축일로부터 주님 공현 대축일의 다음 주일, 즉 주님 세례 축일까지를 말한다. 주님 공현 대축일은 교회력에서 가장 오래되고 커다란 축일 중 하나이며, 모든 신자들을 위한 축일로서 매년 1월의 첫 번째 주일(종전까지는 1월 6일에 지냈음)에 지낸다. 성탄의 가장 큰 의미는 유다인만을 위한 것이 아니라 동방에서 베들레헴으로 온 이교인, 즉 세 명의 박사[88](왕, 현인)들에게도 구세주이신 예수께서 태어나셨다는 기쁜 소식을 알려 주신 것을 기념하는 축일이다.

(1) 구유

전례력에서 성탄 시기가 다른 시기와 크게 다른 점이 있다면 교회 안에 화려하게 장식된 구유를 들 수 있다. 구유는 각 지역에 따라 특색 있게 꾸며져 성탄 시기를 준비하는 이들에게 큰 기쁨을 준다. 특히 전례력에서 새롭게 시작하는 한 해는 예수 그리스도의

---

88) 별의 인도로 동방의 세 박사(삼왕)가 베들레헴까지 찾아와서 "아기를 보고 엎드려 경배하였다."(마태 2,11) 이들은 예수 그리스도께 황금과 유황과 몰약을 예물로 드렸다. 이 예물들은 예수께서 누구이신지를 상징하고 있다(마태 2,1-12). 황금은 모든 금속 중에 가장 귀한 것이고 변치 않으며 찬란한 빛을 내기 때문에 왕에게 드렸던 선물 중 하나이다. 그들이 아기에게 황금을 드린 것은 예수님이 비록 아기지만 왕이라고 고백하는 행위였다. 유황은 신에게 바치는 제사에서 경신 행위로 드리는 것인데, 예수께 이것을 드리는 것은 하느님이심을 고백하는 행위이다. 몰약은 시체에 바르는 것으로 죽음을 상징하는데, 이것을 아기 예수께 드리는 것은 하느님의 아들이요 세상의 왕이지만 죽을 수 있는 참사람임을 고백하는 행위이다. 세 박사의 예물은 예수님이 신인神人으로서 하느님과 인간을 이어 주는 분임을 간접적으로 고백한 것이다.

탄생을 준비하면서 새로운 마음으로 함께 태어나기를 기원하기도 한다. 교회에서 공경받고 있는 구유는 베들레헴의 구유이며, 그 다음이 로마의 성모 마리아 대성당Santa Maria Maggiore의 구유이다. 특히 로마의 성모 마리아 대성당에 있는 "구유의 나무는 12세기 이래 예수께서 태어나신 구유라고 인정되었으며, 대성당의 중앙 제대 밑에 보존"(「전례주년」, I. H. 달매 - P. 쥐넬, 가톨릭대학교 출판부, 1996, 100쪽)되어 있기 때문에 다른 성당과 달리 따로 인위적인 구유를 마련하지 않는다. 그 이유는 예수 그리스도의 참된 구유가 보존되고 있기 때문이다. 오늘날의 성탄 구유는 1223년 성탄 때 아시시의 성 프란치스코가 로마 근교 도시인 그레치오Greccio에서 동료들과 은둔 생활을 하던 중, 성탄 행사를 잘 지내고자 베들레헴의 외양간을 본뜬 마구간을 만들었던 데서 기인하는데, 짚으로 가득 찬 곳에 구유를 만든 다음 그 곁에 당나귀와[89] 황소[90] 한 마리씩을 놓아 예수 탄생 사건을 재현함으로써 신자들을 감동시켰다. 이때부터 예수님이 탄생하신 구유에 대한 신심이 증가되었고, 작은 모형의 마구간을 만들어 그리스도의 탄생을 축하하는 풍속이 전 세계로 퍼져 나갔다(「전례주년」, I. H. 달매 - P. 쥐넬, 가톨릭대학교 출판부, 1996, 101쪽). 이후 프란치스코회원들은 십자가의 길의 신심과 더불어 구유 신심의 전파자들이 되었으며, 오늘날 다양한 종류의 구유를 수집하여 전시(로마의 포럼 로마노(로마 원로원) 근처의 성당)하고 있다.

(2) 성탄 구유 경배 예절

성탄 축일을 지내기에 앞서 모든 교회는 예수 그리스도의 탄생을 기리는 구유 경배 예절을 12월 24일 성탄 성야 미사와 연결하여 지낸다. 성탄 구유 경배 예절에서 말씀 전례는 성야 미사와 분리된 상태이지만, 사목상 본 미사의 말씀 전례를 생각하여 구유 예식을 길게 하지 않는 것이 좋다. 구유 경배 예절에서 말씀 전례는 대림 시기 동안 모든 그리스도인들이 예수님의 탄생을 기다리며 함께 기뻐하는 데 목적을 두며, 대림 시기 동안 각자 결심하고 회개하고 반성한 것을 말씀 전례를 통해 들려오는 하느님의 말씀을 들음으로써 다시 한 번 결심하게 한다.

---

89) 당나귀는 체구가 작으면서도 허리가 튼튼해 등에 짐을 지우고 다니기에 안성맞춤이다. 당나귀의 장점은 대단히 겸손하다는 것이다. 성지 주일에 예수 그리스도께서 예루살렘에 입성하실 때 당나귀를 타신 이유는, 당신의 임무가 왕도(王道)에 있지 않고 섬김에 있음을 보여 주신 것이다. 하지만 단점은 고집이 세어 주인의 음성을 듣지 않고 이기적이어서 세상의 지식에 매여 있다는 것이다. 이러한 연유로 구유에서 발견되는 당나귀는 세상의 모든 이방인들을 의미하고 있다.

90) 황소의 특징은 인내와 충성이다. 구유에서 표현하고자 하는 황소의 의미는, 죄의 멍에를 지고 살아가는 유다인들을 보여 주는 것이다. 고통을 참는 인내심의 황소를 통해 유다인들의 상태를 설명하고 있다.

말씀 전례(구유 경배 예절 시) 때 강론은 본 미사에 지장을 주지 않도록 짧게 하는 것이 좋으며, 강론 후에 바로 구유 경배 예절을 위해 아기 예수를 안치하는 안치식을 거행한다. 이때 성수와 분향을 하며, 집전 사제를 비롯하여(공동 집전 사제단이 있는 경우에는 주례 사제 다음에 경배한다) 모든 신자들은 구유 앞에 와서 경배하는데 상황에 맞게 그리고 사목적인 배려를 통해 경배 예식[91]을 정하는 것이 좋다. 아기 예수 경배가 끝나면 바로 대영광송을 바치면서 본 미사로 들어간다.

(3) 예수 성탄 대축일

예수 성탄 대축일에 관한 전례적 근거는 구약의 전승을 통하기보다 로마의 전통 사상과 관련지어서 생각해 보는 것이 효과적이다. 중근동 지방에서는 태어난 날뿐만 아니라 당사자에게 특별한 날을 기념하고자 할 때 축제를 지내는 풍습이 있었다. 예수 그리스도의 생일로 지내는 12월 25일은 실제 예수 그리스도의 탄생일

---

91) 무릎을 꿇고 하는 예식보다는 목례와 짧은 침묵을 동반한 경배 예식을 권장한다. 예수 성탄 구유 예절의 순서는 다음과 같다. 예절에 관한 해설, 입당, 참회 예절, 본기도, 제1독서, 화답송, 제2독서, 복음 환호송, 복음, 강론, 구유 안치식, 아기 예수 경배 순이다.

이 아니다. 354년의 연대기에서 12월 25일은 '무적의 태양신의 탄생일'이었다. "12월 25일, 그리스도, 유다 베들레헴에서 태어나심"(viii Kal Ian. Natus Christus in Bethleem Iudeae)이라고 적힌 순교록의 내용에 근거를 두고 있긴 하지만, 연대기가 336년에 편집되어 전해지므로 예수의 탄생일을 놓고 교회 안에서 일치된 의견을 제시하고 결정한다는 것은 쉬운 일이 아니다(「전례주년」, I. H. 달매 - P. 쥬넬, 가톨릭대학교 출판부, 1996, 91쪽).

예수 성탄 대축일이 결정된 유래는 다음과 같다. 그리스도교가 로마에 알려지면서, 유다-그리스도인들은 자신들의 생활 습관이 로마의 풍습과 충돌하지 않기 위해 로마인들의 축제의 날인 태양의 날(12월 25일)에 대체할 수 있는 그리스도인들만의 축제가 필요하게 되었다. 로마인들은 페르시아의 빛과 진리의 신인 미트라 신을 숭배했고, 이날을 '무적의 태양신의 탄생일'로 경축하였는데, 로마인들의 축제에 대응할 그리스도교의 축제로서 주님의 탄생을 생각하게 된 것이다. 주님의 탄생, 즉 성탄은 밖으로는 호교론자들에게 그리스도교를 알리는 역할을 했고, 안으로는 그리스도교의 정체성을 확고히 하여 공동체의 분열과 이탈을 막는 효과를 보았다.

예수 성탄 대축일은 부활 대축일과 더불어 전례력에서 중요한 위치를 차지하며, 교회 안에서 오랜 전통을 갖는다. 파스카 신비의 주년 경축 다음으로는 주님의 성탄과 그 초기 공현을 기념하는 것보다 더 오래된 교회 행사는 없었다(「미사경본의 총 지침」, 전례력 지침 32, 한국천주교중앙협의회, 1969). 초기 교회는 성탄 축일을 중심으로 약 3주 동안 주님께서 당신의 현존을 인간에게 드러내 보이심을 증거하며 축제를 지냈다. 성 레오 대교황(440~461) 때는 성 베드로 성당에서 낮 미사 한 대만 드렸고, 이후 성 그레고리오 대교황(590~604) 때는 하루에 세 번(새벽 미사, 낮 미사, 밤 미사 · 12월 24일 전야 미사는 별도 취급) 미사를 허용했다. 이러한 교황청 전례를 오늘날에도 전통적으로 교회에서 행하고 있다. 사실 새벽 미사는 성탄 새벽에 성 아나스타시아 성당에서 예수 탄생의 기도문을 사용함으로써 시작되었다. 결국 로마 교회에서는 성모 마리아 대성당(12월 24일 전야미사), 성 아나스타시아 성당(12월 25일 새벽 미사), 성 베드로 대성당(12월 25일 낮 미사), 성모 마리아 대성당(12월 25일 밤 미사)에서 성탄 대축일 미사를 봉헌하게 된다(「전례주년」, I. H. 달매 · P. 쥬넬, 가톨릭대학교 출판부, 1996, 97-98쪽). 이때 세 번 미사를 봉헌하는 의미는 교황 자신이 세 번에 걸친 순회 미사 Missa stationalis[92]를 거행하였음을 말한다.

고대 성탄 미사는 「베로나 성사집 Sacramentarium Veronense」에서 언급하고 있으며 총 9개의 양식(한두 개는 성야 미사이며 나머지는 축제를 위한 것)을 제시하고 있다. 이 양식은 성 레오 대교황의 가르침에 입각해서 만들어졌으며, 그 내용은 세상의 빛이신 예수 그리스도가 자신을 낮추어 어둠 속에서 내려오시는 베들레헴의 신비를 공동체가 받아들여, 그리스도 안에서 공동체가 새롭게 태어나 말씀이 사람이 되신 육화의 신비를 다시 이 자리에서 재현하고 상기시키는 내용을 담고 있다(Scientia liturgica, Piemme, A. J. Chupungco, Casale Monferrato(AL), 1988, p. 234). 성탄 전례에 있어서 중요한 내용은, 인간 구원의 역사는 성부께서 인간을 사랑하시기에 언제나 끊임없는 관심과 배려를 통해 항상 인간과 함께하고 계심을 보여 주는 것이다. 또한 성탄 전례를 통해 예수 그리스도의 육화는 인간으로 하여금 어둠의 삶으로부터 새롭게 태어날 수 있는 가능성과 더불어, 하느님-인간이신 예수 그리스도를 통해 하느님께서 인간의 생명에 참여하고 계심을 보여 주어 하느님과 인간의 상호관계를 설명하고 있다. 성탄은 하느님의 독생 성자가 참 하느님과 참 인간의 본성으로 이 세상의 종말론적 심판자가 아닌 새로운 창조론의 주인공이신 중재자로 오셔서 하늘과 땅, 즉 하느님과 인간의 화해를 이루시려고 탄생하신 날이다. 그러므로 성탄의 본질적인 특색은 기쁨과 감사의 의미가 강한 축일이며, 하느님의 아들이 스

---

92) 전례에서 '순회station' 란 거행을 위한 모임이나 회중을 뜻하며, 보통 행렬과 미사를 포함한다. 순회 미사는 로마 전례의 특징으로서, 교황이 성직자들과 교우들과 함께 정해진 날에 도시의 지정된 성당(순회 성당)에서 드리는 미사를 말한다. 성 그레고리오 대교황이 순회 미사 체계를 정리하였고, 제2차 바티칸 공의회 이전까지 「로마 미사 전례서」에 이 순회가 표시되었다('주님 성탄 대축일 전례의 기원과 거행의 뜻', 심규제, 「사목」 2004. 12 참조).

스로 인간 사이에 오시어 하느님 아버지의 사랑과 영광을 모든 인간들에게 드러내 보이심으로써 인간 모두를 새롭게 만드시는 축일이기도 하다.

예수 탄생 이후에 오는 성탄 팔일축제는 예수 성탄 대축일에 가려 교회 전례력에서 중요한 위치를 차지하지 못했다. 성탄 팔일축제를 지내기에 앞서 이미 교회에서는 대중적 인기를 누렸던 성 스테파노 첫 순교자 축일(12월 26일)에는 부제들을 위해, 성 요한 사도 복음사가 축일(12월 27일)에는 사제들을 위해, 무죄한 어린이들의 순교 축일(12월 28일)에는 신학생들을 위해 축제를 베풀었다. 그리하여 성탄 팔일축제는 부활 팔일축제처럼 비중 있는 축제가 되지 못했고, 마지막 날(1월 1일)에는 하느님의 어머니인 마리아를 경배하고 주님의 할례를 기념하는 의미의 축일을 지냈다(「전례주년」, I. H. 달매 · P. 쥬넬, 가톨릭대학교 출판부, 1996, 99쪽). 하지만 많은 그리스도인들에게 사랑받는 축일들 사이에 있다 하더라도 예수 탄생 이후에 오는 성탄 팔일축제를 소홀히 한다는 의미는 아니다.

(4) 주님 공현 대축일

동방 박사 세 명이 아기 예수를 방문함으로써 그분이 인류가 기다리던 메시아임을 세상에 드러내는 사건을 교회가 기념하는 날이다. 동방 교회는 3세기부터, 서방 교회는 4세기부터 축일을 지냈다. 서방 교회와 동방 교회 모두 주님의 탄생을 기념하기 위해 축일을 지내고 있지만, 전례 거행에 있어서 동방에서는 주님 공현 대축일을 성탄의 의미로 보내는 것이 서방과 다른 점이다. 즉, 동방 교회에서는 성탄을 1월 6일이나 1월 1일 다음에 오는 주일에 지내는 것이 서방 교회와 다르다. 서방 교회에서 주님 공현 대축일은 현자들의 방문(파스칼, 멜키오르, 발타사르라는 삼왕의 방문)을 의미하며,[93] 세 현자는 우주의 창조주를 경배하는 모든 백성을 대표하는 의미를 담고 있다(「전례주년」, I. H. 달매 - P. 쥬넬, 가톨릭대학교 출판부, 1996, 102쪽). 그리하여 이 날은 하느님과 인간의 만남이 이루어지는 날로서 주님께서 인간들에게 당신 자신을 드러내심을 기념하는 축일이다.

서방 교회보다 동방 교회에서 더 성대하게 치러지는 주님 공현 대축일은, 주님의 세례를 기념[94]하기 위해 전날인 1월 5일 저녁에

---

[93] 세 명의 박사(현인 혹은 왕)는 별에 의해 아기 예수(유다인의 왕)가 탄생한 곳으로 인도되었다(마태 2,7-8). 그리고 이들은 황금과 유향과 몰약을 예물로 드렸다. 황금은 그리스도께서 하늘과 땅의 왕이심을, 유향은 한 분이신 하느님을, 몰약은 참사람이심을 상징한다(「천주교 용어 사전」 주님 공현 대축일, 최형락, 작은 예수, 2001).
[94] 1969년 주님 세례 축일은 1월 6일 다음 주일에, 주님 공현 대축일을 주일에 지낼 경우에는 그 다음 날 지내도록 정하였다(「전례주년」, I. H. 달매 · P. 쥬넬, 가톨릭대학교 출판부, 1996, 105쪽).

물을 강복하는 예식이 있었지만 훗날 성인 세례가 드물어지자 주님 공현 대축일에 세례수를 축성하였다. 동방 교회에서는 파스카 성야에 세례를 베풀던 전통 예식이 주님 공현 대축일에 이루어지지만, 세례를 통한 그리스도의 죽음과 부활에 동참함으로써 새로운 생명을 얻게 된다는 의미 안에서 동질성을 찾을 수 있다.

3. 사순 시기

사순 시기Quadragesima는 신학적인 의미로 40일 동안 육체적 고행과 극기, 단식을 통해 참회 생활을 함으로써 그리스도의 수난과 죽음에 참여하여 새 생명으로 부활하는 그리스도와의 만남을 준비하는 시기이다. 사순 시기에 예비자들은 입교 절차의 여러 단계를 통해, 교우들은 이미 받은 세례를 다시 생각하고 참회 예절을 통해 파스카의 신비 체험을 준비한다. 사순 시기는 재의 수요일에서 시작하여 주님 만찬 성목요일 미사 전까지 계속된다. 사순 시기의 성립에 대한 근거는 성서에서 찾아볼 수 있다.

① 모세가 시나이 산에서 십계명을 받기 위해 40일 동안 준비한 것(신명 9,18)

② 엘리아가 계시를 받기 위해 호렙 산에서 머문 기간 40일(1열

왕 19,4-8)

③ 예수께서 공생활을 하시기 전에 사막에서 단식하신 40일(루카 4,1-13)

이러한 의미에서 '40'이라는 숫자는 하느님과 만나기 위해 준비하는 의미를 갖는다고 볼 수 있는데, 시간이 흐르면서 그리스도께서 사막에서 하신 단식의 의미가 강조되어 교회에 남게 되었다. 40일간의 단식, 즉 사순절은 354년에서 384년 사이에 로마에서 시작되었다. 즉, 사순절 첫 주일부터 성삼일까지 6주간 단식하였는데 일요일엔 단식하지 않았다(「전례주년」, I. H. 달매 - P. 쥬넬, 가톨릭대학교 출판부, 1996, 77쪽). 사순 시기는 재의 수요일부터 주님 만찬 성목요일까지, 즉 예수 부활 대축일 전 6주간 중에서 주님의 축일인 주일을 뺀 40일간을 말한다. 사순 시기를 셈하는 과정에서 주일은 주님의 부활을 기념하는 날이라 단식할 수 없으므로 제외시킨다. 주님의 날에 단식하거나 고행하는 것은 신학적인 의미에서 맞지 않기 때문이다. 사순 시기는 6주간으로 구성되어 있는데 사순 1-5주까지 명명하고 있으며, 마지막 주간은 사순 제6주라고 말하기보다 주님 수난 성지 주일이라고 부른다. 주님 수난 성지 주일이 사순 시기에서 배제되는 것은 아니고, 주님의 수난 사건을 전례적으로 가장 거룩하게 지내며 강조하기 때문이다.

사순 시기는 재의 수요일 예식을 통해 시작된다. 과거 8세기 말에 교황은 로마 시대의 왕궁이 있는 팔라티노 언덕 기슭의 성 아나스타시아 성당에 모여 전례를 거행한 후, 로마를 형성하는 일곱 언덕 중 하나인 아벤티노 언덕에 위치한 성 사비나 성당을 향해 행진하는 것으로 사순 시기가 시작되었다. 오늘날에는 성 아나스타시아 성당에서 시작하지 않고 성 사비나 성당 근처에 자리 잡고 있는 성 안셀모 성당에서 시작하여 사비나 성당에서 마무리한다. 사순 시기를 시작하는 전례에서 재를 뿌리는 예식(재의 수요일 예식)은[95] 1970년까지는 미사 전에 행했으나, 새 미사 전례서에 의해 말씀 전례 후에 하게 되며 참회 예절의 성격을 띠고 있으므로 성찬 전례 후에는 하지 않는다. 머리에 재를 뿌리는 예식은 사람이 "네가 먼지임을 기억하라"(창세 3,19)에 근거하여 만들어졌으며 "회개하고 복음을 믿어라"(마르 1,15)라는 주님의 말씀으로 완성되었다(「전례주년」, I. H. 달매 - P. 쥬넬, 가톨릭대학교 출판부, 1996, 84쪽). 이는 그리스도를 믿는 모든 이들이 겸손과 죽음으로부터 피할 수 없는 한계를 지닌 존재임을 상기시키는 말로서, 하느님과 인간의 화해를 위해 모든 그리스도인들의 회개를 호소하는 의미를 갖는다.

(1) 성주간

　성주간은 예수 그리스도가 군중의 환호를 받으며 예루살렘 성에 입성하신 것을 기념하는 데서 유래하며, 기간은 주님 수난 성지 주일부터 부활 대축일 전까지다. 성주간의 의미는 예루살렘 입성으로 시작된 메시아이신 주님의 수난을 기념하기 위함이다. 주님 수난 성지 주일부터 시작되는 사순절의 마지막 한 주간을 가리키는데 예수 그리스도의 수난 사건들을 순차적으로 기념한다. 무엇보다도 그리스도인들이 "그리스도 생애의 마지막에 일어난 사건을 되새기며, 그 안에서 예수 그리스도께서 세상을 성부와 화해시킨 파스카 신비를 경축하고 재현"(「천주교 용어 사전」 성주간, 최형락, 작은 예수, 2001)하는 시기이다. 에제리아 여행기[96]에서 언급하는 성주간 전례에 근거하여, 복음사가들이 기록했던 사건들을 기념했던 예루살렘 교회 전례를 서방 교회가 받아들여 오늘날의 성주간 형식으로 만들게 되었다. 가령, 주님 수난 성지 주일부터 예수 부활 대축일 전까지의 한 주간을 오로지 주님의 수난에 참여하고

---

95) 사순절이 시작되는 수요일 첫 미사를 위해 행진하는 동안 "옷을 바꿔 베옷을 입고 잿더미에 파묻혀 단식하며"라는 후렴을 노래한다. 로마에서는 영적 의미를 지닌 전례문에 10세기 라인 강 지방에서 쓰던 감각적 표현 방식을 덧붙이고자 했으니, 그것이 곧 재를 머리에 얹는 예식이다(「전례주년」, I. H. 달매 · P. 쥬넬, 가톨릭대학교 출판부, 1996, 79쪽).
96) 381~384년에 성지를 순례하고 쓴 여행 일기(Diario di viaggio, Egeria, Paoline, Milano, 1992).

그분의 부활 대축일을 준비하는, 1년 중 가장 뜻 깊은 주간으로 이해했다.

하지만 지나친 성주간의 구성과 운영으로 말미암아 더 중요한 파스카의 신비를 이해하고 받아들이는 데 있어서 부족함이 발생되었던 시기도 있었다. 중세 때 성주간을 '고난 주간'이라고 하여 예수님의 수난에 담긴 신비, 즉 구원의 행위에 초점을 맞추기보다 고통과 감상적인 연민을 강조하여 예수 그리스도의 구원론적 측면과 죽음에 대한 승리, 부활의 의미들이 희석되기도 했다(*Quaresima in liturgia*, A. Bergamini, San Paolo, Milano, 2001, p. 1583). 이러한 예절은 가톨릭 신학에도 큰 영향을 주어서 '가톨릭 신학=십자가 신학, 프로테스탄트 신학=부활 신학'이라는 의식을 갖게 했다. 하지만 제2차 바티칸 공의회는 시대의 요청에 부응하는 개혁 의지로부터 이러한 부정적 의식에 대해 주의를 주면서, 사순절 기간의 의미는 "파스카 신비의 경축을 준비"(「전례헌장」 109항)하는 것이라고 강조하였다. 성주간 전례는 주님 수난 성지 주일과 주님 만찬 성목요일(사순절 마감, 성유 축성 미사)부터 성 토요일까지의 파스카를 준비하는 성삼일로 구분할 수 있는데, 이때가 예수 그리스도의 수난 사건을 기념하는 가장 거룩한 기간이다.

(2) 주님 수난 성지 주일[97]

주님 수난 성지 주일은 사순 시기 마지막 주간(사순 제6주)에 예수 그리스도의 예루살렘 입성을 기념하는 주일을 말한다. 주님 수난 성지 주일을 시작으로 해서 성 토요일 부활 성야까지의 주간을 성주간이라고 하며, 성목요일부터 성토요일까지를 파스카를 준비하는 성삼일이라고 한다. 서방 교회에서 주님 수난 성지 주일 때 하는 행렬과 종려나무 가지는[98] 전례의 의미론적 측면에서 개선의 성격을 띠는데, 이는 진정한 그리스도 왕 축제의 의미를 내포하고 있다. 주교좌성당과 수도원의 전례서에 의하면, 성지 가지는 성 밖에서 축성하고, 축성이 끝나면 회중은 복음을 듣고 난 후에 성

---

97) 주님 수난 성지 주일은 예수 그리스도께서 파스카 신비를 완성하시려고 예루살렘에 입성하신 것을 기념하는 주일로, 임금이신 그리스도의 개선을 예고하면서 그분의 수난을 선포한다. 교회는 이날 성지 축복과 성지 행렬의 전례를 거행하는데, 이는 예수님이 예루살렘에 입성하실 때 백성이 종려나무 가지를 들고 예수님을 환영한 데서 비롯된다. 이 행사는 4세기경부터 거행되었으며 10세기 이후 서방 교회에 널리 퍼지게 되었다. 사제는 사순 시기에 사용하는 자색 제의를 벗고 붉은색 제의를 입으며 수난 복음을 장엄하게 봉독한다.

98) 4세기 말 예루살렘에서 주님과 제자들의 행렬을 재현하면서 예수께서 거룩한 도읍으로 개선하심을 기념하였다. 오후에 모든 백성이 엘레오나Eleona 대성당에 있는 올리브 동산에 주교를 중심으로 모여서 임보몬Imbomon으로 올라갔다. 종려나무 가지는 9세기 초에 이르러 발견되었다. 당시 행렬 때 오를레앙의 주교 테오돌포(Théodulphe, †821)가 지은 영광 찬미가(Goloria, laus)를 부르고, 메츠(Metz, †853)의 아말라리오Amalarius가 자기 지방의 관행으로 암시한 호산나를 부르며 나뭇가지를 들고 교회로 들어가는 예식이 행해졌다. 886년과 887년에 스테파노 교황이 카를 대제에게 "개선의 표시 역할을 하는 종려나무 가지와 사도 강복을" 보낸 사실에서 이에 대한 암시를 보아야 할 것이다. 그리고 11세기 말 성 베드로 성당의 기도집에서 이를 확실히 확인하게 된다(「전례주년」, I. H. 달매 · P. 쥬넬, 가톨릭대학교 출판부, 1996, 81-82쪽).

지 가지를 들고 십자가가 있는 곳으로 행렬하는 전례를 했다고 전해진다. 하지만 이러한 예식은 회중에겐 도움이 되었으나 로마 교황청 전례에는 커다란 영향을 주지 못했고, 단순하게 라테란 관저의 한 경당에서 강복한 성지 가지를 나누어 주어 대성당 안으로 들어가는 짧은 행렬을 택하여 전례를 시작하였다(「전례주년」, I. H. 달매 - P. 쥬넬, 가톨릭대학교 출판부, 1996, 82-83쪽). 주님 수난 성지 주일에 교회는 그리스도의 예루살렘 입성을 기념함으로써 성주간을 시작한다. 예루살렘 시민들은 예수님의 입성을 통해서 그들이 바라는 해방의 시간이 다가온 것 같아 기뻐하며 환호했다. 예수 그리스도께서 많은 기적을 베푸셨으며, 예루살렘 근처에 있는 베타니아라는 곳에서 죽은 라자로를 살리신 기적은 그분이야말로 자신들에게 자유와 구원을 가져다줄 것이라는 희망이 있었기 때문이다. 하지만 예수님은 당신의 죽음과 부활의 파스카를 완성하기 위하여 입성하신 것이었으므로, 그리스도인들이 맞이하는 주님 수난 성지 주일의 의미는 유다인의 그것과 차이가 있다. 이런 의미에서 교회는 그리스도의 예루살렘 입성에 대한 외적인 특징만을 강조하기보다 내적으로 담겨 있는 예수 그리스도의 죽음과 부활의 파스카를 완성하는 것을 강조하고 있음을 잊지 말아야겠다.

주님 수난 성지 주일의 의미는 단순히 성지 가지에 있지 않다.

왕권을 선포하시는 그리스도를 알아보고 받아들여야 하며, 그리스도의 수난을 통한 구원의 은총이 그리스도인들의 신앙 안에서 부각되어야 하는 것이다. 주님 수난 성지 주일은 말씀 전례와 성찬 전례를 통해 그리스도의 수난을 기리고 죽음의 신비를 기념하며 강조하는 주일이기에, 전례에 대한 적극적인 참여가 더욱 요구된다(Quaresima in liturgia, A. Bergamini, San Paolo, Milano, 2001, p. 1584). 교회에서 전례를 통해 주님 수난 성지 주일에 예수 그리스도의 예루살렘 입성을 재현하는 것은, 지금 이 순간에도 예수 그리스도께서 우리와 함께하고 계심을 선포하는 의미가 담겨 있다.

(3) 성삼일

파스카 성삼일의 기원[99]은 예루살렘 교회에서 찾아볼 수 있다.

---

99) 파스카 성삼일Triduum pasquale이란 표현은 1930년 이전에는 존재하지 않았다. 이 명칭은 전례력을 개정할 때 공식적으로 인가되었다(1970). 하지만 4세기 말 이래 성 암브로시오St. Ambrosius가 성삼일에 대해 말하고 있다. 곧 이 기간에 그리스도께서 수난하시고 안식에 드시고 부활하셨음을 기념하여 예절을 거행했다. 그 후 오리지네Origene는 금요일에 수난을, 토요일에 지옥에서의 안식을, 일요일에 부활을 기념하였다. 그 얼마 후 성 아우구스티노는 예수께서 십자가에 못 박히시고 돌아가시고 부활하신 '지극히 거룩한 삼일 Sacratissimum triduum' 을, 성 레오 대교황은 거룩한 밤에 파스카 축제Paschalis festivitas와 성사의 신비sacramentum paschale를 말했다(La celebrazione nella chiesa vol III, Dionisio Borobio(ed), Elledici, Leumann(Torino), 1994, p. 109).

예수님이 수난을 받으신 장소를 중심으로 구원 사건 장소 등을 복음 내용에 근거하여 재현하는 것은, 시공간을 초월하여 지금 이 자리에서 재현하고자 하는 열망에서 출발했다고 볼 수 있다. 성삼일 전례는 교회 전례 중 가장 중요한 예수 그리스도의 부활을 준비하는 것이며, 교회와 그리스도인들이 적극적이고 능동적으로 참여하는 때이다. 물론 전례는 인간을 위해 존재하는 것이지 하느님을 위해 존재하는 것이 아니다. 하지만 오늘날 성삼일 기간에 특별한 예절을 거행한다거나 토착화, 현대화, 시대적 요청이라는 이름 아래 성삼일 전례에서 새로운 부분을 첨가하거나 삭제할 때는 신중한 검토와 허락을 받는 것이 좋다.

성삼일은 예수 그리스도의 부활 신비를, 그 축제를 고대하는 기간으로서 "주님의 수난과 죽으심의 성금요일을 어디서나 지켜야 함"(「전례헌장」 110항)을 잊어서는 안 된다. 전례의 주체는 그리스도이므로, 단지 사목적인 이유로 전통적으로 거행해 오던 성삼일 전례를 생략하거나 변경, 축소하는 경우에는 본질적인 전례의 의미가 변질될 수 있기 때문에 조심스럽게 다루어야 한다. 또한 성삼일 전례는 예수 그리스도의 부활 축제를 준비하는 예절임을 명심해야 한다.

1) 주님 만찬 성목요일(오전) : 성유 축성 미사

성목요일 오전엔 1년 내내 사용할 성유를 축성하기 위해 주교좌 성당에서 교구장을 중심으로 모든 사제들이 모여 성유 축성 미사를 드린다. 죄를 지은 자는 성찬 전례에 참석하지 못하게 한 까닭에 이들의 참회를 위해 일정 기간 참회하였으며, 성목요일 미사 때 이들을 위한 참회 예절이 있었다. 4세기 로마에서는 오랜 시간 동안 화해의 예식이 행해졌으며, 7세기의 「젤라시오 성사집」[100]에 의하면 성목요일 오전 미사에서 화해의 예식이 행해졌음을 알 수 있다(*L' anno liturgica nel rito romano in Scientia liturgica vol V*, M. Augé, Piemme, Casale Monferrato(Al), 1998, p. 214). 비록 이러한 참회 예절이 지금은 사라지졌지만, 그리스도인들은 사순절을 마치면서 이 참회 예절의 정신을 이어받아 화해의 파스카 성사에로 초대받음을 기억해야 할 것이다.

7세기에 이르기까지 로마는 성목요일 때 독특한 전례의 의미를 지닌 미사를 거행하였다. 특히 「젤라시오 성사집」에 나타난 저녁 미사에는 유다의 배신과 성찬례라는 두 가지 주제를 기념하기 위해 미사가 거행되었다. 그리고 교황의 주례로 정오에 거행되는 라테라노 대성전 미사에서는 성유 축성과 더불어 주님의 만찬을 기억하고 기념했다. 그 후 시간이 지남에 따라 13세기의 전례서와

1570년의 「로마 미사 전례서」(Misale Romanum=MR)에는 성유 축성 미사 전에 화해의 예식에 대한 기록이 있는데, 성찬 예식의 구조, 즉 미사와 일치된 형식을 가지고 있었다(*L' anno liturgica nel rito romano in Scientia liturgica vol V*, M. Augé, Piemme, Casale Monferrato(Al), 1998, p. 214-215). 참회자들을 위한 화해의 미사(아침-오늘날 거행하지 않음)와 성유 축성을 위한 미사(정오-오늘날 오전에 거행)를 지냈다 (*Triduo pasquale in liturgia*, A. Bergamini, San Paolo, Milano, 2001, p. 2030).

성목요일 전례의 특징은 오전에 주교좌성당을 중심으로 교구장과 그 소속 사제단이 함께 모여 1년 동안 사용할 성유를 축성하며,[101] 사제단의 일치와 결합을 다시 확인하고, 미사 중에 사제들의 서약 갱신식을 거행한다. 미사 때 축성 성유(크리스마 성유, O. S., 적색), 병자 성유(O. I., 자색), 예비신자 성유(O. C., 백색)의 세 가지 성유를 축성하여 각 본당에서 1년간 사용하도록 나누어 준다.

2) 주님 만찬 성목요일(저녁) : 주님 만찬 저녁 미사

오전에 거행되는 미사 전례는 성유 축성에 대한 것이지만, 저녁 미사 전례는 파스카를 준비하는 성삼일 전례에 속하게 된다. 성목요일 오후 미사 전례가 교회 안으로 들어온 것은 그리 오래 되지 않았다. 4세기 말 서방 교회에서는 성목요일에 두 종류의 성찬례

를 거행했다는 기록이 있다. 성 아우구스티노에 의하면 아프리카의 일부 교회에서 목요일 아침에 미사를 거행하는데, 그 이유는 파스카 목욕을 한 후에 단식을 끝내기 때문이라는 것이다. 다른 교회는 주님의 만찬을 기념하기 위해 저녁에 미사를 거행했다. 하지만 로마 교회는 4세기까지 주님 만찬 저녁 미사를 하지 않고 참회자들의 화해 예식만 거행했다. 그러다 7세기에 이르러 사제들에 의해 단식을 마감하는 미사와 주님의 만찬을 기념하는 저녁 미사를 드리게 된 것이다. 그리고 라테라노 대성전에서는 교황이 정오에 주님 만찬 저녁 미사를 드릴 때 성유 축성 미사를 겸하게 되는데, 특이한 것은 말씀 전례가 없고 봉헌 예절로 시작된다고 전해진다.

「젤라시오 성사집」에 의하면 성목요일에는 참회자를 위한 미

---

100) 성사집은 주교나 사제가 전례 때 사용하는 책이며, 성찬 전례와 성사 거행에 필요한 기도문을 담고 있다. 성사집에는 「그레고리오 성사집」과 「젤라시오 성사집」이 있는데 「그레고리오 성사집」은 교황이 사용하고, 「젤라시오 성사집」은 사제들이 본당에서 사용한다.

101) 성 목요일 주교좌성당에서 거행되는 성유 축성 미사의 지향은 사제들을 위한 것이다. 주교를 중심으로 사제단의 일치를 도모하고, 사제들의 성화를 위한 미사이다(O.S: Oleum Sacrum, O.I: Oleum Infirmorum, O.C: Oleum Catechumenurum). 이때 주교에 의해 축성된 성유를 교회 전례에 사용한다. 성유는 정신적 자양분과 은총의 빛을 상징한다. 크리스마 성유는 올리브기름에 향유를 섞은 것으로 세례식과 견진성사, 사제 서품과 주교 서품, 성당 축성 등에 사용된다. 병자성사 때는 순수한 올리브기름이 성유로 사용되고, 세례성사 때도 이것이 예비신자에게 도유하기 위해 쓰인다. 원칙적으로 성유는 성목요일 때 주교좌성당에서 집전되는 성유 축성 미사에서 주교가 축성하여 각 본당에 분배한다. 그러나 1970년 교황청 예부성성은 꼭 필요한 경우에는 다른 날에도 주교 혹은 주교좌로부터 이를 축성할 권리를 받은 사제가 성유를 축성할 수 있도록 허가하였다. 또한 성유 역시 올리브기름이 아닌 다른 식물성 기름의 사용을 허가받았다.

사, 성유 축성 미사, 주님 만찬 저녁 미사 등 3대가 봉헌되었다(「전례주년」, I. H. 달매 - P. 쥬넬, 가톨릭대학교 출판부, 1996, 52-53쪽). 이후 성 비오 5세(1566~1572)에 의해 하루 한 대의 미사만 허용됨에 따라 성유 축성 미사만 남았고 1950년까지 그대로 교회에 내려오게 되었다. 1955년 비오 12세에 의해 오전에만 거행하던 성유 축성 미사와 더불어 저녁 미사가 허락되었다. 그러자 성삼일 전례가 자리를 잡게 되었고, 목요일 미사 전례 후의 수난 감실 예식(무덤 제대 예식)을 통해 신자들은 늦은 시각까지 조배를 할 수 있게 되었던 것이다.

성목요일 저녁이 되면 주님 만찬 저녁 미사로서 성삼일 전례가 시작된다. 주님의 최후의 만찬을 기념하는 미사 동안, 예수 그리스도께서 제자들의 발을 씻으신 모습을 재현하기 위해 발씻김 예식을 거행하며, 돌아가신 예수 그리스도를 공경하고 찬미하기 위해 성체를 수난 감실(무덤 제대)로 모신다.[102] 이는 모든 그리스도인들이 함께 거행한다. 교황 비오 12세(1939~1958)가 성주간에 도입한 발씻김 예식은, 예수 그리스도께서 제정하신 성찬례와 더불어 당신과 제자들의 형제적 사랑과 계명 사이의 연계를 강조하기 위해 예식서에서 비중을 두고 있다. 발씻김 예식에 참석하는 인원과 성별에 대한 규제는 없지만 열두 제자를 기념하기 위해 통상 남녀 혼합하여 12명으로 정했다. 성목요일 미사는 주님의 수난 감실(무덤 제대)을 준비하는 전례이기 때문에 미사 후엔 감실을 비운다.

성 목요일 저녁 미사 전례가 초기 교회 때부터 있었던 것은 아니다. 1955년의 예식서에 의하면, 트리엔트 공의회 이후 지나친 신심 중심의 전례를 본래의 의미대로 복원시켰는데, 무엇보다도 주님의 만찬을 본래의 위치인 저녁에 거행하게 함으로써 성삼일에 대한 전례가 복원되었다.[103] 목요일 저녁 만찬의 신학적 의미는 예수 그리스도께서 사제직과 성찬 전례를 제정하셨다는 것이다. 로마에서 성목요일 미사는 교황이 라테라노 대성전에서 집전하며(교황은 로마의 교구장이므로 로마의 주교좌성당인 라테라노 대성전에서 거행되는 것이지, 로마의 교구장이 교황이 되는 것은 아니다) 부활을 준비한다.

또 하나의 중요한 성목요일 예식은 성체를 옮기는 예식, 즉 수난감실(무덤 제대)을 만들어 성체를 옮기는 것이다. 이 예식은 초기

---

102) 성목요일은 성체를 공경하는 날이 되었다. 그리스도의 몸(성체)을 다음 날까지 보관할 장소로 옮기는 부차적 예식이 비할 데 없는 중요성을 얻었으며, 성체를 보관하는 임시 제대는 '무덤'이 되었다. 바로크 시대에는 이를 수많은 초와 꽃들로 장식하였다. 한 도시에 있는 여러 '무덤 제대들을 방문하는 것'은 신심 깊은 사람들과 어린이들에게 하나의 전통이 되었다(「전례주년」, I. H. 달매 · P. 쥬넬, 가톨릭대학교 출판부, 1996, 59쪽).

103) 8세기 말부터 단 한 대의 미사가 허용되었다. 이 미사를 드리는 시간은 3시경(현재의 오전 9시경)과 9시경(현재의 오후 3시경) 사이로 시대에 따라 변했는데, 성 비오 5세(1566~1572)가 제사를 오후에 드리지 못하게 함으로써 아침에 미사를 드리게 되었다. 이때부터 성목요일 전체가 성삼일에 포함되는 한편, 옛 교회의 신학적 · 전례적 전통과는 어긋나게 파스카 주일이 성삼일에서 빠지는 결과가 나왔다(「전례주년」, I. H. 달매 · P. 쥬넬, 가톨릭대학교 출판부, 1996, 53.59쪽).

교회로부터 내려오는 신심 행위로서 예수 그리스도가 최후의 만찬 이후 올리브 산에서 체포되신 사건에서 유래한다. 사제는 수난 감실로 성체를 모셔가고, 분향할 때 신자들은 성가 '지존하신 성체Tantum ergo'를 부른다. 수난 감실의 성체는 다음 날 주님 수난 예절 때까지 모셔지며, 신자들은 계속해서 조배를 한다. 그리고 성체를 수난 감실로 모신 후에 제대포를 벗기는 의미는, 예수 그리스도가 십자가 위에서 옷 벗김을 당하심을 상징한다.

3) 주님 수난 성금요일

미사가 거행되지 않는 날이며, 주님의 수난을 기념하는 날이다. 이날 예절은 오후 3시경에 십자가의 길을 하고, 그 후에 수난을 기념하는 전례를 한다. 이때 성찬 전례가 없고 말씀 전례와 십자가 경배, 영성체 예식으로 마감한다. 「에제리아의 여행기」(4세기경)에 의하면, 성금요일에는 최후의 만찬이 있었던 다락방에서 출발하여 골고타로 옮겨 가며 순례기도를 했으며, 8세기에는 십자가 경배가 교황청 전례에 도입되어 라테라노 대성전에서 예루살렘 성 십자가 성당까지 행렬을 했다고 한다(「전례주년」, I. H. 달매 - P. 쥬넬, 가톨릭대학교 출판부, 1996, 54-55쪽). 성금요일 예식은 전례상으로 볼 때 성찬 전례가 빠진, 성사의 의미가 없는, 신자들이 그리스도를 그리워하며 십자가의 수난에 동참하고 기념하는 날이다. 말씀 전례는 예수님의 수난에 관한 요한 복음서를 듣고 묵상함으로써 예수 그리스도의 수난에 동참한다. 또한 십자가 경배를 통해 예수 그리스도께서 인간의 구원을 위해 십자가 위에서 돌아가신 의미를 깨달아 인류 구원에 대한 찬미와 감사의 정신을 느낀다. 십자가 경배를 할 때는 교회에 다른 십자가가 있어서는 안 된다. 그 이유는 십자가 위에서 죽음을 당하셔서서 인류를 구원해 주시는 분은 오직 예수 그리스도 한 분이라는 의미를 갖기 때문이다. 교회에서는 성금요일 예절 시 십자가 경배를 하는데, 사제는 천으로 가려진 십자가를 들고 제대를 향해 입장하면서 '보라, 십자나무Ecce lignum'를 노래한다. 이 십자가 경배 노래는 부제나 성가대도 할 수 있다.[104] 사제가 노래를 부르면 예절에 참석하는 이들은 다 함께 "모두 와서 경배하세Venite adoremus"라고 응답한다. 세 번에 걸쳐 노래를 한 후 예절에 참석한 이들이 십자가에 경배를 바치는데, 사제는 촛불을 켜 든 두 복사와 함께 십자가를 제단 앞쪽이나 적당한 자리에 놓거나 복사들이 들고 서 있게 한다.

마지막 예절은 영성체 예식이다. 초기 교회에서는 존재하지 않

---

104) '보라, 십자나무'는 모두 세 번 부른다. 첫 번째 소절이 끝나면 십자가의 머리 부분을 벗겨 높이 쳐들며, 두 번째 노래가 끝나면 십자가의 오른쪽을, 세 번째 노래가 끝나면 십자가의 왼쪽을 벗긴다.

았지만 비오 12세에 의해 1956년 인류 구원의 효력을 더 풍부히 느끼기 위해 성금요일 전례에 참석한 모든 이들이 영성체를 할 수 있게 했다.

4) 성토요일

성토요일은 성금요일과 더불어 라틴 전례에서 미사가 없는 날이며 특별한 전례를 갖지 않는다. 동방 교회에서도 예수께서 무덤 안에서 쉬시고 천국의 문이 열리기를 기다리는 의미에서 평화와 기다림 속에서 마음을 가다듬는 날이라 하였으며, 그리스도께서 무덤에 계심을 기리기 위해 특별한 전례를 만들지 않았다. 성토요일은 예수 그리스도의 부활을 진지하게 기억하고, 평화 속에서 하루를 보내는 의미가 위축되어 성삼일 중 하루라는 기존의 의미보다 부활 성야 미사를 준비하는 데 초점을 맞춘 날이 되어 버렸다. 성삼일 전례에 참여하는 그리스도인들은 예수 그리스도의 파스카 축제에 참여하는 것이며, 인류 구원의 신비에 가까이 다가가는 것이고, 신앙생활의 핵심으로 이끄는 전례에 참여하는 것임을 잊지 말아야 한다.

4. 부활 시기

예수 그리스도의 부활은 전례주년에 있어서, 특히 전례력을 설명하는 데 있어서 가장 중요한 사건이며, 교회의 축일 중 가장 큰 의미를 갖는 사건이다. 예수 그리스도의 부활은 인간 구원 역사에 있어서는 종말론적 의미를, 현세에 있어서는 신앙생활의 핵심이 되는 의미를 갖는 사건이다. 초기 교회에서는 예수 그리스도의 부활 축제를 주일에 기념하고 재현하였으며, 부활 시기인 50일간의 기간은 유다인들의 추수절인 오순절[105]과 연결되어 그리스도교 전례 안에 자리 잡게 되었다. 교회는 예수 그리스도의 부활을 인류 구원을 위한 가장 위대한 사건으로 기념하며, 부활 주일부터 성령 강림 주일까지의 50일간은 하나의 축일이나 큰 주일같이 기쁨으로 용약하여 지내고, 사순 시기에 금지되었던 대영광송과 알렐루야를 50일간 노래한다(「미사경본의 총 지침」, 전례력과 축일표에 관한 일반지침 22항, 한국천주교중앙협의회, 1969). 부활 시기에 중요한 축일은 부활 팔일축제,[106] 주님 승천 대축일, 성령 강림 대축일이다. 부활 시기는 그리스도 부활의 기쁨을 경축하는 동시에 그리스도 안에서 새롭게 태어난 부활의 기쁨을 살아가는 시기다. 예수 그리스도의 부활의 기쁨은 수난과 죽음의 신비를 거쳐야만 누릴 수 있다는 것도 잊어서는 안 될 것이다. 인간이 겪는 죽음의 공포와 죄로부터의 고통을 예수 그리스도의 부활을 통해 희망으로 나아갈 수 있게 해주기 때문이다.

---

105) 오순절이란 고대 이스라엘의 연중 순례 축제의 하나로서 팔레스티나에서 밀 추수 만료기에 거행되는 추수절(탈출 23,16)이다. 고대 농업 사회에는 추수한 첫 곡식을 신에게 바치는 관습이 있었다. 히브리인들은 그들이 거주하는 가나안 관습의 영향으로 추수감사절을 지냈는데, 처음에는 그 날짜가 농작물의 추수시기에 따라 일정하지 않았으나 과월절을 기념하는 의미로 '누룩 없는 빵의 축제'와 결합하게 되자, 첫 곡식을 바치는 축제는 과월절 때 보릿단을 바치고 난 후 50일째 되는 날에 지내게 되었다. 오순절을 펜테코스테 Pentekoste 혹은 50일째 날이라 부르는 것도 이 때문이다(70인 역본 2마카 12,31-32; 토비 2,1). 오순절의 성격은 추수를 감사드리는 것이므로, 누룩 없는 빵을 바치는 과월절과 달리 일상의 식용으로 쓰는 누룩 있는 빵을 봉헌하며 추수의 마감을 구획한다. 이 축제가 처음에는 작황에 따라 지방 성전에서 각각 거행되었으나 나중에는 야훼가 선정한(신명 16,11) 중앙 성전에 모여 일시에 지내게 되어 순례의 기회가 되었다. 오순절 예절은(레위 23,15-22) 새로 구운 빵을 흔들어 바치고 번제 제물, 속죄 제물, 감사 제물이 따른다. 행렬하면서 성가를 부르고 시편을 읊는데, 이에 대해 사제의 강복을 통하여 야훼의 축복을 받았다. 70년 성전 파괴 이후 유다인들은 이 축제를 지내면서 시나이 산에서 율법을 받았던 사실을 기념하게 되었다. 사도행전 2장은 오순절에 성령이 강림했다고 하므로 그리스도인은 오순절의 의미를 상기하게 되었으나, 성령 강림이 오순절에 거행된 어떤 사건을 완성하는 의미를 지니는 것은 아니며 양자는 명백히 구별된다. 유다교의 오순절과 구원의 역사가 연결되어 시나이 산에서 이루어진 계약과 율법 수여를 기념하는 축제가 되었다(레위 23,15-21). 그래서 구약의 종교적 3대 축일은 과월절(過越節, 파스카), 오순절(五旬節, 성령 강림), 초막절(草幕節, 추수 감사)이다. 유다인들은 오순절 축제를 과월절 첫날부터 시작하여 7주(50일) 후인 시반 달(현재의 5월) 6일까지 지냈다. 오순절은 초봄의 과월절, 늦가을의 초막절과 함께 순례 축제여서 만 13세 이상의 이스라엘 남자는 누구나 예루살렘 성전으로 순례할 의무가 있었다. 오순절은 그리스도께서 부활하실 때 성령을 보내시겠다고 약속하신 날이다. 그리고 사도행전은 오순절 축제 때 성령이 강림했다고 전한다(사도 2장). 이처럼 구약의 축일인 오순절은 성령 강림 축일과 필연적인 관계에 놓이게 되었다(「천주교 용어 사전」 성령 강림 대축일, 최형락, 작은 예수, 2001).
106) 앞서 지적했던 사순 제6주간 대신 주님 수난 성지 주일이라고 명명했듯이, 부활 팔일축제를 지내는 것은 부활 제1주간을 보내는 것을 의미한다.

(1) 그리스도의 파스카

　부활 시기는 초대 교회에서부터 가장 성대하고 뜻있게 지낸 축제 기간이며, 구약의 파스카 축제와 연결 지어 이해할 수 있다. 전례력에 나타나는 부활 시기는 신약의 부활 축제로서 그리스도의 부활로 그 뜻이 더욱 완전해지고 심오해졌다. 2세기 초반 유다-그리스도교 공동체는 부활 축제를 거행하지 않았다. 3세기에 이르러 로마 교회는 빅토르 교황(Victor, 189~198)의 개입으로 이를 공식적으로 받아들이게 된다. 부활 축제의 날짜는 처음에 소아시아(지금의 터키) 교회가 유다인의 전통적 파스카 날인 니산 달 14일을 단식 없이 그리스도교화하여 축제를 벌였다. 그러나 다른 교회는 니산 달 14일 다음에 오는 주일(주간 첫날)을 파스카 날로 정하여 축제를 벌였다. 이후 니케아 공의회(325년)에서 모든 교회가 알렉산드리아의 달력 계산법을 따르도록 결정하여, 춘분(3월 21일) 이후의 만월 다음에 오는 주일에 파스카를 지내게 했다(*La celebrazione nella chiesa vol III*, Dionisio Borobio(ed), Elledici, Leumann(Torino), 1994, pp. 107-108). 유다인들이 사용하는 달력에 나오는 니산 달(대략 3~4월)은 봄이 시작하는 계절의 시작 달로 알려져 있다.

　일요일(주일)에 주님의 부활 사건을 매주 기념하던 초대 사도 공동체는 매년 거행하는 유다인들의 파스카 축제에 해당하는 그리스도인들만의 축제를 필요로 하게 되었다. 그리하여 부활 시기에 벌어지는 그리스도인들의 파스카 축제는 생활 속 신앙의 빛이며 희망으로 자리 잡게 된다. 그리스도인들이 지내는 신약의 파스카 축제는 유다인들의 구약의 파스카 축제와의 차별화를 통해 더욱 예수 그리스도의 가르침을 실천하려는 노력을 보여 주고 있었다. 그리스도의 부활은 그리스도인들에게 새로운 날과 새로운 삶이 시작되었음을 알려 주는 사건이 되었으며, 교부들은 이 날을 하느님이 새로운 창조를 하신 제8일[107]이라고 설명하였다. 교회는 부활 시기의 매 주일들을 진정한 부활 대축일처럼 생각했으며, 부활 대축일에서 7주간의 주일로 마감했고, 50일간의 부활 시기는 성령 강림 대축일로 끝을 맺었다. 유다인들의 오순절(춘계 감사절)과 초막절(추계 감사절)이 하느님이 이스라엘 민족을 선택하시고 이스라엘 백성이 하느님께 복종할 것에 대한 약속의 계약인 감사절에서 유래되었다면, 그리스도교의 부활 시기 50일은 파스카 시기를 설명하는 것이다. 무엇보다도 파스카 시기는 부활 주일로 시작되는데, 이 주일은 성삼일의 셋째 날이자 세례 팔부[108]의 첫날이며, 50일을 마치는 주일에 마감하게 된다. 파스카 팔부 가운데 가장 성대한 날은 여덟 번째 날, 즉 팔부를 마감하는 날이다. 이날 새 영세자는 흰옷을 벗고 회중 사이에 자리를 잡는다(「전례주년」, I. H. 달매 - P. 쥬넬, 가톨릭대학교 출판부, 1996, 65쪽). 교회는 부활 시기를 맞이하여 전례력 안에서 다양한 신앙생활을 위한 여정과 축제를 마련함으로써 그리스도의 부활 안에서 믿음의 공동체를 형성하고, 파스카 예절을 통해 그리스도와의 일치를 도모하고 있는 것이다.

현재 사용되는 바오로 6세의 미사 전례서(1970)가 부활 시기의 전례에 참되고도 풍부한 신학적 의미를 첨가했다. 무엇보다도 성찬례의 감사송에서 시작 부분의 교송에 이은 기도문의 경우, 옛 로마 성사집libelli sacramentarium에서 따온 것으로 추정된다. 이는 1970년 바오로 6세에 의해 새로운 미사 전례서가 나오기 전까지는, 주일과 파스카 팔일 및 성령 강림 팔일축제를 제외하고는 파스카 시기를 위한 특별한 감사송의 고유 약식 기도문이 존재하지 않았기 때문이다. 부활 시기에 쓰이는 다섯 종류의 기도문은

---

107) 부활 성야 때 예수 그리스도의 부활을 기념함으로써 그리스도인에게는 완전한 새로운 날이 시작되었다. 교부들은 이 날을 '제8일'이라고 불렀는데, 죄로 인하여 혼란한 첫 창조 때의 일주일이 이날 완성되었기 때문이다. 새날의 기쁨을 연장하기 위해서 2세기 이래로 부활 전례를 50일간 지냈다. 50일 동안의 부활 시기는 '복된 성령 강림'으로 불렸으며, 주일과 미친가지로 축일처럼 지내기 때문에 무릎을 꿇고 기도하는 형태의 참회는 허락되지 않았다(Triduo pasquale in Liturgia, A. Bergamini, San Paolo, Milano, 2001, pp. 2032-2033). 제2차 바티칸 공의회 이후에 반포된 '전례력과 축일표에 관한 일반 지침'은 다음과 같이 명확히 말하고 있다. 부활 주일부터 성령 강림 주일까지의 50일간은 하나의 축일같이, 하나의 '큰 주일' 같이 기쁨으로 용약하며 지낸다. 이 50일간 특히 알렐루야를 노래한다(지침 22). 이 시기의 주일들을 부활 주일처럼 여긴다(지침 23). 부활 시기의 첫 8일은 부활 팔일축제로서 주님의 대축일로 지낸다(지침 24).
108) 전통적으로 파스카 성야에 세례를 받은 이는 그 다음 주일, 즉 제2파스카 축일까지 흰옷을 입고 지내면서 자신이 받은 입교 성사의 의미에 대해 교육을 받았다. 이것이 신비 교육 Mistagogia이며, 제2파스카 주일에 세례의 상징인 흰옷을 벗었으므로 이날을 사백주일이라 불렀다. 이렇듯 파스카 팔부는 세례와 밀접한 관계에 있으므로 저자는 인용을 한 것 같다(「전례주년」, I. H. 달매 · P. 쥬넬, 가톨릭대학교 출판부, 1996, 65쪽).

동일한 구조로 되어 있다. 첫째 부분인 도입은 '주님, 언제나 주님을 찬송함이 마땅하오나… 구원의 길이옵니다'로 시작하는데, 그 내용은 축제를 지내야 하는 그리스도인으로서의 당위성을 설명하고 있다. 셋째 부분인 찬양은 '그러므로 부활의 기쁨에 넘쳐… 찬미하나이다'로 표현하면서 세상의 모든 사람들과 하늘의 모든 천사들이 찬양한다고 노래하는데, 이 부분은 다섯 종류의 기도문에서 공통적으로 나오고 있다. 여기에 도입과 찬양의 중간 부분인 둘째 부분에서 구원의 업적 부분은 각기 다른 구원의 내용을 갖고서 부활 축제의 구원사 설명에 임하고 있다(「전례주년」, I. H. 달매 - P. 쥬넬, 가톨릭대학교 출판부, 1996, 71쪽). 감사송은 사제가 미사에 참석하는 이들로 하여금 주님에게 감사의 기도를 올리도록 초대하는 부분이기에, 존경과 더불어 고요함 속에서 참여해야 한다.

(2) 부활 전야(성야) 미사

부활 시기가 전례력의 구성에서 가장 중요한 위치를 차지한다면, 부활 전야(성야)는 부활 시기에 있어서 가장 핵심적인 순간을 차지하고 있다. 부활 성야 미사는 오로지 예수 그리스도의 부활을 기념하고 기억하기 위해 교회에서 거행하는 전례이며, 이날은 예비신자들이 새롭게 그리스도의 자녀로 태어나는 성사적 전례를 거행하는 중요한 날이다. 부활 성야 미사는 다른 주일 미사와 달리 하느님께서 인간에 대한 사랑을 표현하신 구원사를 기념하기 위하여, 다양하고 풍부하며 상징적인 전례 거행을 통해 그리스도인들을 축제의 한자리에 모이게 만든다. 사실 예수 부활 대축일 전날 저녁에 교회는 1년 중 가장 성대한 부활 성야 예절을 거행하며, 이는 네 부분으로 구성되어 있다. 빛의 예식, 말씀 전례, 세례 예식, 성찬 전례가 그것이다.

1) 빛의 예식

생명의 불이며 살아 있는 진리가 예식에 참여하는 모든 이들 앞에서 현실화된다. 부활 성야 예절에서 빛의 예식은, 부활을 믿는 모든 그리스도인들이 예수 그리스도의 부활을 통해 영원한 생명으로 이끄는 과정을 가장 잘 깨닫게 해주는 예식이다. 무엇보다도 부활찬송Exsultet[109]을 통해 예수 그리스도의 부활의 의미가 절정에 다다르게 하는데, 이 밤을 밝히는 빛을 하느님께 봉헌하고 부

---

[109] 부활찬송은 파스카 전야가 담고 있는 신학적 내용을 가장 뛰어나게 보여 주고 있다. 또한 가장 오래된 강론들, 즉 히폴리투스, 소피스드 아스테리오, 성 에프렘의 강론들 안에서 이에 대한 기초적 내용을 발견할 수 있다(「전례주년」, I. H. 달매 · P. 쥬넬, 가톨릭대학교 출판부, 1996, 39쪽).

제副祭가 부활찬송을 하는 가운데 파스카의 기쁨을 선포하고 함께 기뻐한다(「전례주년」, I. H. 달매 - P. 쥬넬, 가톨릭대학교 출판부, 1996, 58쪽). 예수 그리스도의 부활은 빛으로 그리스도인들에게 다가왔으며, 빛은 그리스도 부활의 가장 큰 상징이자 표징으로서 죽음을 이기는 생명의 힘이다. 부활 성야 예절에서 빛의 예식을 통해 예수 그리스도의 빛이 우리에게 다가왔으며, 그리스도 부활의 새 생명이 전해진 것이다. 빛의 예식을 통해 우리는 하느님께서 빛과 세상을 창조하신 것을 기억하며, 예수님의 부활은 새로운 창조의 시작을 의미한다.

2) 말씀 전례

부활 성야 미사에서는 구약에서 7개,[110] 신약에서 2개(서간과 복음)의 독서를 하게 되며, 독서 봉독 · 화답송 · 기도로 이루어져 있다. 독서의 내용은 천지창조부터 부활에 이르기까지 인간 구원에 관한 하느님의 말씀이며, 내용은 초기 교회에서 예비신자들을 위한 성서 교육에 관련된 내용을 종합한 것이다. 성서 교육을 위한 독서는 근거 없이 선택된 것이 아니라 유다인의 전통에 입각한 것이다. 예를 들어 유다인 전통에 의하면 파스카의 밤은 그들에게 있어서 '세상 창조의 밤', '아브라함의 제사의 밤', '이집트 탈출의 밤', '메시아 재림의 밤'의 의미를 갖고 있다. 오늘날의 부활 성야 미사에서 독서는 유다인들의 사상에 영향을 받아 선택되었으며, 그 주제는 구약에서 창조와 홍해를 건너는 사건과 더불어 종말론적 내용으로 시작되어 세례 집전까지를 포함한다. 신약에서는 세례에 관한 내용과 더불어 예수 그리스도께서 부활하셨다는 내용을 포함하는 복음을 선택하고 있다(「전례주년」, I. H. 달매 - P. 쥬넬, 가톨릭대학교 출판부, 1996, 45쪽). 부활 성야 미사에서 9개의 독서는 사목적인 이유로 봉독되는 횟수를 줄일 수는 있지만 절대로 이집트 탈출 내용이 담긴 제3독서는 생략할 수 없다. 구약의 내용에 있어서는 적어도 세 개의 독서를 반드시 해야 한다. 하지만 수도 단체나 신학교에서 특별한 이유 없이 시간상의 문제로 독서의 횟수를 줄이는 것은 좋지 않다. 파스카 전야의 기도에서는 구약과 신약을 듣는 가운데 파스카의 신비가 거행되고 있음을 설명하고 있으며, 아홉 개의 독서를 통해 하느님의 말씀을 듣고 화답송으로 환호하며 기도를 바칠 때 부활 성야 미사의 본래 의미인 '밤샘 기도'에 더욱 가까워지고 있음을 느낄 수 있기 때문이다(「전례주년」, I. H. 달매 - P. 쥬넬, 가톨릭대학교 출판부, 1996, 44쪽). 독서

---

110) 제1독서 창세 1,1-2,2; 제2독서 창세 22,1-18; 제3독서 탈출 14,15-15,1; 제4독서 이사 54,5-14; 제5독서 이사 55,1-11; 제6독서 바룩 3,9-15.32-4,4; 제7독서 에제 36,16-28; 제8독서(신약의 서간) 로마 6,3-11; 제9독서(복음) 마태 28,1-10(A해). 마르 16,1-8(B해). 루카 24,1-12(C해).

가 끝난 후 사제가 바치는 기도는 그 독서와 관련된 내용으로서 젤라시오 성사집[111]에서 인용된 것이다. 구약의 독서가 끝날 때마다 화답송으로 환호하고, 사제는 독서를 끝내는 기도를 바침으로써 전례를 마친다. 말씀 전례에서 구약을 끝내는 7독서와 화답송과 사제의 기도가 끝나면, 부활초에서 제대초로 불을 붙이고, 사제가 대영광송을 시작하면 복사는 종을 친다. 이때 교회 안에 울려 퍼지는 대영광송은 그리스도교의 탁월한 파스카 노래가 되는 것이다.

3) 세례 예식

부활 성야에 세례를 베푸는 이유는 세례의 근본적인 의미가 부활이기 때문이며, 세례의 의미를 통해 성사적으로 부활을 실현시켜 주기 때문이다. 세례 예식에서는 세례수 강복이 있는데, 파스카 시기 동안 사용할 성수이다. 이날 세례를 받는 이가 없을 경우에는 회중을 향해 성수를 뿌려 세례 때 한 신앙의 약속을 새롭게 하면서 세례 서약 갱신 예식을 거행한다.

---

111) 젤라시오 성사집은 사제들이 본당에서 전례 거행을 위해 사용하는 단순 전례서로서 세 권으로 구성되어 있다. ① 성탄 전야에서 성령 강림까지의 고유 시기와 몇몇 예식을 위한 기도문, 즉 성품, 예비 기간, 세례, 참회, 성당 봉헌, 동정녀 축성 등을 예로 들 수 있다. ② 성인 고유와 대림 시기. ③ 연중 주일, 로마 전문과 몇몇 전례 거행.

4) 성찬 전례

성찬 전례 예식은 보통 때와 같이 이루어진다.

(3) 부활 팔일축제

교회에서 부활 팔일축제를 지내는 역사는 4세기에 시작되었다. 부활 성야 미사 때 세례를 받은 새 영세자들은 신비 성사 교육 Mistagogia을 통해 공동체와의 일치를 도모했으며, 부활의 기쁨을 깊이 오래 간직하려는 의미에서 생겨났다. 부활 팔일축제는 부활 성야 미사 때 세례를 받는 예비신자들이 입었던 흰옷[112]을 부활 팔일축제 동안 입고 지내다가 8일째 되는 주일에 벗는다 해서 그날을 '흰옷을 벗는 다음 주일die dominico post albas'이라고 불렀다(「전례주년」, I. H. 달매 - P. 쥬넬, 가톨릭대학교 출판부, 1996, 65-66쪽). 죽음을 이기고 부활하신 예수님, 인류에게 참된 희망을 안겨 주신

---

112) 부활 때 새 옷을 입는 관습은 초대 그리스도교 시대부터이다. 초대 그리스도교 신자들은 대부분 성토요일 밤의 부활 성야 때 세례성사를 받았으며, 이때 영세자들은 하느님 앞에서 모든 죄로부터 씻긴 순결하고 거룩한 사람들로서 세례성사의 은총에 대한 상징으로 흰옷을 입고 부활 주간을 보냈다. 사실 신자들은 흰옷을 입지 않았으나 사순절 동안 참회와 기도로 그리스도 안에서 새로운 생명으로 다시 태어났기 때문에 그것을 기념하기 위하여 부활 때 새 옷을 입었다.

예수님, 어두운 세상에 참된 빛으로 부활하신 예수님은 모든 그리스도인들의 기쁨이 되었다. 그리하여 새 영세자들은 세례를 통하여 그리스도와 함께 새 생명을 누리게 되는 것이다. 그래서 예수 부활 대축일을 하루로 끝내지 않고 부활 시기의 첫 8일 동안(부활 팔일축제)은 주님의 대축일로 지내는 것이다. 부활 시기는 파스카 주일, 즉 세례 팔부[113)의 첫 번째 날부터 시작하여 50일을 마치는 주일인 주님 승천 대축일로 끝난다. 성령 강림 대축일 이전의 주일을 파스카 축일 다음 주일이라고 표현하지 않고 파스카 주일이라고 한 것은, 파스카 축제가 진정으로 그리스도인들의 삶 속에서 드러나기를 원했던 것이다. 예수 그리스도의 부활, 파스카 축제가 모든 그리스도인에게 진정한 의미로 다가갈 수 있었던 이유는, 예수 그리스도의 수난에 함께 동참하고 고통을 함께 느끼고 부활하였기 때문이다. 그리스도의 수난을 통해 진정한 부활을 낳듯이, 그리스도인들에게도 예수 그리스도의 수난에 동참하는 것 없이 진정한 파스카 축제에 참여한다는 것은 불가능했다.

(4) 주님 승천 대축일[114)

교회는 예수님이 부활하신 후 육신과 영혼을 지닌 채 "사도들이 보는 앞에서 승천"(사도 1,9)하셨다고 증언한다. 주님 승천 대축일은 4세기 이후 사도행전의 영향으로 교회 안에, 전례 안에 들어왔다. 예수 그리스도의 승천은 아래와 같이 두 가지 의미를 지닌다.

① 가시적可視的 측면, 즉 그리스도가 지상 생활을 마치고 올리브 산에서 제자들이 보는 가운데 이 세상을 떠나신 역사적 사실

② 하늘에 계신 성부 오른편에 드높여진 그리스도의 영광이 드러난 신학적 사실

물론 가시적인 측면에서 예수 그리스도의 승천 사건은 보는 이로 하여금 깊은 감동과 큰 효과를 줄 수 있다. 그러나 신학적인 입

---

113) 전통적으로 파스카 성야에 세례를 받은 이는 그 다음 주일, 즉 제2파스카 주일까지 흰옷을 입고 지내면서 자신이 받은 입교 성사의 의미에 대해 교육을 받았다. 이것이 신비 교육이며, 제2파스카 주일에 세례의 상징인 흰옷을 벗었으므로 이날을 사백주일이라 불렀다. 이렇듯 파스카 팔부는 세례와 밀접한 관계가 있으므로 글쓴이가 '세례 팔부'라는 말을 쓴 것 같다 (『전례주년』, I. H. 달매 - P. 쥬넬, 가톨릭대학교 출판부, 1996, 65쪽).

114) 그리스도가 부활하시어 하늘에 오르신 것을 기념하는 대축일. 예수님의 승천은 사도들에 의해 목격되었는데(마르 16,19; 루카 14,51; 사도 1,9), 전승에 의하면 올리브 산에서 일어났다고 한다. 대체로 사도행전(1, 3)에 따라 부활 40일째 되는 날에 승천하신 것으로 알려져 있다. 요한 복음서는 이 사건 자체를 설명하고 있지는 않지만 이에 대해 분명히 언급하고 있으며, 신약의 나머지 부분들에서도 암시적인 대목이 보인다(필리 4,8-10; 히브 4,14-7,26,8,1; 1베드 3,22; 1 티모 3,16). 주님 승천 대축일은 그리스도인들의 주된 축일 중 하나인데 부활 주일로부터 6번째 목요일, 즉 40일째 되는 날에 기념된다. 그러나 이날이 의무 축일이 아닌 나라에서는 다음 일요일에 지내며 한국에서는 그렇게 한다. 4세기 후반부터 널리 이날을 기념하였다. 초기에는 그리스도가 올리브 산에 오르신 것을 기념하여 행진을 하였으며, 서방에서는 부활 시기 중에 켰던 부활초를 이날 미사 독서를 마친 후에 껐다. 예수 그리스도의 승천ascension과 성모 승천assumption은 언어학적으로 차이가 있다. 예수 그리스도의 승천은 당신 스스로 하늘에 오르시는 능동적인 의미를 갖지만, 성모 승천은 올림을 받으시는 수동적인 승천의 의미를 갖는다.

장에서는 성부 오른편에 앉아 계신다는 장면에 초점을 두어야 한다. 예수 그리스도의 승천은 당신 스스로를 위한 승천이 아니라 인류 구원의 완성을 위한 승천이고, 그분의 신원에 대한 모든 그리스도인들의 질문에 대답을 주시는 것이기 때문이다. 예수 그리스도의 승천은 인류 구원에 대한 하느님의 의지를 보여 주며, 인류 구원의 업적은 예수님의 전 생애에서 드러난 수난과 부활을 통하여 증명되고 이루어진다. 결국 예수 그리스도의 승천을 통해서 완성됨을 보여 주기 때문에 그분의 승천과 인류 구원은 신학적으로 중요한 의미와 위치를 차지한다고 볼 수 있다.

(5) 성령 강림 대축일

그리스도교 전례력에서 성령 강림 대축일에 대한 근거는 유다인들의 3대 축일인 오순절에서 유래한다. 성령 강림 대축일 미사에서 독서는 사도들에게 성령이 임하시는 신비를 설명하고 이해하는 데 도움을 준다. 그리고 성령 강림은 교회 탄생의 기원이 되며 아울러 교회가 해야 할 선교의 임무에 대해 설명하고 있다(사도 2장 참조). 성령 강림 대축일은 교회가 성령에 의해 탄생하고, 사도들에게 주어진 선교 활동으로 말미암아 새로운 백성이 태어나며,

삼위일체의 교의가 완성되는 중요한 교회의 축일이다. 초대 교회에서는 성령 강림 대축일에 파스카 축일(부활 성야 미사) 때 세례를 받지 못한 사람들을 위해 세례를 베풀었으며, 이들을 위한 신비 교육 기간이 필요했다. 그 후에 파스카 축일 때처럼 팔일축제를 갖고 교회 내에서 전례를 거행했지만, 부활 축제의 의미와 행사가 중복되면서 다음에 오는 단식 주간들과 문제를 일으켜 9세기 이후에 폐지되었다. 성령 강림 대축일은 파스카 축제와 분리될 수 없음에도 불구하고 과거에 분리해서 전례를 거행했다. 그러다 오늘날 파스카 축제의 마지막을 장식하는 대축일로 결정되어 파스카 축제와 일체성을 이루게 되었다.

5. 연중 시기

연중 시기에는 그리스도 신비의 특수한 면을 경축하지 않고, 그리스도의 신비를 전체적으로 경축한다. 이 시기는 고유한 특성을 지닌 시기를 제외한, 1년 중 33주간이나 34주간을 가리킨다. 성탄 시기 다음부터, 즉 주님 공현 후 주일부터 사순 시기 전의 수요일까지, 그리고 성령 강림 후 월요일부터 대림 시기 전까지 계속된다. 다른 전례 시기에 비해 특별한 기념이 없다 하여 교회에서 소홀히 하는 경우가 있지만, 사실은 예수 그리스도의 모든 것을 보여 주고 우리와 함께하심을, 그리고 공생활의 내용을 보여 주심으로써 모든 그리스도인들과 함께하고 계심을 보여 주는 시기라고 할 수 있다. 연중 시기에 전례의 색은 생명의 희열과 희망을 나타내는 녹색이다. 이 시기는 하느님께서 인간들에게 보여 주시는 구원 역사를 기념하는 시기라고 할 수 있다.

제4부

전례의 범주

오늘날 이해되고 있는 전례를 설명하기 위해서는 전례라는 뜻이 교회에서 어떻게 이해되고 있으며 그 목적이 무엇인지 알아야 한다. 또한 전례의 범주를 어디까지로 보고 있는가 하는 질문을 통해 전례를 설명할 수 있다. 전례 안에는 미사와 칠성사, 준성사와 시간경들이 포함되며, 그 궁극적 목적은 예절을 거행하고 참석하는 이들의 성화와 하느님께 대한 찬양이다(「전례헌장」 7항; *Scientia liturgica vol I*, A. J. Chupungco, Piemme, 1998, p. 20). 또한 전례의 의미와 요건들을 통해 포괄적으로 의미를 파악해 보면, 전례는 교회 안에서 그리고 교회를 통해서 하느님과 인간이 밀접한 관계를 맺고 있으며, 그 관계성에서는 "교회에 대한 하느님의 행위가 지배적일 때가 있고, 하느님에 대한 인간의 신앙 행위가 우선적"(「전례신학」, 암부로스 베르홀, 분도, 1994, 14쪽)일 때가 있다.

전례는 하느님과 인간이 과거의 체험을 기억하면서 만나는 장소이자, 현재라는 시간 안에서 하느님을 다시 체험하는 장소이다. 인간을 향한 하느님의 사랑에 대한 기억과 하느님을 향한 인간의 감사와 찬양에 대한 기억, 이처럼 위로부터의 사랑과 아래로부터의 감사의 기억들이 만나 전례가 이루어진다고 할 수 있다. 즉, 전례는 하느님에 대한 기억을 기념하면서, 재현을 통하여 그분을 다시 체험하는 것이다. 회상anàmnesi은 전례에서 중요한 위치를 차지하고 있으며, 하느님과 인간을 엮어 주는 중요한 장을 마련한다. 회상을 통한 하느님의 커다란 업적magnalia Dei은 그리스도교 공동체의 삶으로 들어와 소개되며, 공동체의 전례 안에서 재현을 통해 하느님의 현존을 느끼게 해준다. 나아가 신자들은 회상을 통해 하느님의 구원 업적이 지금 이 순간 삶에서 이루어지고 있음을 점차 체험하게 된다. 미사가 거행될 때 그리고 성사가 집행될 때 신자들은 하느님의 구원 업적을 체험하며, 신앙 체험과 더불어 예절 참석을 통해 회상할 수 있다(*Scientia liturgica vol I*, A. J. Chupungco, Piemme, 1998, p. 22). 인간의 구원과 하느님을 향한 찬미를 증명하기 위해 교회는 그리스도의 수난과 부활의 신비를 전례 거행 안에서 드러내며, 모든 그리스도인들을 전례에 참여시킨다. 아울러 교회의 전례는 일회성이 아니다. 항구적이고 통합적이며 구체적인 방법으로 거행하고 있다. 또한 하느님이 전례 안에서 드러나심으로써 계시가 이루어지고 있음을 체험하게 된다.

전례는 종교적 종합 예술이라고 표현할 수 있는데, 성서나 교회의 가르침을 신자들에게 전달하고자 할 때 전례를 통하여 설명하기 때문이다. 하느님에 대한 이해를 단순한 신학적 이론에서 벗어나, 마음에서 우러나오는 신앙적 차원에서 받아들이고 싶다면 전례에 의한 깊은 이해가 요구된다. 신앙은 가시적이어야 하며 효과적으로 드러나기 때문에 흔히 증거하는 것이라고 한다. 신앙은 모든 것 안에서 하느님의 현존과 사랑을 체험시켜 주며, 나아가 신앙고백에 따른 전례에 깊이 참여하도록 이끈다.

신학교나 수도 단체의 신학원에서는 전례의 중요성을 인식하여 철저한 교육이 마련되어야 하며, 나아가 신학을 배우고자 하는 이들에게도 전례의 중요성을 강조해야만 한다. 전례 교육은 신학적 · 역사적 · 영성적 · 사목적·법적 견지에서 이루어짐으로써 그리스도인으로 생활하는 데 커다란 영향을 줄 수 있어야 한다. 또한 전례 교육은 교리신학, 성서학, 신비신학, 사목신학과의 관련성을 강조하여야 한다(「전례헌장」 16항). 전례 교육은 특정한 사람들을 대상으로 특정한 장소에서 이루어지는 것이 아니며, 대중적이고 보편적인 방법으로 실행되어야 한다. 이유는 모든 그리스도인들이 자신의 신원을 드러내고 신앙생활을 증거하기 위해서는 성사 전례나 미사 전례에 참여해야 하기 때문이다. 전례는 신학적 내용들을 공유하고 설명하기 때문에 단순히 외적으로 보이는 것만으로는 설명될 수 없다. 상징symbol과 표징sign을 통해 그리스도인들의 신앙생활의 모든 것이 다루어지고 있다. 전례에 대한 구체적인 이해는 전례의 범주에 속하는 미사, 성사, 준성사, 시간경 등의 설명을 통해 그 본래의 모습을 찾아볼 수 있다.

:: 1장
미사

    인간은 경험을 중요하게 생각한다. 그리고 경험을 바탕으로 어떠한 형식과 규범을 만들어 내며, 그 형식과 규범을 통해 과거의 경험을 기억하여 재현하려고 한다. 사실 인간들은 과거의 체험과 지금 이 순간에hic et nunc 이루어지는 현재를 통해 미래를 지향하기 때문이다. 종교에서, 특히 그리스도교에서도 마찬가지로 그리스도인들이 갖고 있는 그리스도에 대한 신비 체험에 관한 과거의 경험을 인간적이며 종교적인 구조를 통해 기억하고, 지금 이 순간에 재현하고자 했다. 그리스도교의 전례는 그리스도에 대한 신비 체험과 파스카에 대한 기억 및 재현을 통해 미래의 구원을 지향했으며, 이는 미사라는 신앙의 표현 안에서 잘 설명되고 있다.

    미사는 세 가지 차원에서 해석할 수 있다. 첫째는 의미론적 해석이다. 구약의 성서학적 측면은 야훼와 인간의 '기억'을 설명하는 것이고, 야훼께서 이스라엘과 새 계약을 제정하시고 탈출기를 통해 새 계약을 실현하셨던 것을 회상하는 것이다. 둘째는 구원사적 해석이다. 신약에서 파스카의 '기억'은 예수께서 수난 전날 제자들과 함께 만찬을 하시면서 유다인들의 이집트 탈출을 통해 보여 주셨던 야훼의 놀라운 손길과 구원에 대한 계약으로부터 새로운 구원에 대한 계약을 제정하심을 의미한다고 할 수 있다. 셋째는 오늘날 새로운 파스카 체험을 통한 해석이다. 이는 미사 중에 말씀을 통해 그리고 빵을 쪼개어 나누는 예식 속에서 과거에 있었던 구원에 대한 계약이 역사적 사건으로 남는 것이 아니라, 현재 이 순간에도 재현되고 있음을 보여 주는 것이다.

언어학적으로 미사라는 단어는 교회와 전례 안에서 가장 밀접하고 친숙하게 사용되는 단어이다. 미사는 라틴어 'Missa'에서 유래하는데 "마감하다", "이별"이라는 뜻이며 "파견하다", "보내다"라는 의미로도 사용되었다. 이때 "마감하다"라는 뜻은 어떤 형식이 끝나고 있다는 의미를 포함하므로, 오늘날 미사 전례서의 끝에 나오는 라틴어식 표현 "ite, missa est"를 연상할 수 있다. 또한 법정이나 황제 알현이 종결되었다는 의미와 더불어 그리스도교 미사에서 "성찬 전례의 마감"이라는 뜻도 갖고 있다.

한편 "파견하다"라는 뜻은, 성찬 전례를 통해 모든 이들에게 하느님의 진리의 말씀과 구원의 은총의 희소식을 전하기 위해 파견한다는 의미를 갖는다. 의미론적으로 해석하자면, 미사는 예수께서 수난 전날 저녁에 제자들과 함께 거행하신 최후 만찬에 그 기원을 두며 "잔치 형식을 통하여 주님의 십자가 제사를 재현하는 것"이다(「'새 미사 전례서 총 지침'(2002년)에 따른 간추린 미사 전례 지침」, 1. 일반지침, 한국천주교주교회의, 2004). 구조적으로는 크게 봉헌

sacrificium과 성사sacramentum의 부분으로 나누어서 설명할 수 있다. 봉헌은 모든 예절 중에서 인간만이 할 수 있는 거룩하고 중요한 부분이며, 오늘날 성찬 전례라고 부는 성체성사는 모든 성사의 중심이 된다(그리스도께서 제정하신 성체성사는 모든 은총의 근원으로 생각해 볼 수 있다). 특히 성체성사의 경우 그리스도인들의 신앙 생활에 직접적이고 근본적인 배경이 되며, 교회 생활에 있어서는 활력을 주는 요소가 되기 때문이다.

전례를 설명함에 있어 미사는 모든 전례의 범주에서 가장 중심적인 위치를 차지하고 있다 (「'새 미사 전례서 총 지침' (2002년)에 따른 간추린 미사 전례 지침」, 1. 일반지침, 한국천주교주교회의, 2004). 그 이유는 미사에서 교회의 신학적인 표징과 상징을 포함한 전통적인 교회의 유산을 설명하고 있기 때문이다. 미사는 교회법과 같이 정의에 의해 정리되어서 집행되는 것이 아니라, 상징이나 표징들이 예절 안에서 표현되는 것이다. 미사 안에서 설명되고 재현되는 상징이나 표징들은 살아 있는 신학으로서 그리스도의 신비를 보다 더 잘 드러내고 있다. 미사가 "가장 대표적이고 종합적인 전례로서 다른 어떠한 전례보다 많은 표징으로 구성되어"(「미사 전례」, 이홍기, 분도, 1997, 59쪽) 있다. 미사에서 나타나는 상징이나 표징들은 추상적으로 신학을 보여 주고 설명하는 것이 아니라, 서로의 고유한 뜻과 상호 연관성에 의해 명백히 실제적으로 드러나도록 도와 주고 있다.

1. 미사의 성격

  1562년 9월 17일 트리엔트 공의회(1545~1563)는 미사가 성부께 드릴 수 있는 진정한 봉헌 제물인 동시에 그리스도의 십자가 죽음을 잘 표현할 수 있는 예절이라고 언급하면서, 그리스도가 봉헌한 것과 같은 것을 교회도 봉헌하는 것이라고 설명하고 있다. 미사는 교회의 공식 성무聖務로서, 그리스도의 지체인 교회에서 신자들과 함께 예절을 거행하는 것으로 설명되고 있다. 나아가 제2차 바티칸 공의회에서는 전례 행위의 정의[115]와 함께 전례가 공동체적 행위임을 강조하면서 트리엔트 공의회의 정신을 이어가고 있다.

  제2차 바티칸 공의회는 전례에 참석하는 이들이 마치 음악회나 연극을 보러 온 듯한 태도를 취하는 것이 공의회나 교회의 정신에 어긋나는 것이라고 규정하고 있다. 전례에 참석하는 이들의 태도는 수동적이지 않고 적극적이어야 하며, 실제적인 참여를 교회는 요구하고 있다. 전례에 참여하는 그리스도인들은 전례 안에서 보이는 것들의 표징과 상징을 통해 올바른 마음 자세를 가져야 한다. 자기 소리에 마음을 합하고, 천상의 은총을 헛되이 받지 않도록 은총과 협력해야 할 필요가 있으며, 전례를 잘 이해하여 능동적이고 효과적으로 전례에 참여해야 할 것이다(「전례헌장」 11항). 또한 미사를 통해 받은 은총을 잊지 말고 생활 속에서 실천해야 한다. 미사는 "신앙의 신비이며, 믿음을 가지지 않고선 그 신비를 깨달을 수 없고 합당하게 참여할 수도 없음"(「미사 전례」, 이홍기, 분도, 1997, 136쪽)을 알아야 한다. 전통적인 미사는 우리에게 많은 가르침을 주고 있으며, 어떻게 신앙생활을 해야 하는가와 왜 신앙생활을 해야 하는가를 설명하고 있다.

미사의 특색은 하느님에 대한 종교적 체험 안에서 구원을 향한 말씀의 유산을 갖고 있으며, 예수 그리스도께서 수난 당하시기 전날 제자들과 함께하신 저녁 만찬에서 제정하신 성찬 전례를 재현하는 예식 형태로 구성되어 있다. 미사는 하느님의 말씀을 통해 유다인들과 유다-그리스도인들을 향한 종교적인 요소와 문화적인 요소, 그리고 그리스도교의 성찬 규범이 포함된 것이라 하겠다. 또한 미사 구성에는 신적인 요소와 인간적인 요소가(사효성ex opere operato과 인효성ex opere operantis)[116] 함께하고 있다. 사효성과 인효성의 문제는 사제가 집전하는 미사의 구성 요소 안에서 드러나는 행위에 대해 어떠한 의미를 갖고 있는지 설명하는 것이다. 사제는 "그리스도를 대신하여 성찬의 희생 제사를 거행"(「교회헌장」 10.28항; 「사제 생활 교령」 2항)하는 자로서, 그리스도의 이름으로 그리스도를 대신하여 거룩한 희생 제사를 봉헌한다. 미사의 의미와 구조의 이해는 참석하는 이들에게 중요한 일이 된다. 미사의 주체는 그리스도이지만, 미사의 참된 몫은 참석하는 신자들에게 있기 때문이다.

오늘날 교회는 신자들에게 전례 미사에 대해 적극적이고 자발적인 참여를 요구하는 이유를 설명해야 하며, 신자들이 전례 미사에 적극적이고 자발적으로 참여하지 못하는 이유를 찾아내야 한다. 여러 가지 문제점과 이유를 들 수 있겠지만, 미사 전례에서 설명되지 않고 있는 상징들과 표징들에 대해 교육이 부족한 현실을 보아야 한다. 신자들은 신앙의 힘으로 그리스도의 신비에 참석하는 것만으로도 위로받을 자격이 있다고 생각할 수 있다. 하지만 신자들이 적절하고 합당한 교리 교육이나 재교육 없이, 교회의 가르침에 맞추어 미사 전례의 참석만으로 그리스도인으로서의 삶을

---

115) 전례 행위는 사적 행위가 아니라 일치의 성사인 성교회의 식전이다. 그러므로 성교회의 몸 전체와 관계되고, 그 몸을 드러내며 그것에 영향을 끼친다(「전례헌장」 26항).
116) 사효론이란, 성사의 은총이 그리스도의 행위인 성사적 예절에 내재하는 힘에 의해 주어진다는 이론이다. 즉, 성사가 교회의 의향에 따라 거행되는 집전자의 개인적인 성덕과 관계없이, 은총이 성사를 통해 전해진다는 가르침이다. 왜냐하면 성사의 집전자는 하느님의 도구에 불과하기 때문이다(티토 3,5; 요한 3,5). 그리고 사효론에 대한 대립 개념에서 인효론이 등장하였다. 이는 성사의 은총이 집전자의 성덕이나 의도에 영향을 받으며, 성사 수령자의 신앙이 성사의 은총을 받는 데 영향을 미친다는 이론이다. 가톨릭에서는 성사의 유효성을 판가름하는 데 있어 사효성을 중시한다. 그러나 인효성을 무시하지는 않는다. 집전자의 성덕과 신앙이 성사 수령자에게 주는 영향을 간과할 수 없으며, 성사의 은총이 그 효력을 발생하기 위해서는 수령자의 신앙 상태도 상당한 비중을 차지하기 때문이다(「천주교 용어 사전」 사효론 및 인효론, 최형락, 작은 예수, 2001).

충실하고 온전하게 살고 있다고 믿는 것은 무리이다. 적절한 교육은 그들로 하여금 자발적인 참여를 유도할 수 있으며, 나아가 교회의 가르침대로 생활할 수 있는 지침을 마련한다.

신자들이 미사 참석만으로 의무 수행을 다했다고 인식하게 해서는 안 된다. 미사 참석이 자신들의 성화를 위한 자발적인 참여라고 인식해야 함에도 불구하고, 하나의 의무적인 행위로 남아 있다는 것은 잘못된 신앙생활을 하고 있다는 것이다. 그들은 시간의 여유가 있고, 삶의 지루함 때문에 미사에 참석하는 것이 아니다. 그들은 바쁜 시간을 쪼개 미사에 참석함으로써 교회로부터 위로를 받고 삶의 활력을 얻고자 한다.

신자들이 자발적이고 능동적으로 전례에 참석하지 못하는 이유는 그들에게만 있는 것이 아니다. 전례를 주관하는 사제들이 신자들에 대한 적절한 교육을 하지 못하고 있는 것이 큰 문제이다. 전례에 대한 오해는 이해 부족으로 발생되므로 신자들에게 적절한 교육이 이루어야 한다. 사제를 양성하는 신학교에서 신학생들에게 충분한 교육을 통해 전례의 의미를 인지시키고, 사제들은 사제직에 대한 소명 의식을 갖고서 신자들을 교육시킴으로써 신자들에게 전례와 신앙의 일치를 맛볼 수 있는 기회를 제공한다면, 신자들이 적극적이고 능동적으로 전례에 참석하기를 바라는 교회의 요청은 쉽게 해결될 수 있을 것이다. 사제가 강압적으로 그리고 감성적으로 교회의 정신과 어긋나는 판단을 하여 전례를 주관하고 있다면, 전례에 참석하는 그리스도인들은 혼란 속에서 그리스도와 만나야 할 것이다. 전례는 개인이 결정하는 것이 아니라 교회에서 전통적으로 내려오는 신앙의 표현이다.

미사 전례는 먼저 신자들에게 영적인 위로와 만족을 주어야 한다. 그러므로 신자들이 상징과 표징의 의미를 제대로 파악하지 못한 채 미사에 참석한다면, 그 미사는 신자들에게 필요한 도움을 줄 수 없다. 상징과 표징에 대한 적절한 교육을 통해 미사에 참석하는 이들에게 어떻게 위로를 줄 수 있을지 교회와 사제들은 연구하고 노력해야 한다. 신자들에 대한 교육을 오늘날 시대의 징표로 인식하고 준비해야 한다. 만약 미사 전례가 참석하는 이들에게 신앙생활에 적합한 열매를 주지 못하고 있다면 형식적인 예절에 지나지 않으며, 나아가 심각한 형식-예절주의ritualism 형태로 나아갈 가능성이 있다. 그 다음으로, 미사 전례는 잔치 형식을 통하여 주님의 십자가 제사를 재현하는 것이다. 하지만 가톨릭교회에서 십자가 신학 혹은 수난 신학이라고 강조하는 잘못된 사상은, 적극적이고 능동적인 신자들의 전례 참여를 방해할 뿐만 아니라 미사 전례에 있어서 축제의 의미조차 축소시키는 역할을 하고 있다. 가톨릭교회에서 언급하는 예수 그리스도의 수난에 대한 강조는 보다 더 활기찬 부활의 의미를 체득하기 위한 강조였음에도 불구하고, 수난에 대한 의미를 강조함으로써 가톨릭 전례가 어둡고 무거운 형태로 인식되어 예수 그리스도의 구원의 의미에 가까이 가지 못하게 하는 요소를 제공했다.

"전례와 신앙생활 전반에 부활의 빛과 기쁨 그리고 그 힘이 충분히 스며들지도, 발산되지도 못하였다. 그렇게 된 데에는 신자들에게 십자가를 거쳐서 부활에 이르는 그리스도교의 핵심 신비를 전체적으로 충분히 각인시켜 주지 못한 교회의 책임이 크다고 생각한다. 그래서 십자가 자체가 너무나 크게 부각되고 그만큼 부활의 빛이 가려지는 결과를 빚었던 것이다. 그렇게 되자 미사와 신앙생활의 전반적 분위기가 필요 없이 무거워지고 활기와 확신이 부족하게 되기도 했던 것이다."(「'새 미사 전례서 총 지침'(2002년)에 따른 간추린 미사 전례 지침」, 1. 일반지침, 한국천주교주교회의, 2004, 6쪽)

미사 전례는 그리스도의 파스카 신비에 관한 배움터이므로, 신앙의 축제를 지내며 축제에 참여하고 있다는 생각을 하도록 만들어 주어야 한다. 미사 전례를 축제로 여기며 참여하는 것은 미사에 대한 자발적인 의식을 요구한다. 따라서 미사 전례의 내적인 의미와 외적인 참여에서 일치를 이루려는 태도를 가져야 한다. 그리스도의 파스카 신비에의 진정한 참여는 그리스도의 구원 사업이 지금 이 자리에서 이루어지고 있음을 깨닫는 것이다. 또한 미사의 본질에 대해서도 잊지 말아야 하며, 시대의 요청과 징표에 적응하면서도 미사가 성교회의 모든 활동 목적인 성화와 하느님의 영광이 그리스도 안에 가장 효과적으로 실현(「전례헌장」 10항)되는 장소라는 의미가 희석되고 변질되어서는 안 된다.

미사 전례는 신자들이 일시적인 방법으로 하느님께 청하는 기도가 아니다. 침묵 속에 하느님과의 만남을 통해 그분의 뜻을 되새기려는 공동체적인 기회의 장으로서, 매번 하느님과 인간의 새로운 계약을 위한 만남의 장소이다(*Il significato della messa*, Theodor Schnitzler, Città Nuova, Roma, 1993, p. 28). 이러한 만남의 장소는 하느님의 말씀을 듣고, 성사의 은총을 받아들이며, 이를 통하여 하느님을 높이 받들어 부활하신 예수 그리스도와 함께하는 공동체 안에서 이루어짐을 알아야 한다. 공동체 안에서의 만남은 전례 거행에 있어 중요한 요소로서 일반적인 모임과 다른 성격을 지닌다. 그리스도교 공동체는 하느님의 말씀을 듣고 구원적 행위로 참여하며, 이를 통해 하느님을 흠숭하고 자신들의 성화를 위한 종교적인 규범과 구조를 요구하고 있다. 이러한 규범과 구조의 틀은 미사 전례 안에서 은총으로 말미암아, 그리스도 안에서 성부와 성령과 함께하는 통교를 통해 그리스도와의 신비 체험에 동참할 수 있게 해주며 은총을 잘 이해할 수 있는 구조적인 역할을 하게 된다.

그리스도교 공동체는 구원적 행위인 자신들의 성화와 하느님의 말씀을 듣는 것을 통해 하느님을 찬양하기 위한 어떠한 장소와 방법을 요구했다. 미사의 구조는 크게 '말씀 전례'와 '성찬 전례' 두 부분으로 구성되어 있는데,[117] '말씀 전례'는 말씀의 양식을 준비하는 것이고 '성찬 전례'는 성체 성혈의 양식을 마련하는 것이다. 하지만 이는 두 개의 구조 속에서 일치된 하나를 지향하는 방식을 취하고 있다. "이 둘은 서로 밀접히 결합되어 하나의 예배를 이루고 있으며, 이를 분리하거나 우위를 가릴 수 없다. 미사 안에 하느님 말씀의 식탁과 그리스도 몸의 식탁이 차려져 신자들은 거기에서 가르침을 받고 하느님의 자녀로 양육된다(「미사 전례서 총 지침」 28항; 「전례헌장」 48항.56항; 「계시헌장」 21항; 「사제교령」 4항 참조)."(「'새 미사 전례서 총 지침'(2002년)에 따른 간추린 미사 전례 지침」, 1. 일반지침, 한국천주교주교회의, 2004). 미사에서 하나의 구조를 통해 그 목적인 하느님께 대한 흠숭이나 인간의 성화를 완성할 수는 없다. 따라서 한 가지 방식의 기도나 침묵들이 미사를 완성시킨다고도 볼 수 없다. 미사는 매번 하느님과 인간의 새로운 계약의 완성을 통해 완성된다. 그러므로 그리스도인들은 말씀과 규범을 통해 미사를 완성시킬 수 있는 것이다. 그 외에 미사 전례를 시작하는 '시작 예식'과 마감하는 '마침 예식'이 첨가되어 있는데(「미사 전례」, 이홍기, 분도, 1997, 83쪽), 미사의 구조를 이해하기 위해서는

---

117) 미사는 두 가지 부분, 즉 말씀 전례와 성찬 전례로 구성되어 있다. 그러나 이 두 부분은 서로 밀접히 결합되어 있기 때문에 오직 하나의 흠숭 행위를 이룬다(「전례헌장」 56항).

각 부분마다 기능과 의미가 있음을 알아야 한다.

2. 미사의 구조

초대 교회의 미사 형태는 안티오키아의 유스티노에 의해 로마 인근 지역에서의 성찬 전례에 대한 설명을 통해, 이미 150년경에 성서 복독 예배인 말씀 전례와 성찬 전례가 연결되어 미사의 형태를 이루고 있었다.[118] 그리고 교회의 성장과 더불어 신앙 공동체를 형성하고 보존하면서 오늘날까지 초대 교회 때의 기본적인 구조를 이어 오고 있다. 미사 구조의 성서적 근거는 엠마오로 가는 제자(루카 24,13-35)들과의 만남을 통해 잘 드러나고 있다. 두 제자들 사이에서의 대화(시작 예식), 제자들과 함께 걸어가며 말씀을 나눔(말씀 전례), 빵을 나눔(성찬 전례), 예루살렘으로 돌아가 기쁜 소식을 전함(마침 예식)으로 이루어지는 구조는 주일 미사의 기본 구조를 표현하는 것으로 볼 수 있다. 미사의 구조의 의미는 하느님과 인간의 대화를 표방하며, 미사 중에 사제들에 의해 표현되는 행위

---

[118] 「성찬례」, 아돌프 아담, 분도, 1996, 24-25쪽; *Apologia I*, Justiuns Martyr, C. 65-67: 8세기에 발견된 젤라시오 성사집을 보면 미사 경본의 구체적인 구조가 형성되고 있음을 알 수 있다.

(상징과 표징)들을 통해 대화의 중요성을 다시 한 번 강조하는 것이다. 미사의 주체는 하느님이지만 인간의 참여 없이는 완전한 미사의 의미를 이룰 수 없다. 미사 전례 안에는 하느님이 인간을 위해 베푸시는 은총이 있다. 그런데 인간이 하느님께 청하는 기도들도 있기 때문에 상호 보완적임을 알 수 있다.

미사 중 표현되고 있는 지향성

하느님	방향	인간
	←	참회, 자비송
독서	→	
	←	화답송
	←	복음 환호송
복음	→	
	←	신앙고백
	←	감사송
성령 청원 : 축성 기원	→	
영성체 예식	→	
	←	감사
강복	→	

이러한 구조는 미사 안에서 시작 예식, 말씀 전례, 성찬 전례, 마침 예식을 이해하는 데 있어 도움이 된다. 미사가 거행되는 과정에서 하느님과 인간의 관계성을 통해 공동체성과 아울러 신자들

의 적극적인 참여가 무슨 의미로 설명되고 있는지를 알려 주는 것이다. 미사 전례는 사제나 신자들만이 모든 것을 하느님에게 표현하는 것이 아니라, 하느님 백성으로서 하느님과 함께 전례를 거행하는 것이다. 무엇보다도 외적으로 드러나는 행위들은 하느님께 대한 전례에 참석하는 모든 이들의 내적인 신앙을 표현하는 것이고, 그들의 신앙생활의 완전한 표현이라고 할 수 있다.

::2장
시작 예식[119]

시작 예식은 모든 이들이 올바르게 미사에 참석할 수 있도록 안내하고 준비하는 역할을 한다. 그리하여 미사에 참석한 모든 이들이 일치를 이루고 하느님의 말씀을 제대로 들으며 합당하게 성찬 전례에 참석할 수 있도록 도와주는 것이다. 시작 예식은 미사 전례의 얼굴이며 첫 번째 문으로서, 사람들이 맑고 깨끗한 마음으로 미사에 참석하게 해준다.

---

[119] 미사를 시작하면서 공동체를 하나의 전례 집회로 일치시키고, 곧 거행될 전례와 성찬 전례를 합당하게 거행하도록 인도하며 준비시킨다(「미사 전례」, 이홍기, 분도, 1997, 83쪽).

1. 입당 노래와 행렬

모든 절차에는 준비 과정이 있다. 준비 과정은 본론에 들어가는 데 있어서 중요한 역할을 한다. 무엇보다도 그리스도인들이 자신의 부족함을 고백하고 하느님의 말씀을 들으려고 할 때는 더욱 자기 자신과 지난 일들에 대해 반성하게 된다. 미사에서 시작 예식이 초대 교회 때부터 도입되었던 것은 아니다. 초대 교회(3세기경까지)의 미사는 말씀 전례로부터 시작되었다. 313년 콘스탄티누스와 리키니우스 두 황제가 발표한 '밀라노칙령'을 통해 로마 제국의 국교로 성립된 후(「세계 교회사 I」, 김성태, 바오로딸, 1986, 226쪽), 급증하는 신자 수를 해결하기 위해 넓은 미사 집전 장소가 필요하게 되었다. 미사를 위한 입당 행렬의 시간이 길어지자 미사 안에 시작 예절이 4세기에서 7세기 사이에 형성되어 선보이기 시작한 것이다.[120] 그 이후 자유로운 형태로 이어져 내려오던 시작 예식은 트리엔트 공의회와 비오 5세의 「로마 미사 전례서」에 의해 정착되

---

[120] 미사를 대부분 개인 집이나 소규모 건물에서 거행하던 4세기 이전에는 입당식이 없었다. 그러나 초세기 말경 교황이 성직자들과 함께 행렬을 지어 성당으로 들어가던 형식이 주교나 사제 집전 미사에도 전해지면서 입당 행렬이 차츰 일반화되었다. 여기에는 행렬을 지어 입당할 수밖에 없던 큰 성당도 한몫을 했다. 그 영향으로 나중에는 제의실이 제대 곁에 있어 사제가 행렬 없이 제대로 나가도 입당 예식은 미사의 고정 예식이 되어 버렸다. 입당 행렬은 5세기 말까지는 동반 노래나 기도 없이 침묵 중에 거행되었다. 사제와 봉사자들은 침묵 가운데 사적으로 기도를 드리면서 제대로 나아갔다. 그러한 흔적은 아직 성금요일의 수난 예식 입당에 남아 있다(「미사 전례」, 이홍기, 분도, 1997, 83쪽).

지만, 완전한 구조나 내용이 정비되지 않은 상태여서 오늘날 사용되는 시작 예식과 같은 역할을 하지 못했다. 그 후 제2차 바티칸 공의회 정신에 따라 미사 전례가 개정되어 오늘날 거행되는 미사의 구조를 갖추게 되었다(「미사 전례」, 이홍기, 분도, 1997, 95-96쪽). 시작 예식을 여는 입당송은 그레고리오 교황 1세(590~604) 이전부터 사용되었지만 정확한 사료가 발견되지 않았다. 단지 5세기 이래 교황이 로마 교회에서 정기적으로 미사를 집전하기 위하여 성당에 입당할 때 부르던 입당대송(속죄대송, Antifona) 기리에Kyrie 호칭 기도에 기원을 두고 있다(「미사 전례」, 이홍기, 분도, 1997, 97쪽). 하지만 오늘날 입당송의 목적은 "미사 전례를 시작하고 함께 모인 이들의 일치를 강화하며, 전례 시기와 축제의 신비로 그들의 마음을 이끌고, 그들이 사제와 봉사자들의 행렬에 참여하게 하는 것"(「'새 미사 전례서 총 지침' (2002년)에 따른 간추린 미사 전례 지침」, 시작 예식 중 입당송, 한국천주교주교회의, 2004)이다. 때문에 입당송은 항상 신중하게 전례 시기에 맞게끔 선택되어야 하며 행렬과 함께 시작되어 끝을 내는 것이 좋다. 입당송의 선택은 무엇보다도 사제와 참석자 모두가 신앙의 일치를 목적으로 하는 것임을 명심하여야 한다.

　행렬과 노래는 기본적으로 사람들을 모으기 위한 것이었다. 입당 행렬과 입당 노래는 모인 사람들이 주님의 제단에 가까이 나아가며 함께 하느님을 찬양하는 믿음과 기쁨의 표현인 것이다. 오늘날에는 대체로 제의실이 제대 옆에 있기에, 주일 외에는 이런 행렬을 자주 볼 수 없다. 하지만 입당 노래는 공동체의 기도의 장을 만들기 위해 훌륭한 구실을 하게 된다. 특히 입당 노래는 그날의 미사 성격을 드러내므로, 미사의 시작이라는 의미와 함께 그날 미사에 대한 기본적인 준비로서의 의미가 있다. 그러므로 미사의 성격을 나타내기 위해 「화답송집Graduale Romanum」에 수록된 '대송Antifona'을 시편과 함께 부르거나, 전례 시기나 그날 거행하는 전례의 신비에 맞는 다른 노래를 부른다(「미사경본의 총 지침」 48항, 한국천주교중앙협의회, 1969 참조). 그러나 행렬이 없을 때에는 노래가 아닌 입당송을 읊을 수도 있다. 입당 예식의 전체적 의미는 입당을 통해 미사가 시작되고, 입당 노래(입당송)를 통해 공동체의 첫 번째 일치 행위를 나타내며, 사제와 함께 마음으로 제단에 나아가는 것이다. 따라서 입당 시간이 조금 길어지더라도 미사 전례의 입당 노래는 끝까지, 아니면 적어도 2~3절까지 충분히 부르는 것이 바람직하다. 왜냐하면 신자들은 이 노래를 함께 부르면서 마음을 가다듬고 구원의 신비를 거행할 준비를 더 잘 갖추게 되기 때문이다(가톨릭신문 2004년 3월 28일자, 정의철).

결국 시작 예식은 그리스도 공동체가 미사 안에서 거룩한 하느님의 도우심으로 인하여 하느님을 찬양하며 자신들의 성화를 이루고자 하는 마음의 준비가 있어야 하는 것이다. 미사 전례는 공동체성을 갖기 때문에, 초대 교회에서는 모임 자체를 중요하게 생각하였고, 오늘날 미사 전례에 참여하는 그리스도인들은 미리 교회에 도착하여 공동체를 형성하고 경건한 마음으로 기도와 묵상을 함으로써 미사 전례에 참여하는 자신을 미리 준비하여야 할 것이다(가톨릭신문 2004년 3월 21일자, 정의철). 아울러 예절을 통해 삶을 풍요롭게 하려는 굳센 신앙도 함께해야 함은 더할 나위가 없다.

미사에서 거룩한 말씀과 성사는 그리스도인들의 생활 속에서 특별하게 영향을 주기에 시작 예식은 그들에게 있어서 신앙생활의 아주 중요한 준비 단계이며, 미사의 가치를 더욱 풍요롭게 하여 미사에 능동적으로 참여하게 만드는 역할을 한다. 또한 시작 예식은 "한데 모인 교우들을 한 몸, 하나의 전례 집회로 만들고, 하느님의 말씀을 올바로 듣고 성찬을 합당하게 거행하도록 인도하고 준비시킨다. 곧 시작Exordium, 친교Communio, 인도 Introductio, 준비Praeparatio가 이 예식의 역할이자 목적이다."(「미사 전례」, 이홍기, 분도, 1997, 96-97쪽; 「로마 미사 전례서 총 지침」 26항 참조, 1986) 따라서 시작 예절은 그리스도인들이 하느님께 향한 그들의 부족함을 신앙 안에서 고백하며, 하느님과 대화를 통해 자신들의 닫힌 마음을 연다는 의미가 있다. 미사가 공동체의 잔치임에도 불구하고 초대 교회에서 신자들과 함께했던 입당 행렬 예식은 사제가 봉사자들과 입장하는 것으로 변했지만, 신자들은 마음으로 입당 행렬에 동참하면서 주님께 나아가야 할 것이다(가톨릭신문 2004년 3월 21일자, 정의철). 사제와 신자들이 함께하는 입당 행렬이 오늘날의 미사에서는 생략되었지만, 입당 성가는 이들을 맞이하는 환영의 의미이므로 모든 이들의 왕이신 그리스도를 맞이하듯 성대히 영접해야 할 것이며, 이때 함께 부르는 성가는 전례력에 맞는 곡을 택해야 한다. 성가대나 미사를 집전하는 사제의 선호도에 의해 일방적으로 선곡되어서는 안 된다.

2. 제대 인사(제대 친구親口)

미사가 시작되면 행렬을 하고 그리스도를 상징하는 제대 앞에 사제가 도착하면 제대에 오르기 전에 정중하게 절하며, 제대에 이르러 사제와 부제는 제대에 입을 맞춘다. 하지만 한국천주교주교회의는 입맞춤, 무릎 절을 모두 깊은 절로 대신하기로 정했다(「'새 미사 전례서 총 지침' (2002년)에 따른 간추린 미사 전례 지침」, 1. 일반지침, 한국천주교주교회의, 2004, 14쪽). 제대는 미사의 중심 장소로서 성찬 전례가 이루어지는 곳이며 그리스도를 상징한다. 때문에 미사를 시작하기 전에 사제가 제대에 인사하는 이유도, 미사의 제정자이며 대제관이신 주님께 가장 먼저 인사를 드리는 것이다(「미사 전례」, 이홍기, 분도, 1997, 100쪽). 그리고 제대에 인사드리는 것을 신학적 의미를 갖고 강조하는 것보다, 일상에서 지켜야 할 도리로 설명하는 것도 하나의 방법이다. 손님이 집을 방문할 때 집주인에게 인사하는 것은 지극히 당연한 행위이므로, 사제가 회중을 대신하여 그리스도의 집에 들어가서 그리스도의 상징적인 제대에 인사를 올리는 것 또한 자연스러운 행위이기 때문이다. 제대 인사의 관습은 4세기 말경 이교의 영향을 받아 미사 전례에 도입되었다(「미사 전례」, 이홍기, 분도, 1997, 100쪽). 제대 인사는 마침 예식을 끝내고 나올 때 다시 반복한다. 하지만 특별한 날이나 대축일에는 분향을 바침으로써 그리스도를 상징하는 제대에 대한 깊은 공경의 의미를 강조할 수도 있다.

3. 십자성호

그리스도인들이 미사 전례에 참석하면서 처음과 끝에 하는 행동은 십자성호十字聖號이다. 이는 그리스도를 믿는 신자임을 드러내는 가장 간단하면서도 적극적인 표현이다. 십자성호는 예수 그리스도의 수난을 상징하면서 십자가 희생의 결과인 구원에 대한 희망을 드러낸다. 또한 삼위일체이신 하느님에 대한 신앙고백이자 가톨릭 신자임을 드러내는 외적 표지이다.

십자성호를 그으면서 외는 성호경聖號經은 가장 짧지만 가장 중요한 기도문으로서 모든 기도의 시작과 마침이라고 할 수 있다. 평상시에도 일의 시작과 마침에 성호경을 바침으로써 모든 일에 "성부와 성자와 성령의 이름으로" 함께하며 성삼위의 사랑의 통교를 실현한다. 십자성호는 그리스도의 십자가 사건을 통해 은총을 청하는 것이며, 나아가 하느님의 신비로 초대되고, 세례의 표징으로서 구원을 받고자 하는 표식이기도 하다. 동시에 하느님은 한 분이시나 성부, 성자, 성령의 세 위격位格을 지니신다는 삼위일체三位一體 신앙을 고백하는 것이며, 모든 신자들의 구원을 위한 행동이고 모든 강복의 원천으로 생각한다(Gesti e parole della messa, R. Falsini, Ancora, Milano, 2001, pp. 92-93). 교회는 성호경을 한 번 바칠 때 부분대사部分大赦를 받을 수 있게 했으며, 사제가 축성한 성수聖水를 손끝에 찍어 성호경을 바치면 더 많은 은사恩赦를 받는다고 했다.

사제가 입장하여 제대에 공경을 표한 후, 십자성호를 크게 그으면서 "성부와 성자와 성령께서 여러분과 함께"라고 말하면, 그리스도인들의 신앙 표현인 미사 전례에서 시작 예절이 시작된 것이다.

성호에는 '작은 십자성호'와 '큰 십자성호'가 있다. 작은 십자성호는 사도 시대에 입교 예식을 통해 주례 사제가 예비신자에게 십자 표시를 하는, 즉 이마에 엄지손가락으로 성호를 긋던 것으로 시작되었으나, 4세기 이후로는 이마, 입술, 가슴에 작은 십자성호를 긋게 되었으며 오늘날에는 미사 중 복음을 듣기 전에 작은 십자성호를 긋는다. 이외에도 세례성사나 기타 강복, 축성식의 경우에 손으로 간단히 작은 십자성호를 긋는다.

큰 십자성호는 13세기 초부터 교회에서 널리 보급되기 시작했는데 그 방법은 다음과 같다. 왼손을 먼저 가슴에 붙이고 오른 손가락을 모두 펴 한데 모아 성호경과 함께 이마에서 "성부와", 가슴 아래에서 "성자와", 왼편 어깨에서 "성", 오른편 어깨에서 "령의"라고 하여 십자를 이룬 후, 오른손과 왼손을 가슴에 합장合掌하여 붙이면서 "이름으로, 아멘." 하되 오른손 엄지손가락을 왼손 엄지손가락 위에 십자형으로 겹쳐 놓는다.[121] 하지만 십자성호가 전례 안으로 들어오게 된 것은 16세기에 이르러 현실화되었다 (*Gesti e parole della messa*, R. Falsini, Ancora, Milano, 2001, p. 92).

---

121) 「미사 전례」, 이홍기, 분도, 1997, 103쪽 : 현재와 같은 십자성호는 이미 5세기경에 나타났지만 널리 보급된 시기는 13세기부터이다. 초기에는 오른쪽 어깨에서 왼쪽 어깨로 넘어가는 형식이었으나(동방식 또는 그리스식 십자성호라고 한다), 13세기부터 서방 전례에서는 왼쪽 어깨에서 오른쪽 어깨로 넘어가는 형식이 되었다(서방식 또는 라틴식 십자성호라고 한다).

십자성호를 사제와 함께 표현함으로써 참석한 이들이 미사에 초대되었으며, 서로 간에 일치를 이루고 있음을 보여 준다. 미사 전례가 시작될 때 자랑스럽게 큰 목소리와 큰 행동으로 하는 십자성호는 준성사에 준하는 가치를(How not to say Mass, Dennis C. Smolarski, Paulist Press, New York, 1985, p. 37) 지녔다고 볼 수 있으며, 마음에서 우러나오는 경건한 신앙심에서 출발했다고 생각할 수 있다. 사실 십자성호는 가장 간단하지만 가장 핵심적인 신앙고백 행위이며, "우리 구원의 원천이자 목적이신 삼위일체의 하느님께 대한 신앙고백"(「성찬례」, 아돌프 아담, 분도, 1996, 44쪽)을 실천하는 것이다. 아울러 삼위일체의 이름으로 받은 세례를 통해 그리스도인으로 태어난 사건을 기억하게 하기도 한다. 십자성호의 의미가 삼위일체이신 하느님께 대한 신앙고백이며 세례의 의미를 되새기는 데서 기인한다면, 십자성호는 모든 강복의 원천이자 신앙인들의 구원을 위한 수단이 될 것이며 십자가 사건을 더더욱 가치 있게 만들 것이다(Gesti e parole della messa, R. Falsini, Ancora, Milano, 2001, p. 92). 결국 십자성호는 미사 전례가 시작되었다는 뜻이다. 그리고 제대를 중심으로 사제와 그리스도인들이 하나가 되어 하느님의 백성임을 깨닫고, 진정한 그리스도인으로 새롭게 태어나기를 기원하면서 자신의 죄를 뉘우치며 하느님의 자비를 청하는 여정을 떠나게 하는 표징이 되는 것이다.

십자성호는 미사의 시작 부분에서 특별한 의미를 갖는다. 미사는 우리 구원을 이룬 십자가 제사의 재현이다. 이러한 십자가의 제사를 시작하면서 그리스도인은 십자성호로 제사를 바치는 데 필요한 마음 자세를 갖춘다. 성삼기도문은 세례 신앙고백문에 그 기원을 두고 있는데, 그리스도인은 성부·성자·성령께 신앙을 고백하면서 세례를 받았기 때문이다. 미사는 그리스도교 신앙의 가장 핵심적인 행사이다. 그리스도인은 신앙의 핵심인 미사를 시작하면서 세례 때 고백한 신앙을 다시 한 번 새롭게 한다. 그리고 신앙의 신비를 하느님의 이름과 그분의 도움으로 시작하고자 한다. 그들은 미사의 마침 예식에도 비슷한 마음 자세로 사제가 성삼위의 이름으로 내리는 강복을 받으면서 십자성호를 긋는다(「미사 전례」, 이홍기, 분도, 1997, 103쪽). 초기 그리스도인들은 상대방의 신원을 확인하기 위해 십자성호를 그으면서 자신의 신원을 조심스럽게 표현했다. 자기 신원의 표식과 신앙고백을 바탕으로 표현하는 십자성호는 진정으로 그리스도인들의 마음속에서 자발적으로 나오는 행위여야 할 것이다. 또한 그리스도인들이 전례에 참석할 때 십자성호를 통해서, 모든 것이 하느님의 영광을 위해 시작하는 것이며 그분을 통해 이루어지는 것임을 믿는 것이(1코린 10,31; 콜로 3,17) 부합하기 때문이다. 그러므로 습관적인 행동이나 강압에 의해 표현되는 십자성호는 "우리 주 예수 그리스도의 십자가밖에는 아무것도 자랑할 것이 없다"(갈라 6,14)는 성서 말씀을 의미 없이 만들며, 미사 전례 중에 행하게 되는 십자성호의 진정한 가치에 다가갈 수 없게 만든다.

4. 교우들과의 인사

성호경 후에 이어지는 신자들과의 인사 방식을 미사 전례에서는 세 가지로 제시하고 있다.[122] 교우들과의 인사는 신앙 안에서 하느님의 축복을 빌어 주는 그리스도적이고 전례적인 인사이다. 인사의 의미는 교우들을 미사 전례로 초대하고, 임마누엘의 의미가 생활 속에서 체험되어 구원의 은총을 빌어 주며, 교우들의 응답을 통해 하나의 공동체에 있음을 체험하게 해주는 것이다. 인사를 통해 미사 전례에 함께하는 이들이 한 공동체를 이루며 하느님의 현존을 느끼고, 나아가 삼위일체이신 하느님 안에서 회중을 이끄는 사제가 공적으로 교우들을 미사 전례로 초대한다. 사제가 인사할 때 신자들은 "아멘"이라고 응답하면서 성삼위에 대한 자신

---

122) 제1양식 - 사랑을 베푸시는 하느님 아버지와 은총을 내리시는 우리 주 예수 그리스도와 일치를 이루시는 성령께서 여러분과 함께. 제2양식 - 은총과 평화를 내리시는 하느님 아버지와 주 예수 그리스도께서 여러분과 함께. 제3양식 - 주님께서 여러분과 함께.

의 신앙을 고백함으로써 미사 전례로의 초대를 받아들이게 된다.

5. 미사 안내

　미사 안내는 그날 거행될 미사의 의미를 짤막하게 알려 주는 행위를 말한다. 미사 안내에 대해서는 이미 트리엔트 공의회에서 언급했으나, 20세기 들어서 「전례헌장」과 더불어 권장하고 강조되었다. 미사 안내의 내용은 말 그대로 안내문 이상을 넘어서는 안 된다. 참석하는 이들이 그날 미사의 의미를 짤막하게 들음으로써 미사 참례의 이해에 큰 도움이 되어야 한다. 일부 지역에서는 사제가 미사 안내 때 그날의 복음을 해설하고 참석자들에게 도움을 주려고 하지만, 지나치게 긴 복음 해설과 안내로 미사 시작을 지연시키고 나아가 강론으로 대체하려는 행동은 올바르지 못하다. 미사 안내에서의 복음 해설은 강론이 될 수 없다. 복음 내용을 설명하는 강론보다 더 긴 미사 안내 때의 복음 해설은 오히려 시작 예절을 지연시켜 미사를 방해한다. 또한 시작 예식을 통해 말씀 전례로 들어가려는 신자들의 내적 준비에 방해가 될 수 있다. 미사 안내 때 지나친 성경 해설은 교회의 가르침에 앞서 개인적인 선입관이나 편견을 갖게 되어 미사에 집중하지 못하는 계기가 될 수 있으므로 주의해야 한다.

6. 참회 예절

　시작 예식에서 참회 예절은 미사에 참석하는 이들이 스스로 죄인임을 인식시키며, 자신의 죄를 고백하고 용서를 청함으로써 하느님을 만날 수 있다는 것을 알게 해준다. 참회 예절의 근원은 'Didache'[123]에서 설명되고 있고, 의미는 죄의 고백이다. 죄의 고백을 통해 미사에 참석한 이들은 하느님과 화해의 장으로 들어가게 된다. 고백과 용서는 미사 중에서 하느님의 자비를 깨닫게 하는 것이며, 하느님과의 만남은 자신들의 부당함과 죄의식을 불러일으킨다.[124] 미사에서 죄의 고백은 필요하다. 주님의 말씀을 받아들이기 위해 마음을 준비하는 것이며, 참석한 이들의 정화 예식이라고도 할 수 있다(「성찬례」, 아돌프 아담, 분도, 1996, 47-48쪽). 신앙 안에서 고백하는 것은 자신을 새롭게 형성하는 계기가 되며 커다란 용기를 필요로 한다. 교회 안에서 공동체에게, 형제들에게, 자신의 양심에게 고백하는 것이기에 위로도 함께한다.

　참회하기 위해 죄를 알고 고백해야 하는데, 유다인들은 죄를 "하느님을 거역하는 것"(「미사」, 쯔찌야 요시마사, 성바오로, 1997, 18

쪽)이며 하느님의 뜻과 반대편에 서 있는 것으로 생각했다. 죄를 지은 사람들이 하느님에게 돌아오기 위해서는 회개[125]가 요구되었다. 회개는 언어적인 의미에서 "하느님과 반대편으로 가는 것을 다시 하느님에게로 갈 때"로 해석할 수 있다. 유다 사상에서는 오로지 야훼만이 선하시기에, 유다인들은 야훼의 반대편에 서는 것은 선이 아닌 악이라고 생각했다. 참회 예절을 통해 죄를 인식하는 것은 야훼께 대한 반대 행위의 개념을 갖기에 야훼께 용서를 청하면서 죄를 고백하는 것이며, 아울러 참된 하느님에게 죄의 용서와 더불어 자비를 청하는 것이라고 할 수 있다.

참회의 형식은 지역에 따라 차이가 있었다. 11세기(혹은 1000년)까지는 일반적으로 봉헌 예물을 준비하기 전과 영성체 전 사이에 모든 이가 공동으로 죄를 고백했다. 그러나 1570년 「로마 미사 전례서」가 나온 후에 사제와 봉사자만이 '시편 42, 공동 고백, 사죄, 강복, 자비'로 구성된 참회를 하였고,[126] 1970년 「새 로마 미사 전례서」에 의해 '입당송, 제대 친구, 십자성호, 고백, 자비송' 등 오늘날 사용하는 순서로 자리를 잡게 된다. 이러한 전례 순서의 변화는 전통을 중시하는 가톨릭 전례가 시대에 적응하기 위한 것임을 알 수 있다. 참회는 거룩한 미사를 합당하게 봉헌하기 위한, 하느님과의 만남과 통교를 위한 일종의 정화 예식과 같다. 참회 예절에는 세 가지 양식이 있는데, 사제가 사목적인 견지에서 시기나 상황에 따라 하나를 선택할 수 있다.

㉮ 제1양식

제1양식은 처음에 교황이 미사 준비를 위해 개인적으로 바쳤던 기도인데, 차츰 사제와 봉사자들이 제의실에서 바치게 되었다. 1570년 「로마 미사 전례서」가 나온 후 입당 행렬 때 제단 앞의 계단에서 공동 고백 형식으로 바쳤던 것이, 오늘날에는 사제와 신자들이 함께 기도하는 형식이 되었다(가톨릭신문 2004년 4월 4일자, 정의철). 공동 고백 양식을 취하면서 개인의 죄를 구체적으로 고백하게 하는 방식이다. 전반부에서는 공동체가 하느님과 형제들에게

---

123) 주일마다 여러분은 모여서 빵을 나누고 감사드리시오. 그러나 그 전에 여러분의 범법들을 고백하여 여러분의 제사가 깨끗하게 되도록 하시오. 자기 동료와 더불어 분쟁거리를 가진 모든 이는, 그들이 화해할 때까지는, 여러분의 제사가 더럽혀지지 않도록, 여러분의 모임에 함께하지 말아야 합니다. 이는 주께서 말씀하신 것입니다. "언제 어디서나 나에게는 깨끗한 제사를 바쳐야 한다. 왜냐면 나는 위대한 왕이며 내 이름은 백성에게 놀랍기 때문이다. 주께서 말씀하시도다."(「열두 사도들의 가르침 - 디다케」, 정양모 역주, 분도, 1993)

124) 만일 우리가 죄 없다고 말한다면, 우리는 자신을 속이는 것이고 우리 안에 진리가 없는 것입니다. 우리가 우리 죄를 고백하면, 그분은 성실하고 의로우신 분이시므로 우리의 죄를 용서하시고 우리를 모든 불의에서 깨끗하게 해주십니다(1요한 1,8-9).

125) 회개라는 단어, 즉 'conversion'은 라틴어 'con'과 'versio'의 합성어이다. 그 의미는 방향성을 갖고 있는 'versio'와 반대의 의미를 갖는 'contro'에서 생각할 수 있는 'con'과 합성되어, 가던 길을 되돌려 원래의 방향으로 하느님 뜻에 따라가는 것을 회개의 의미로 생각했다.

126) 1964년 결성된 미사 전례 개정위원회는 개정 작업을 할 때 참회 위치를 시작 예식에 두느냐, 봉헌 예물 준비나 감사기도 앞에 두느냐 등 여러 가지 가능성을 검토한 후에 결국 현재의 위치로 정했다. 거룩한 신비를 합당하게 거행하려면 먼저 시작 예식 때 내적 정화를 하는 것이 타당하다고 판단했기 때문이다(「미사 전례」, 이홍기, 분도, 1997, 109쪽).

지은 죄를 고백하는데, 이때 자신의 모든 존재로부터 나온 죄의 '생각', '말', '행위', '의무 소홀'을 고백한다. 이때 죄는 하느님을 거역하는 것이고 공동체에도 상처를 입히는 것이기에 하느님과 공동체 앞에서 고백하는 것이다. '생각, 말, 행위, 의무 소홀'은 우리의 모든 것이라고 할 수 있는데, 이 안에서 자신의 죄를 찾아낼 수 없다는 것은 불가능하다. 죄에 대한 '생각'은 어떠한 행위가 이루어지기에 앞서 갖는 관념이다. 물론 공동체에 직접적인 피해를 주지 않았다 하더라도, 윤리적이나 도덕적으로 볼 때 하느님의 뜻을 거스르는 것들을 의미한다. '말'과 '행위'는 좋은 것을 표현하고 실천해야 하는 것이며, 하느님을 찬미하기 위해 사용해야 하는 것임에도 불구하고, 하느님의 뜻에 어긋나는 말과 행위라는 포괄적 죄를 표현한 것이다. 후반부에서는 전반부와 달리 공동체가 성모 마리아, 천사, 성인 등 천상과 지상 공동체에게 자신의 참회를 하느님에게 증거하고 기도해 달라고 청원한다. 참회 예절에서 중요한 것은 죄에 대한 용서를 겸손하게 청하는 것이다(「미사 전례」, 이홍기, 분도, 1997, 110쪽). 죄의 용서는 오로지 하느님에게만 있기에, 용서를 청하는 자에게는 충만한 겸손의 자세가 요구된다.

㉯ 제2양식

제2양식은 사제와 참회자의 간단한 교송 양식을 취하는데, 주제는 요엘 2장 17절과 시편 85장 8절에 근거하여 발췌했다(「성찬례」, 아돌프 아담, 분도, 1996, 50쪽). 제2양식은 제1양식의 축소 경문이라고도 하며, 짧지만 하느님께 죄를 고백하고 자비를 청하는 훌륭한 기도 양식으로서, 제1양식과 달리 주님에게 죄를 고백하고 구원을 청한다.

㉰ 제3양식

제3양식은 앞의 두 가지 양식과 구별되게 자비송을 포함하지 않고 있으나 자비송과 연결되어 있어 세 번 주님께 청원 기도를 한다. 여기서는 전통 호칭 기도인 교송 형식 Litaniae을 취하고 있으며 자비송은 생략된다. 제3양식을 사용할 때 축일이나 특별한 청원이 있을 경우에는, 사제가 미사 전례서에 나와 있는 문구를 그대로 사용하기보다 사목적인 견지에서 변경하는 것도 좋다.

㉱ 자비송 Kyrie eleison

자비송은 원래 유다인이 사용한 것이 아니다. 로마인들이 사용하던 말이 미사의 구조 안으로 들어왔는데, 그 시기는 정확하게 밝혀지지 않고 있다(동방 교회에서는 5세기경으로, 서방 교회에서는 5~6세기 초 순례자를 통해 동방에서 유입되어 적용한 것이라 추정). 자비송은 본래 로마인들이 신이나 황제 혹은 개선장군을 환영하며 맞이하는 군중의 환호와 같은데, 당시 "기리에 엘레이손"을 반복하면서 그들을 반겼다. 고대 동방인들이 태양신을 섬기면서 떠오르는 태양을 향해 "저희에게 자비를 베푸소서 elesion hemas!" 하고 외쳤던 것에서 유래되었다고 전해진다.

자비송이 그리스도교 전례 안으로 들어오면서 "주님, 그리스도"를 뜻하게 되었으며, "예수님을 주님으로 믿고 고백하는 환호이자, 그분이 보여 주신 자비를 간청하는 노래"(「미사 전례」, 이홍기, 분도, 1997, 117쪽)로 받아들여졌다. 성서적으로는 마르코 복음서 10장에서 예리고 소경의 청원 소리에 근거를 두고 있다. 자비송은 외칠 때마다 주님에게 자비를 간절히 청하는 것이며, 주님을 향한 고백이기도 하다. 한편, 자비송은 참회기도 때 자신의 겸손함과 더불어 죄의 용서를 탄원하는 어감으로써 슬픈 분위기를 주어야 한다. 하지만 본래의 뜻은 환호이자 자비를 청하는 밝은 의미에서 출발하였음을 알 필요가 있다(「미사 전례」, 이홍기, 분도, 1997, 115-116쪽). 자비송은 참회 예절 제1양식과 제2양식에 사용되며, 제3양식으로 참회 예절을 할 경우에는 자비송을 생략한다. 자비송은 전례에 참여하는 모든 이들의 자발적인 고백이자 청원이며, 어느 한 사람만을 위한 것이 아니라 공동체 전체를 위한 것이다. 따라서 노래를 부르거나 청원 기도를 바칠 때 모든 이들이 함께해야 함을 잊어서는 안 된다.

7. 사죄경

참회 예절이 끝난 후 사제는 공동체를 대표하여 하느님에게 자비를 청한다. 사제는 하느님의 자비를 통해 공동체와 개인이 범한 죄의 용서를 청하고, 하느님의 자비 없이는 영원한 생명을 얻을 수 없음을 고백한다. 죄의 용서는 하느님의 몫이고 공동체와 개인은 단지 하느님에게 용서를 청할 뿐이다.

사제가 청하는 사죄경은 고해성사처럼 성사적인 사죄의 효력을 지니진 않는다. 그러나 공동체의 참회 예절이므로 전례적 효력, 즉 공동체 내에서 자신들의 죄를 고백한 후 서로 용서하며 위로하는 사적인 효력을 지녔다고 할 수 있다(「미사 전례」, 이홍기, 분도, 1997, 113쪽). 사제가 바치는 사죄경을 통해 전례에 참여하는 모든 이들이 오로지 주님께 의탁하고 새로운 존재로 태어날 것을 약속하는 동시에 서로를 용서할 수 있는 용기도 받을 수 있는 것이다.

8. 대영광송[127]

대영광송은 그리스도교의 파스카 성격이 강하게 나타나기 때문에 부활 축제 때나 주일과 대축일에 부르는 노래이다. 대영광송이 미사 안에 들어온 것은 약 500년경으로 알려져 있으며 동방 교회에서는 4세기부터 수도자들이 아침 찬미와 저녁 기도 때 부르기도 했다. 대영광송의 내용은 세 부분으로 나눌 수 있다. 첫 번째는 루카 복음서 2장 14절을 바탕으로 하느님께 대한 천사들의 찬미와 감사를 노래하고 있다(하늘 높은 데서는 하느님께 영광 … 주님 영광 크시오니 감사하나이다). 두 번째는 그리스도에 대한 신앙고백이 포함되는 그리스도께 대한 찬미의 형식을 띠고 있으며, 그리스도를 각기 다른 호칭(주 하느님, 성부의 아드님, 하느님의 어린양)으로 세 번 부름으로써 신뢰를 바탕으로 하는 짧은 청원 기도문의 형식을 띤다(주 하느님, 성부의 아드님 … 홀로 높으신 예수 그리스도님). 마지막으로 성령에 대한, 즉 삼위일체의 신앙고백 양식으로 끝을 맺는다(성령과 함께 아버지…). 대영광송의 삼중 구조는 "성령 안에 모인 교회가 아버지와 어린양께 찬양과 간청을 드리는 매우 오래된 고귀한 찬미가"(「'새 미사 전례서 총 지침' (2002년)에 따른 간추린 미사 전례 지침」)임을 보여 주고 있다. 또한 교회는 "이 찬미가를 다른 어떤 것으로 대체할 수 없다"(「'새 미사 전례서 총 지침' (2002년)에 따른 간추린 미사 전례 지침」)고 말한다. 대영광송의 특징은 사제와 교우가 함께 노래를 부르는 것이기에 성가대의 특송 형태로 이루어지는 것은 지양해야 한다. 축제의 기쁨이나 장엄함이 드러나는 대영광송은, 말씀 전례에 들어가기 전에 미사에 참여하는 모든 이들이 공동체의식을 갖도록 교대로 부르는 것에 큰 의미를 갖는다.

대영광송은 사순절과 대림절을 제외한 모든 주일 미사 때와 대축일, 축일 때 주교나 사제의 선창으로 불린다.[128] 대영광송은 사람들에게 광명과 희망의 기쁨을 주는 의미를 포함하고 성부와 그리스도와 성령에 대한 근본적인 믿음을 요구하고 있다. 대영광송의 의미와 형식을 보면, 그리스도인을 박해하던 로마 황제 시대에 이러한 기도를 바친다는 것은, 새로운 것에 대한 동경과 옛것에 대한 비판이 만연해 가는 시대에 있어서, 그리스도인들의 삶과 죽음을 결정할 수도 있는 환경에서 이루어졌음을 결코 잊어서는 안 된다. 즉, 대영광송은 참된 찬송으로서 살아 있는 노래가 되어야

---

127) 일명 '글로리아Gloria' 또는 '천사 찬미가Hymnus Angelicus'라고도 불리는 대영광송은 성령 안에 모인 교회가 하느님 아버지와 어린양을 찬양하고 간청하는 가장 오래되고 훌륭한 찬미가이다. 동방에서 유래된 이 노래의 저자나 작사 연대는 전혀 알려지지 않고 있다. 초세기에는 시편이나 성서 찬가를 본뜬 성가가 많이 출현했는데 대영광송도 그 가운데 하나였다. 동방에서는 이 성가를 성무일도의 아침 기도 중에 불렀다. 서방 교회에는 4세기 초엽이나 그 이전에 흘러 들어간 것으로 보인다. 4세기 중엽의 성 힐라리오 시대에 이미 사용된 기록이 있기 때문이다. 초기에는 'Te Deum'처럼 축제 찬미가로 부르다가 4세기 중엽에 미사가 들어갔지만 오직 교황이 집전하는 성탄 미사에만 사용되었다. 그 후 차츰 주교 집전 미사에도 들어갔으나 성탄과 부활 주일 외에는 부르지 않았다. 이후 심마쿠스(498~514)는 이 성가를 부르는 날짜를 주일과 순교자 축일까지 확장시켰다. 7세기의 그레고리오 성사록에 따르면, 사제가 집전하는 미사 때는 오직 부활 주일에만 허용되었다가 얼마 안 있어 새 사제의 첫 미사에도 부르게 했다. 주일, 축일 등 일반 미사에까지 확대되어 허용된 것은 11세기경이다(「미사 전례」, 이홍기, 분도, 1997, 117쪽).
128) 대영광송은 교회가 성령 안에 모여 성부와 어린양에게 영광을 드리며 간구하는 가장 오래되고 훌륭한 성시이다. 모든 교우들이 노래하거나, 교우들과 성가대가 교대로 하거나, 성가대만이 노래할 수 있다. 노래하지 못할 때는 교우들이 함께 읽거나 교대로 읽는다. 대림절과 사순절이 아닌 모든 주일, 대축일, 축일, 특수한 행사 때 대영광송을 노래하든지 읽는다(「미사경본의 총 지침」 31항, 한국천주교중앙협의회, 1969).

한다(「성찬례」, 아돌프 아담, 분도, 1996, 55-56쪽). 대영광송을 노래하면서 하느님을 찬미한다는 것은 단순하게 하나의 행위나 말로 표현되는 것이 아니라 단어의 뜻을 음미해 가면서 받아들이는 것이다. 그리고 그 뜻을 생활 속에서 표현해 나갈 때, 대영광송의 마지막 부분인 '홀로 거룩하시고 홀로 주님이시고 홀로 높으신 예수 그리스도님, 성령과 함께 아버지 하느님의 영광 안에 계시나이다'라는 의미가 기쁨에서 우러나오는 것이다.

9. 본기도

"기도합시다"라는 말로 시작되는 본기도는 사제가 시작 예식을 마감하면서, 예절에 참석하는 이들은 "사제와 함께 잠시 침묵 중에 하느님 대전에 서 있음을 반성하고 열심한 마음을 가다듬어" (「미사경본의 총 지침」 32항, 한국천주교중앙협의회, 1969) 사제가 공동체를 위해 하는 기도collecta[129]이다. 미사 전례에서 첫 번째로 드리는 사제의 기도이지만, 신자들의 기도를 모아서 바치는 공적 기도이기 때문에 사적인 내용을 포함해서는 안 된다. 본기도는 5세기 이후에 줄곧 단순하게 "기도oratio"라고 부르다가, 교황 바오로 6세(1963~1978) 때 "콜렉따collecta"라고 사용했지만, 우리말에서는

"본기도"로 해석하여 사용해도 큰 혼란이 없다(「미사 전례」, 이홍기, 분도, 1997, 123쪽). 사제는 본기도를 할 때 잠시 침묵하는데, 침묵은 공동체가 서두르지 않고 자신들의 기도가 사제의 청원 기도를 통해 하느님에게 잘 전달될 수 있도록 함께 참여하는 의미를 갖는다. 또한 본기도 중에 "당신의 백성, 가족, 교회"(「성찬례」, 아돌프 아담, 분도, 1996, 57쪽)라는 말을 사용하는 것은 하느님으로부터 부르심을 받은 선택된 공동체임을 인식시켜 준다. 사제가 본기도를 할 때 양팔을 벌리는 자세는 로마 카타콤의 벽화에서 그 유래를 찾아볼 수 있다. 이는 초기 그리스도인들의 기도하는 자세이며 십자가에 달리신 그리스도를 상기하는 의미로 해석한다(「성찬례」, 아돌프 아담, 분도, 1996, 58쪽). 그리고 중세 중엽까지는 사제와 공동체가 동쪽을 향해 양팔을 들고 기도하였는데, 이는 떠오르는 태양, 즉 빛이시며 모든 것의 근원이시자 시작이신 그리스도를 의미하여 그 방향을 향해 기도하는 것으로도 볼 수 있다(「미사 전례」, 이홍기, 분도, 1997, 126쪽). 또한 나뭇가지들이 하늘의 향해 성장하는 것을 보

---

129) 'collecta'는 "모으다"라는 뜻을 갖고 있는데, 주일 미사 때 그리스도 공동체 모임에서 이 단어가 사용되며, 코린토 신자들에게 보낸 첫째 서간 16장 1-2절에서 봉헌을 위해 물건이나 금전적인 것들을 모을 때도 사용했다. 바오로 6세의 미사 전례서에서는 본기도에 대해 다음과 같이 설명하고 있다. "사제는 신자들을 잠시 침묵 중에 함께 기도하도록 초대하는데, 이는 마음에서 우러나오는 개인 기도와 하느님의 현존을 의식하기 위해서이다. 이때 사제는 서서 팔을 벌리고 하느님을 향해 공동체의 이름으로 기도를 청한다."(*Dizionario sintetico di liturgia*, J. Aldazábal, Libreria Editirice Vaticana, Cittá del Vaticano, 2001, pp. 104-105)

고 그리스도인들의 기도 역시 하늘을 향해 주님께 바치는 형태로 해석하거나, 하느님께서 주시는 은총을 쉽게 받기 위한 자세라고도 생각했다.

본기도를 통해 그리스도 공동체는 능동적인 태도를 취한다. 시작 예식에서 인사(주님께서 여러분과 함께, 또한 사제와 함께)와 더불어 교송, 즉 대화를 한다. 사제가 본기도를 마치면 공동체는 다 함께 큰 소리로 "아멘"("예, 그렇습니다.", "예, 그렇게 되소서"라는 의미)이라고 외치는데, 이 대답을 통해 공동체는 하느님의 백성으로서 능동적이고 적극적으로 미사 전례에 참석할 것을 약속한다(「성찬례」, 아돌프 아담, 분도, 1996, 59쪽). 시작 예식을 마침으로써 공동체는 죄를 참회하고, 사제가 공동체를 대신하여 하느님에게 자비를 청하여 마음을 정화시킨 다음, 하느님의 말씀을 생활 속에서 실천하기 위하여 마음을 열고 말씀 전례로 초대를 받는다.

::3장
말씀 전례[130]

시작 예식에서 그리스도인들이 능동적이고 자발적이며 겸손한 태도로 하느님의 자비를 청했다면, 말씀 전례는 자비를 청하는 그리스도인들에게 말씀을 통한 대화 안에서 당신의 의중을 드러내 보이시어 삶의 규범을 제시하시는 것이라고 할 수 있다. 말씀 전례는 하느님의 말씀을 듣는 순간이자 하느님과 그리스도인들이 대화하는 시간이다. 말씀 전례에 참석하는 그리스도인들은 하느님께서 말씀하시는 규범 안에서 그분의 사랑과 자비를 받아들여 삶에서 실현시키려고 노력한다. 시작 예식과 달리 말씀 전례에 참여하는 그리스도인들은 말씀을 통한 하느님과의 대화에 있어서 보다 적극적인 자세로 경청하여 마음에 새기고, 하느님의 말씀을 실천하려 함으로써 참된 그리스도인으로서 삶의 변화를 추구하며, 회개의 삶을 통해 그분께 더 가까이 가려고 한다. 그 이유는 성경이 그리스도인들에게 "회개와 선택의 동기를 부여"(*Il significato della messa*, T. Schnitzler, Città nuova, Roma, 1993, p. 91)함으로써 그리스도인과 하느님의 마음의 통교를 보다 더 참된 사랑 안에서 느끼게 해주기 때문이다.

역사적으로 볼 때 말씀 전례는 제2차 바티칸 공의회 이전까지 예비 미사나 예비신자 미사라는 이름으로 미사 전례 안에 있었다. 성찬 전례는 세례를 받은 신자들만 참석하는 시대도 있었는데, 로

---

130) 「미사 전례」, 이홍기, 분도, 1997, 83쪽 : 집회 가운데 현존하시는 주님의 말씀을 공동체에 선포하고(독서), 공동체는 그 말씀에 응답하며(화답송), 들은 말씀을 생활과 연결시키고(강론), 믿음을 새롭게 하며(신앙고백), 교회와 세상 구원을 위해서 기도한다(보편 지향 기도).

마 박해 시대 때 세례를 받지 않은 사람들이 성찬 전례 때 그리스도의 몸과 피를 받아먹고 마시라는 사제의 말을 오해하지 않도록 하기 위해,[131] 말씀 전례가 끝나면 세례를 받은 신자들만 성찬 전례를 거행하였다. 말씀 전례의 중요성은 중세 때 마르틴 루터에 의해 시작된 종교 개혁에서 강조되었다.[132] 가톨릭에서는 제2차 바티칸 공의회에서의 성서 부흥과 전례 부흥에 힘입어 각종 교회 문헌이 자국어로 번역됨에 따라, 교회와 그리스도인들은 말씀 전례의 중요성을 인식하게 되었고(「미사 전례」, 이홍기, 분도, 1997, 132쪽) 미사의 본질적인 요소로 자리 잡으면서 성찬 전례와 더불어 미사의 골격을 이루게 되었다.

말씀 전례는 "하느님 말씀과 공동체의 화답"(「미사 전례」, 이홍기, 분도, 1997, 130쪽)으로 구성되는데, 평일에는 제1독서와 복음과 강론이 하느님 말씀에 속하며 화답송과 복음 환호송과 신앙고백이 공동체의 화답에 속한다. 말씀 전례의 구조에 대한 성서적 근거는 엠마오의 제자 이야기(루카 24,13-35)와 사도 바오로의 드로아에서의 주님 만찬(사도 20,7-12)에서 찾아볼 수 있다. 또한 155년경 유스티노 순교자의 저서인 「호교론」[133]과 3세기 초의 교부 테르툴리아노(160~222경)가 전하는 말씀 전례[134]에서도 찾아볼 수 있다. 독서는 하느님의 말씀을 생생하게 듣는 것이 목적이므로, 말씀 전례 때 참석한 이들이 성서를 눈으로 혼자 읽거나 함께 읽는 태도를 취하는 것은 그 의도와 어긋나는 행동이다. 말씀 전례를 통해 하느님께서는 모든 그리스도인들의 영적 양식인 당신의 말씀을 전해 주시고, 백성에게 구원의 신비를 알려 주시기 때문이다. 특히 복음은 예수 그리스도께서 당신 백성에게 하늘의 신비를 직접 말씀하고 계신다는 확신과 더불어, 당신의 생애를 통해 하느님 아버지의 영광을 잘 드러내고 있기에 말씀 전례에서 가장 중요한 부분이 된다.

---

131) 박해 당시 그리스도인들이 사람의 살과 피를 먹는다는 소문이 나돌았다. 이는 로마인들이 그리스도교 공동체를 미풍양식을 해치는 단체 및 사악한 종교 단체로 생각하게 만들어 박해하는 이유 중 하나가 되었다.

132) 마르틴 루터에 의한 종교 개혁에 있어서 가톨릭교회는 프로테스탄트에 대한 반작용으로 그리고 당시 정확하지 못한 번역과 해석에 따른 보편 교회와 지역 교회의 갈등, 아울러 말씀 전례 중에 성서를 읽을 때 전례에 참석한 그리스도인들이 알아듣지 못하는 교회 언어(라틴어)의 영향으로 인해 말씀 전례보다 성찬 전례가 교회 안에서 강조되었다.

133) 말씀 전례에 관해 직접적으로 증언하는 첫 번째 문헌은 155년경에 기록된 유스티노 순교자의 저서「호교론」이다. 그 내용을 소개하면 다음과 같다. "그리고 해의 날(일요일)에 도시와 시골에 사는 모든 사람이 한자리에 모인다. 그러면 그 자리에서 시간이 허락할 때까지 사도들의 회상록이나 예언자들의 저서가 낭독된다. 독서자가(독서를) 마치면 주례가 이 훌륭한 가르침을 본받도록 훈계하고 격려한다. 그 다음에 우리는 모두 일어나서 기도를 (위로) 올린다." 성찬 전례 앞에 거행된 이 예식은 현재의 말씀 전례의 거의 비슷하게 독서(사도들의 회상록과 예언자들의 저서), 강론, 공통 기도로 구성되어 있다. 아마도 그때 봉독된 '사도들의 회상록'은 현재의 신약 성경이고, '예언자들의 저서'는 구약 성경일 가능성이 크다(「미사 전례」, 이홍기, 분도, 1997, 131쪽).

134) 테르툴리아노가 전하는 말씀 전례는 성경 독서, 시편 노래, 강론, 간청 기도, 평화의 입맞춤의 순서로 진행되었다. 오리게네스(253/254) 역시 비슷한 형식의 말씀 전례를 제시하고 있다. 이상의 문헌을 통하여 확인할 수 있는 것은 말씀 전례가 늦어도 2세기 초엽에는 미사의 첫 부분으로 고정되었으며, 3세기에는 이미 보편화되었다는 것이다. 그러나 그 순서와 내용은 지역과 시대에 따라 조금씩 달랐다. 이후에 추가된 주요 요소로는 3~4세기경의 '화답송', 4~5세기경의 '복음 환호송', 6세기경의 '신앙고백'을 들 수 있다. 그래서 6세기경에는 말씀 전례가 대부분 확정되어 그때의 골격이 오늘날까지 거의 그대로 유지되고 있다(「미사 전례」, 이홍기, 분도, 1997, 132쪽).

1. 말씀 전례의 의미와 가치

성서는 유다인들이 자손들에게 들려주는 탈무드같이 입에서 입으로 전해지는 유다인의 옛 가르침이나 교훈을 모아 놓은 것이 아니라, 저자가 성령의 영감을 받아 하느님의 말씀을 받아 적은 것이다. 하느님께서 말씀하시고, 이를 받아쓰는 행위의 의미는 단순하게 일회성 사건으로 끝나는 것이 아니라 교회 안에서 지금도 영속적으로 반복되고 있다. 하느님의 말씀은 항상 현재라는 시간과 공간 안에서 그리스도인들에게 희망찬 미래를 제시하고 있기 때문이다. 말씀 전례에서 성경 봉독[135]을 통해 그리스도인들에게 하느님의 말씀을 들려주는데, 이는 "사제이신 그리스도께서 현존하시면서 당신의 구원 업적을 재현하는 교회의 전례 거행 중 성서가 봉독될 때, 회중 가운데 계시면서 부모가 자녀와 대화하듯"(「미사 전례」, 이홍기, 분도, 1997, 133쪽) 그리스도인들에게 일상생활 속에서 신앙을 실천하도록 지침서를 읽어 주시는 것과 같다. 그리스도인이란 "복음 말씀을 듣고 진리를 깨달아 신앙인이 된 사람이며"(「미사 전례」, 이홍기, 분도, 1997, 137쪽), 그리스도인들이 전례에 참여하는 의미와 가치는 "하느님으로부터 받은 갖가지 은혜를 상기하고 기념하며 하느님께 찬미와 감사를 드리는 것이다."(「미사」, 쯔찌야 요시마사, 성바오로, 1997, 25쪽) 하느님 말씀을 듣고 교회를 통해,

교회 안에서, 교회와 함께 완성되어 가는 구원 사업을 상기하는 말씀 전례는 그리스도인들의 신앙을 더욱 길러 주고 강화시켜 준다. 그러기에 그리스도인들에게 말씀 전례는 미사 안에서 참된 생명을 주시는 영적 양식인 것이다.

말씀 전례에서 선포되는 하느님 말씀의 의미는 다섯 가지로 설명할 수 있다(「미사 전례」, 이홍기, 분도, 1997, 133-137쪽).

① 현존하시는 하느님의 직접적인 말씀

② 구원 능력을 지니신 하느님의 말씀

③ 하느님의 구원 업적의 기념과 선포

④ 믿음을 낳고 기르는 말씀

⑤ 참된 생명을 주는 영적 양식

---

135) '백성과 함께 드리는 미사에서 성경 봉독은 언제나 독서대에서 한다.'(「미사경본의 총 지침」 31항, 한국천주교중앙협의회, 1969) 따라서 제대나 해설대에서 하지 않도록 한다. 독서대는 말씀의 식탁으로서 성당 안에서 제대와 함께 전례적으로 가장 중심적인 자리이다. '성경 봉독을 통하여 하느님께서 당신 백성에게 말씀하시고, 구속과 구원의 신비를 열어 주시며, 영적인 양식을 제공하신다.'(「미사경본의 총 지침」 55항, 한국천주교중앙협의회, 1969) '교회 안에서 성경이 봉독될 때 하느님께서 현존하시며 복음을 선포하신다.'(「미사경본의 총 지침」 29항, 한국천주교중앙협의회, 1969) 그러므로 독서자는 주님의 말씀을 선포한다는 의식을 가지고 성경 말씀을 봉독해야 하며, 모든 이들은 독서를 통해 선포되는 말씀을 공경하는 마음으로 들어야 한다(「미사경본의 총 지침」 29항, 한국천주교중앙협의회, 1969). 회중이 모두 말씀을 소리 내어 읽는 것은 옳지 않다. 또한 성경 봉독 때 그 내용을 줄이거나 다른 독서로 대체하는 것은 허용되지 않는다(「미사경본의 총 지침」 57항, 한국천주교중앙협의회, 1969). 사제는 말씀 전례를 거행하면서 교우들이 묵상을 잘하도록 침묵의 시간을 갖게 하고, 결코 서두르지 않아야 한다. 말씀을 봉독할 때도 다른 교우들이 잘 들을 수 있도록 똑똑히 그리고 천천히 한다(「'새 미사 전례서 총 지침' (2002년)에 따른 간추린 미사 전례 지침」, 말씀 전례).

말씀 전례는 하느님의 생각과 애정이 독서자의 입을 빌어 통교하고, 사람들에게 자극을 주어, 현실 속에서 그리스도인의 본성대로 규범 안에서 생활하도록 하는 의미와 가치를 지니고 있다. 이 때문에 독서자의 역할은 단순히 역사적인 사건을 읽어 나가는 것이 아니라, 하느님께서 그리스도인들에게 하시려는 말씀을 대신 전하는 일이기에 신중하고 알아듣기 쉽게, 천천히 정확한 발음으로 주어진 역할을 다하여, 듣는 이로 하여금 마음에 새길 수 있도록 해주어야 한다.

제2차 바티칸 공의회는 말씀 전례 안에서 하느님이 인간에게 말씀하시는 진리를 강조하고 있으며, 특히 교회는 모든 그리스도인들이 하느님의 말씀과 주님의 성체와 함께 거룩한 전례 안에서 끊임없이 영적 양식을 얻을 수 있고 그렇게 양육되고 있다고 가르친다.

교회는 성전과 함께 성경을 신앙의 최고 규범으로 간직하고 있다. 성경은 하느님의 영감에 의해 모든 시대를 위하여 단 한 번 기록된 것으로서, 하느님의 말씀을 변치 않게 전하며 예언자들과 사도들의 말 가운데 성령의 소리를 반영시킨다. 그러므로 교회의 모든 설교는 그리스도교 자체와 마찬가지로 성경의 힘으로 자라고 지배를 받아야 한다. 사실, 하늘에 계신 아버지께서는 성경 안에서 당신 자녀들을 언제나 친절히 만나 주시고 그들과 말씀을 나누신다. 그리고 하느님의 말씀은, 교회에는 지탱과 힘이 되고, 교회의 자녀들에게는 신앙의 힘이자 마음의 양식, 영성 생활의 깨끗하고 마르지 않는 샘이 되는 힘과 능력을 간직하고 있다. 따라서 "하느님의 말씀은 살아 있고 힘이 있으며 어떤 쌍날칼보다도 날카롭습니다."(히브 4,12), "그 말씀은 여러분을 완전한 사람으로 키울 수 있으며 모든 성도들과 함께 유산을 차지하게 할 수 있습니다."(사도 20,32; 1테살 2,13 참조) 한 것은 성경에 대한 탁월한 표현이다(「계시헌장」 21항)

하느님께서는 인간을 위한 구원의 신비와 영적 양육을 드러내 보이시기 위해, 말씀 전례를 통한 그리스도의 현존 안에서 대화의 장으로 당신의 백성을 초대하신다. 말씀 전례를 통한 하느님과의 만남은 그리스도인들이 하느님 구원의 은혜를 이해하고, 인도하고, 실현하는 데 일익을 하고 있다. 말씀 전례의 의미와 가치는 하느님께서 말씀을 들려주심으로써 당신께서 항상 곁에 함께하고 계심을 설명하고, 하느님의 말씀을 듣는 이들은 그 말씀의 대상이며, 그 말씀의 의미가 그들을 향해 있다는 것을 알게 해준다. 하느님의 말씀은 과거, 현재, 미래에 적용되는 시공간을 넘어서는 그리스도인들의 삶의 양식이다. 또한 말씀 전례에서 하느님의 말씀을 듣는 이들은 하느님의 구원 사업에 동참하고 있음을 알아야 한다. 하느님의 말씀을 단지 듣는 것이라고 생각한다면, 그리스도인들의 일상에 대한 위로나 일부 선택된 사람들만을 위한 말이라고 생각한다면, 그리스도의 구원 사업의 중심인 파스카의 신비, 즉 부활의 의미는 일회성으로, 보편성을 지니지 못하는 사건으로 이해될 수 있다.

교회에서는 그리스도의 구원 사업에 끊임없이 동참하고 말씀 전례를 통해 주님의 모든 생애를 기념하기 위해 교회력에 따라 봉독하고 있는데, 이는 듣는 이로 하여금 각자의 마음에 새기고 말씀 안에 숨겨진 보물을 찾아 구원으로 인도하고 실현하려는 것이다. 하지만 은총의 열매는 각자의 노력과 태도에 달려 있다. 마르코 복음서(4,26-34)를 살펴보면, 말씀은 항상 우리와 함께 있지만 그 말씀을 받아들이는 각자의 자세에 따라 열매를 맺는다. 말씀을 통해 하느님 나라는 우리와 함께하고 있지만 완성되지 않은 것과 같이, 말씀이 함께한다는 것은 그리스도의 구원 사업이 시작되었으나 아직 완성되지 않았음을 뜻한다.

2. 말씀 전례의 구조

말씀 전례의 핵심인 하느님의 말씀을 선포하는 독서는 대축일과 주일인 경우 세 가지가 봉독된다. 제1독서는 구약에서, 제2독서는 사도들의 편지나 사도행전 및 묵시록에서, 복음은 공관 복음에서 선택한다. 평일에는 두 가지가 봉독되는데, 제1독서는 구약을 포함한 신약 중 복음을 제외한 부분에서, 복음은 역시 공관 복음에서 선택한다. 주일이나 대축일 미사의 독서는 3년 주기로, 평일 미사의 독서는 2년 주기로 이루어졌다.[136] 독서의 중심에는 그리스도의 생애가 놓여 있는데, 교회가 지정하는 독서는 "교우들이 더욱 적절한 말씀을 들음으로써 거행되는 신비를 더욱 깊이 이해하고 하느님의 말씀을 더욱 열렬히 사랑하도록 하기 위함이며"(「미사경본의 총 지침」 320항, 한국천주교중앙협의회, 1969) 나아가 일정한 시기 안에 교우들이 성경을 모두 접하게 하려는 목적을 지니고 있다. 무엇보다도 미사 중에 봉독하는 내용은 성경 본문으로 이루어져야 하고, 성서 이외의 그 어떤 책도 하느님 말씀을 대신할 수는 없다.[137] 토착화나 시대의 요청이라는 말로, 공동체가 원한다는 이유로 성경 대신 다른 내용을 읽거나 성경의 내용을 줄여서 사용해서는 안 된다. 성경의 저자와 일반 저서의 저자는 엄연히 다르고 지향하는 바도 다르기 때문이다.

말씀 전례에서 영적 양식을 받은 공동체는 그리스도의 사랑을 깨닫고, 그리스도를 본받음으로써 일상생활 속에서 멀어진 하느님과의 관계를 개선하고자 한다. 그리하여 신앙고백을 하게 됨으로써 하느님과의 대화가 이루어진다. 하느님과 그리스도인들의 통교가 이루어진다는 것은, 그리스도인들의 입장에서 볼 때 그리스도를 통해 하느님 아버지께 감사를 드리고자 하는 말씀 전례가 실현되고 있다는 증거이다. 그리스도의 도움으로 자기 존재에 대하여 생각해 보면서 하느님 아버지께 마음에서 우러나오는 응답을 하게 되는 것이다.

---

136) 교회는 제2차 바티칸 공의회 이후 전례 개혁의 일환으로서 성서학, 전례학 등의 전문가의 협조를 얻어 주일 미사를 위해 3년 주기로 독서를 배분하였고, 평일 미사를 위해서는 이와 병행하여 2년을 주기로 배분하였다. 주일과 대축일 독서는 신자들이 가장 많이 모일 때이기에 성서의 주요 부분을 총망라하고 있다. 복음 배분에 있어 연중 주일에는 공관 복음을 기준으로 '가해'에는 마태오 복음서, '나해'에는 마르코 복음서, '다해'에는 루카 복음서를 낭독한다. 이중 '나해'의 마르코 복음서는 분량이 짧기 때문에 연중 17~21주일에는 요한 복음서로 보충하고 있다. 연중 시기가 아닌 특수 시기에는 요한 복음서가 봉독된다. 주일 독서의 경우 과거에는 독서와 복음 사이에 내용적인 연관성이 없었으나 현 미사 전례서는 제1독서와 복음이 서로 주제상의 조화를 이루도록 했다. 예를 들어 제1독서에서 하느님께로부터 떨어져 나간 방탕을 이야기하면 복음에서는 회개를 말하게 된다. 반면 평일 독서는 주일과 대축일의 보충으로서 성서의 나머지 부분을 수록하고 있는데 이때 독서와 복음 사이에 주제상의 조화는 고려되지 않는다(가톨릭신문 2004년 5월 9일자, 정의철).
137) 미사 중에 봉독하는 독서는 하느님의 말씀인 성경 본문으로 구성되어 있다. 따라서 성경 이외의 어떠한 책도 독서로 봉독할 수 없다. 하느님의 말씀인 독서를 다른 책으로 대치하는 것을 결코 허락하지 않는다. 하느님은 문자로 쓰인 성경 안에서 친히 백성에게 말씀하시기 때문이다. 그 독서가 성인의 저서이든 세속인의 저서이든, 옛 저자나 현대 저자의 저서이든 상관없다. 이를테면 교부나 교황의 강론집, 공의회 문헌 등이 아무리 좋다 해도 어디까지나 인간의 책에 불과하다. 그런 종류의 책을 굳이 읽어야 한다면 강론 시간을 이용하면 좋다. 같은 이유로 성경 본문을 함부로 변경하거나 생략하거나 쉬운 말로 고쳐서 봉독하지 못한다. 어린이 미사 때 이러한 사례가 종종 있는데, 어린이를 생각하는 마음은 좋지만 그렇다고 성령의 감도로 기록된 하느님의 말씀을 함부로 바꾸는 것은 지나친 월권이다. 그런 경우를 대비해서 주교회의는 어린이용 미사 전례 성서를 별도로 마련하는 것이 바람직하다(「미사 전례」, 이홍기, 분도, 1997, 160-161쪽).

(1) 독서(하느님의 말씀)

시작 예식의 본기도가 끝난 후, 공동체는 "아멘"이라고 응답한 후에 자리에 앉아서 하느님의 말씀을 듣는다. 성경이 봉독될 때 공동체는 하느님 말씀을 마음에 새기고, 성경 한 장면 한 장면의 신비와 그 장소를 상기함으로써, 하느님께서 공동체에게 직접 말씀하시는 것으로 생각하며 듣는다. 제2차 바티칸 공의회의 결의에 따라, 「로마 미사 전례서 총 지침」(29항)에서는 "성서가 봉독될 때는 하느님께서 당신 백성에게 말씀하시며 말씀 안에 현존하시는 그리스도께서 복음을 선포하신다"라는 의미를 가지며 무엇보다도 "전례의 중요한 요소인 하느님 말씀을 봉독할 때 존경하는 마음으로 들어야 함"을 교회는 설명하고 있다. 그러므로 성서가 봉독될 때는 회중이 하느님의 말씀을 듣는 것이지, 성서를 눈으로 보거나 공동 독서를 하는 것이 아니라고 말하는 것이다.[138] 미사에 참석하는 것은 전례 안에서 하느님을 만나려는 것이지, 성서 교육을 받으려는 것이 아니기 때문이다.

결국 인쇄술의 발달로 개인이 성서를 갖고 미사에 참석하면서 독서 중에 성경을 읽어 나가는 것은, 미사의 구조에서 설명하는 하느님과의 통교라는 뜻에 어긋나는 행위를 하는 것이다. 통교하려면 말하는 이의 뜻을 잘 이해하기 위해 경청해야 하며, 경청 후에 자신의 태도에 대한 응답이 있어야 한다. 하지만 성경을 눈으로 읽어 나가면, 듣기에 앞서 성경의 내용을 개인적 이성으로 판단할 우려가 있다. 성서를 눈으로 읽어 나간다는 것은 독서자의 음성을 통해 전달되는 하느님의 말씀을 마음으로 받아들이기보다 머리로 받아들일 위험이 있기 때문이다. 또한 성경에서도 하느님의 말씀을 들음으로써 신앙을 가질 수 있으며, 나아가 이를 만민에게 전할 수 있다고 했다.[139] 그리스도인들은 성경을 통해 하느님의 사랑과 자비를 믿기 때문에 성경의 내용을 받아들이는 것이지, 결코 성경을 온전히 이해하기 때문에 하느님의 말씀을 받아들이는 것이 아니다.

말씀 전례에서 독서는 반드시 독서대에서 읽어야 한다. 제대는 말씀을 전하는 장소가 아니므로 독서대는 미사에 참석하는 이들이 쉽게 집중할 수 있는 위치에 마련되어야 한다. 그리고 독서자의 마음가짐 역시 중요하다. 하느님의 말씀을 전하는 독서자는 성서를 읽어 나갈 때 하느님이 함께하고 계심을 인식해야 하며, "말씀에 그리스도가 현존하시고 그리스도 친히 말씀하시는 것"(「미사」, 쯔찌야 요시마사, 성바오로, 1997, 29쪽)이라는 이유 때문에 독서자 선정은 신중해야 하고, 독서자는 성경 봉독 준비를 잘해야 한다. 독서자는 정확한 발음과 더불어 의미 전달에 신경 써야 하며, 하느님의 뜻이 다른 내용으로 전달되지 않도록 많은 준비를 해야 한다.

복음은 부제나 사제가 봉독하고, 복음 이외의 독서는 독서직 교육[140]을 받은 이가 봉독하며, 마땅한 독서자가 없는 경우에는 적당한 자질을 갖춘 이가 읽는다. 교회는 성경을 봉독하는 자의 자격을 교회법(230조)에서 아래와 같이 정하고 있다.

① 주교회의의 교령으로 정하여진 연령과 자질을 갖춘 남자 평신도들은 규정된 전례 예식을 통하여 독서자와 시종자의 교역에 고정적으로 기용될 수 있다.

② 평신도들은 임시적 위임으로 전례 행사에서 독서자의 임무를 수행할 수 있다. 또 모든 평신도들은 해설자나 선창자나 그 밖의 임무를 법 규범에 따라 수행할 수 있다.

③ 교역자들이 부족하여 교회의 필요로 부득이한 곳에서는 평신도들이 독서자나 시종자가 아니더라도 그들의 직무의 일

---

138) 전 신자가 독서나 복음을 함께 소리 내어 봉독하는 공동 독서는 금한다. 이러한 관행은 신자들의 성서 교육을 위해서는 효과가 있을지 모르나 전례 정신에는 맞지 않는다. 특히 말씀 전례는 공동체가 하느님의 말씀을 듣고 그 말씀에 화답하는 전례이다. 이러한 전례의 역할과 구조를 무시하고 공동으로 봉독하면 듣는 사람은 없고 말하는 사람만 있는 독백 형식의 전례밖에 안 된다. 그리스도인들은 하느님의 말씀을 듣고 믿음을 가지게 된 사람들이다(「미사 전례」, 이홍기, 분도, 1997, 154쪽).

139) "믿음은 들음에서 오고 들음은 그리스도의 말씀으로 이루어집니다."(로마 10,17)

140) 독서직 교육은 성경 교육과 전례 교육을 병행해야 한다. 성경 교육은 독서자가 봉독할 성경 본문을 앞뒤 문맥과 함께 미리 읽고 묵상하여, 신앙의 빛으로 본문의 의미와 핵심을 깨닫고 동의하며 확신할 수 있는 능력을 키워 주는 것을 말한다. 전례 교육은 말씀 전례의 구조와 의미, 말씀 전례와 성찬 전례의 특성과 상호 관계 등에 관한 기본적인 전례 상식을 갖추게 해주는 것을 말한다(「미사 전례」, 이홍기, 분도, 1997, 154-155쪽).

부를 보충하여 법 규정에 따라 말씀의 교역을 집행하고 전례 기도를 주재할 수 있다.

하느님의 말씀을 전하는 이는 미사에서 봉독하기 전에 먼저 읽어 그 내용을 마음에 익히고, 차분한 마음과 높지 않은 목소리로 천천히 봉독하여 미사에 참석한 이들에게 정확한 내용을 전달해야 한다는 것을 결코 간과해서는 안 된다.

(2) 공동체의 화답

제1독서가 끝난 후 제2독서 전에 공동체가 화답송으로 하느님의 말씀에 응답한다. 화답송은 대개 시편으로 구성되어 있어 '화답 시편'이라고도 한다. 한때는 화답송을 층계송이라고도 불렀는데, 이는 독서자가 봉독할 때 그리스도인들은 계단에 앉아서 경청하다가 봉독이 끝난 후 찬미의 노래를 불렀다는 데 근거를 두고 있다. 화답송은 전례주년에 맞추어서 제1독서와 조화를 이룰 수 있도록 선택하는데, 그 내용은 하느님께 올리는 찬미, 감사, 고백, 결심, 청원 등 다양하다(「미사 전례」, 이홍기, 분도, 1997, 164쪽). 무엇보다도 화답송은 고대 유다 관습이나 교회의 전통에 따라 회중 전체가 노래를 부르는 것이 보편적이나, 사목자의 판단과 선택에 따라 성가대가 선창한 후 회중이 후렴을 노래할 수 있다. 또한 성가대가 노래하고 회중은 하느님 말씀을 묵상하는 시간을 가질 수도 있다.

(3) 복음 환호송

독서 후, 복음이 봉독되기 전에 회중은 복음 환호송Alleluia을 노래하는데 "앞서 봉독된 성경 독서에 대한 묵상적인 응답이 아니라 복음을 통해서 현존하시는 그리스도를 향한 환호"(「성찬례」, 아돌프 아담, 분도, 1996, 72쪽)이며, "회중이 자신들에게 말씀하실 주님을 맞으며 인사하고 신앙을 고백하는 노래"(「미사 전례」, 이홍기, 분도, 1997, 165쪽)인데 사순절 기간을 제외하곤 언제나 노래한다. 위령 미사를 봉헌할 경우에는 사목적 판단에 의해 결정하는 것이 좋다. 위령 미사일 때는 망자에게 있어 주님 안에서 부활하리라는 믿음과 희망을 표현하는 것이므로 복음 환호송을 노래하는 것도 의미가 있다는 것을 설명해 주어야 한다. 복음 환호송은 히브리어 'hallelu-jah'에서 유래하는데 "야훼를 찬양하라, 또는 너희는 주님을 찬양하라." 하는 뜻을 갖고 있다. 신자들은 복음을 들음으로써 그리스도의 현존을 체험하기에 마음 깊은 곳에서 우러나오는 환호성으로 노래해야 한다. 독서 후 전례 시기에 따라 복음 환호송이나 다른 노래를 부를 수 있다. 이러한 환호는 그 자체로 하나의 예식 및 전례 행위가 된다(「새 미사 전례서 총 지침」(2002년) 62항).

복음 환호송의 원어를 어떻게 발음하는가에 따라서 '알렐루야' 혹은 '할렐루야' 등으로 노래하는데, 무엇보다도 그 뜻에 충실한 것이 옳지, 언어 풍습이나 구조에 따라 달리 발음되는 것에 집착하는 것은 진정한 복음 환호송을 노래하는 것과 거리가 멀다.

(4) 복음 봉독

독서 중에서 가장 나중에 읽히는 것이 복음인데, 이 관습은 이미 초대 교회에서 거행되고 있었다. 복음 봉독 때 사제는 "주님께서 여러분과 함께." 하며 회중을 그리스도의 말씀의 장으로 초대하는데, 다른 때와 달리 팔을 벌리는 동작을 하지 않는다(「새 미사 전례서 총 지침」(2002년) 175항). 사제는 복음을 읽기 전에 복음서의 이름을 알려 주고 이마와 입술, 가슴에 작은 십자성호를 긋는데 이 형식은 11세기 이후에 나타났다. 부제나 공동 집전자가 복음을 봉독할 때 주례자와의 관계에 대해서는 공의회 이후에 여러 차례 변화가 있었다. 무엇보다도 제2차 바티칸 공의회 이후 「Inter Oecumenici」

(1965년 3월 7일)에서는 공동 집전 사제가 복음을 봉독할 경우 주례 주교나 사제에게 강복을 받는다고 했는데, 공의회의 결의에 따라 개정 공포된 「미사경본의 총 지침Institutio Generalis Missalis」(1969년)에서는 언급하지 않았다. 교회에서는 새 규범집이 나올 때 과거의 규범에 설명을 달지 않는 경우에는 그것을 폐지하는 것으로 인식하는 경우가 많았다. 그래서 사제가 복음 봉독 시 주례 사제나 주교에게 강복을 받지 않는다는 것은, 이미 주교의 파견을 통해 교회의 공인된 복음 선포자가 되었기 때문인 것으로 인식했다(「미사 전례」, 이홍기, 분도, 1997, 170쪽). 하지만 2002년에 새로 나온 미사 전례서는 종전의 방식을 수정하였다.

주교가 집전하는 미사에서는 부제나 사제가 주교에게 강복을 청하고 복음을 선포한다. 사제가 집전하는 미사에서 부제가 복음을 선포할 때는, 먼저 사제에게 강복을 청한 다음 복음을 선포한다. 그러나 사제들이 공동 집전할 때는 그중 한 사람이 복음을 선포하지만, 강복을 청하지는 않는다(「'새 미사 전례서 총 지침' (2002년)에 따른 간추린 미사 전례 지침」, 복음 준비).

복음을 봉독하는 부제나 사제는 편안한 마음을 유지하고 차분한 목소리로 조용하고 힘차게 복음을 읽는다. 복음은 분명한 발음으로 회중들이 쉽게 이해할 수 있도록 읽어 나가야 하며, 봉독하기 전에 미리 그날 복음에 대한 내용을 파악한 다음 중요한 단어와 단락을 강조해서 읽어야 한다. 특히 복음을 선포하는 사제는 신자들이 예수 그리스도의 역사적인 사건에 동참하도록 도와주어야 하며, 복음을 통해 예수 그리스도께 대한 신앙고백과 더불어 삶에서 그것을 증거하도록 해주어야 한다.

복음 봉독은 상징적인 의미에서 이루어져야 한다. 복음을 봉독할 때는 모든 신자들이 일어서서 예수 그리스도의 말씀을 듣는다. 복음이 봉독되기 전에, 인간의 구원을 위하여 세상에 오시는 분에 대한 예의로서, 어둠을 몰아내시는 말씀과 구원에 대한 기쁜 소식을 전하는 의미로서 복사들은 향을 피우고 촛불을 독서대 좌우에서 들고 준비한다. 복음 봉독에 따른 규범은 다음과 같다.

① 복음 봉독자는 사제 혹은 부제이다.
② 복음 봉독자는 복음서를 들고 향로와 초를 앞세우고 독서대에 선다.
③ 봉독자는 복음을 읽기 전에 간단한 설명으로 "[마태오, 마르코, 루카, 요한]이 전한 거룩한 복음입니다." 하고 외친 후, 복음서와 자신의 이마, 입술, 가슴에 축복의 의미인 작은 십자성호를 긋는다.
④ 봉독자는 현존하시는 그리스도께 분향의 예를 바친다.
⑤ 복음 봉독 후, 봉독자는 복음서에 친구하거나 경배하면서 "이 복음의 말씀으로 저희 죄를 씻어 주소서." 하고 기도한다.

(5) 강론[141]

복음 봉독이 끝나면 사제는 하느님의 말씀을 신앙의 빛으로 해석하는데 봉독한 성경을 실생활과 연관시켜 회중에게 해설하는 것이다. 강론하는 사제는 그리스도의 대리자로서 하느님의 구원 업적을 기념하고, 선포하며, 영적 양식을 제공하는 신분으로서, 이 직무를 위해 부르심을 받고 축성된 자이기에 강론을 평신도에게 양도하면 안 된다.[142] 평신도 역시 세례성사를 통해 그리스도의 예언직에 참여하며 복음 선포의 권리와 의무가 있는 것이 사실이다. 그러나 성직자 이상으로 굳센 신앙과 해박한 신학적 지식을 갖고 있어 훌륭한 강론을 할 수 있다 해도, 강론은 교회가 사제에게 맡긴 중요한 직무 중 하나이므로 평신도는 할 수 없다. 그런데 원천적으로 평신도에게 강론이 금지된 것은 아니다. 주교회의의 결정에 따른 특별한 기회에, 그리고 사제나 부제가 없는 성당이나 공소에서 말씀 전례를 거행할 때 평신도도 강론을 할 수 있다(「미사 전례」, 이홍기, 분도, 1997, 176-177쪽). 하지만 사제가 강론을 준비하지 못했다고 해서, 또는 의사 전달에 문제가 있는 외국인이라 해서 평신도에게 강론을 맡길 수 있다는 생각은 옳지 않다.

말씀 전례를 풍요롭게 만드는 것은 사제의 강론이다. 잘 준비된 강론은 회중으로 하여금 그리스도의 구원 사업에 대한 이해를 통해 깊은 감동을 주며, 성찬 전례에 능동적으로 참여하게 만들고, 아울러 하느님의 말씀을 생활 속에서 실천하는 양식이 된다. 교회는 "주일과 파공 축일에 신자들과 함께 거행하는 미사에 있어서, 강론은 중대한 이유 없이 생략되어서는 안 된다"(「전례헌장」 52항)고, 사제가 매일 미사 때마다 준비하는 것이 가장 바람직한 사목 활동이라고 말한다.

강론을 준비하는 사제는 교회의 지침을 잊어서는 안 된다. 미사 강론은 선포된 성경 말씀이나 전례 본문을 해설함으로써, 신자 공동체가 미사에 더욱 능동적으로 참여하도록 인도해야 한다. 하느님의 말씀을 신자들에게 잘 전달하도록, 강론은 전례력의 흐름에 맞추어 신앙의 신비와 그리스도교적 생활 규범을 성서에 바탕을 두고 설명하는 것이다. 그러므로 미사 강론은 반드시 그날 전례와 성경의 샘에서 취해야 한다(「미사 전례」, 이홍기, 분도, 1997, 177쪽). 강론 준비가 미숙하여 개인적인 이야기를 하거나, 성경과 상관없

---

141) '강론'은 그리스어 'Homilia'를 번역한 것이다. 이 단어는 아버지가 자녀에게, 스승이 제자에게, 가까운 동료 사이에 대화 형식으로 하는 이야기를 뜻한다. 전례에서 '강론'이란 전례력의 흐름에 맞추어 신앙의 신비와 그리스도인의 생활 규범을 성경을 바탕으로 설명하는 것이다. 이와 비슷한 말로 쓰이는 '설교praedicatio'는 전례와 상관없이 회중 앞에서 교리나 신앙과 관련된 주제를 가지고 말하는 강연이나 연설의 의미를 갖고 있다. 공의회와 그 이후 문헌에서는 이 두 단어를 구분해서 사용하고 있다(「미사 전례」, 이홍기, 분도, 1997, 174쪽).
142) 강론은 거룩한 미사나 그와 유사한 전례의 거행에 속하는데, 일반적으로 집전 사제나 위임된 공동 집전 사제가 강론할 수 있지만 경우에 따라서는 부제도 할 수 있다. 하지만 평신도는 강론할 수 없다(「Redemptionis Sacramentum」 64항, 2004).

는 사회적인 문제나 개인적인 흥미를 갖고 회중을 판단하면서 말하는 것을 옳지 않다. 회중은 적어도 교회로부터 위로받고자 하는 마음으로 미사에 참석하기 때문에 그들에게 도움을 주어야 한다. 강론할 때 사제들은 다음과 같은 점을 유의해야 할 것이다(「미사 전례」, 이홍기, 분도, 1997, 179쪽).

① 미사 강론은 시작 예절 때 하는 안내 및 해설로 대체할 수 없다. 사제가 미사를 시작할 때 해설을 통해 그날 복음을 설명하는 것은, 회중이 미사에 집중하는 데 도움이 되는 사목적 행위이다. 하지만 해설을 통해 강론의 역할을 다한 것으로 생각하고 강론을 생략해서는 안 된다.

② 강론의 장소는 주례석(서품식이나 서원식 때 주교처럼 사제도 의자에 앉아서 강론할 수 있다)이나 독서대에서 하는 것을 원칙으로 한다. 제대는 말씀의 식탁이 아니라 성찬 전례의 장소이므로 피하는 것이 좋다.

③ 강론 후 별도의 예식으로 오해할 수 있는 '십자성호, 아멘' 등을 신자들에게 요구하는 것은 좋지 않다.

④ 강론 때를 공지 사항이나 개인 혹은 단체에 대한 감정을 토로하는 장으로 사용해서는 안 된다.

⑤ 강론 시간이 너무 길어서는 안 된다. 일반적으로 주일 강론은 7~10분, 평일 미사는 4~6분, 특별한 경우에는 12~14분까지

가능하다. 15분을 넘기며 계속되는 강론을 회중에게 끝까지 집중해 달라고 요구하는 것은 무리이다(*How not to say Mass*, Dennis C. Smolarski, Paulist Press, New York, 1985, p. 54).

⑥ 강론의 주제는 전례력에 입각한 신앙의 신비와 그리스도인의 생활 규범을 다룬다. 다른 종교인의 강연이나 강론 형태를 띤 어떠한 강의도 허용되지 않는다.

⑦ 강론 시간은 하느님의 말씀을 해설하면서 하느님과 회중의 대화를 이끌어 내는 시간이다. 그러므로 준비해 온 강론 내용을 그냥 읽어 나가는 것은 강론의 본질에 어긋난 행동이다. 회중을 바라보면서 응답을 이끌어 내는 것은 강론하는 사제가 지녀야 할 중요한 행동이며 덕목이다.

⑧ 사제는 그날의 복음과 강론을 들은 회중에게 침묵의 시간을 주어, 마음속에 하느님의 말씀이 새겨지고 자라날 수 있도록 배려해야 한다.

(6) 신앙고백

성경 봉독과 강론을 통해 하느님의 말씀을 마음에 받아들인 회중은 하느님의 사랑과 자비, 하느님을 향한 신뢰와 존경심으로 인하여 마음을 열고 고백하지 않을 수 없게 된다. 신앙고백은 가톨릭 전통에서 내려오는 축약된 신학적 언어를 사용한 그리스도교의 대표적인 신앙고백문이다. 미사에 신경을 도입한 시기는 5세기 후반(안티오키아 교회)이다. 동방 교회에서 먼저 도입하였으며, 6세기 말 스페인(톨레도 시노드, 589년)을 시작으로 라틴 교회에 퍼졌고, 11세기 초에 이르러 로마 전례에 도입되었다. 초대 교회에서 신경을 도입한 동기는, 그리스도의 천주성을 부인하던 아리우스파 이단[143]을 막고 믿음의 기본 교리를 확고히 심어 주기 위해서였다. 신앙고백문 중에는 우리가 잘 알고 있는 니케아신경(니케아-콘스탄티노플신경)[144]과 사도신경 두 가지와 더불어 아타나시오신경, 트리엔트신경 등이 있다고 전해진다. 당시엔 주일이나 대축일 미사 중에 신앙고백을 하지 않고 특정한 날(주일과 몇몇 축일, 신경의 내용과 관련된 예수 성탄부터 성령 강림 대축일 사이, 성모님 축일 및 사도 축일)에 신경을 외웠다(「미사 전례」, 이홍기, 분도, 1997, 181쪽). 한국에서는 니케아신경보다 사도신경을 사용하고 있으나 사도좌나 서구 교회에서는 대부분 니케아신경을 사용하고 있다. 보편 교회는 미사의 공식 신앙고백문을 니케아신경으로 정하고 있으나, 1967년 주교 시노드의 건의에 따라 지역 교회의 판단에 따른 결정을 받아들이고 있다. 하지만 니케아신경이 길다는 이유로 사도신경을 선택하는 것은 옳지 않다고 보편 교회는 지적한다(「'새 미사 전례서 총 지침'(2002년)에 따른 간추린 미사 전례 지침」, 신경).

사도신경은 니케아신경을 보다 간단하고 일목요연하게 정리한 로마 미사 전례의 공식 신앙고백문이다. 사도들이 전해 준 신앙고백문이라고 믿으며(Gesti e parole della messa, R. Falsini, Ancora, Milano, 2001, p. 72), 단순한 구성에 지극히 종교적인 특색을 지녔다. 사도신경은 초세기 중엽부터 그리스도교 신앙의 골자가 되는 조항들을 열거하여 예비신자를 위한 내용이라고 할 수 있다. 그 내용은 성부, 성자, 성령, 삼위에 대한 신앙과 그리스도의 강생 구속, 부활, 승천, 재림에 대한 것과 교회와 죄의 사함, 육신의 부활과 영생에 대한 신앙고백이다. 사도신경은 그리스도인들이 진심으로

---

143) 4세기에 예수 그리스도의 신성을 부인한 아리우스의 주장을 교의로 삼는 일파이다. 알렉산드리아 교회의 사제 아리우스는, '성부, 성자, 성령의 세 위격은 대등하며, 오직 성부만이 영원하다. 성자는 모든 피조물과 같이 창조되었을 뿐, 신이되 피조물과 신의 중개 역할을 하고, 신이 그에게 세상을 구원하도록 선택한 것이다. 예수 그리스도는 신의 은총을 입어 하느님의 양자로 선택받은 것이다'라고 주장하였다(「미사 전례」, 이홍기, 분도, 1997, 180-181쪽; Arianism, 두산대백과사전).

144) 니케아-콘스탄티노플신경은 예루살렘에서 사용하던 세례 신앙고백문이 발달한 것으로 보인다. 이 신경의 배경이 되는 니케아 공의회(325년)와 콘스탄티노플 공의회(381)는 그리스도와 성령께서 참된 하느님임을 선포했다. 그러나 이 신경의 기본 내용은 예루살렘의 치릴로가 집필한 예비신자 교리서를 바탕으로 하고 있으며(350년), 이것을 교회의 공식 신경으로 확정한 것은 칼체돈 공의회(451년)이다. 동방 교회는 이 신경을 미사를 비롯한 여러 예식이나 기도 중에 사용했으며, 로마에서도 오랫동안 세례 신앙고백문으로 사용하다가 1014년에 이르러 미사에 도입했다. 이 신경이 생긴 역사적 배경이 이단을 거슬러 그리스도교 신앙을 일목요연하게 확정하는 데 있었기 때문에 그 내용이 비교적 상세하다. 이러한 배경과 내용 때문에 이 신경을 대신경, 동방 신경, 신학적 신경이라고도 한다. 로마 미사 전례의 공식 신앙고백문은 바로 이 신경이다(「미사 전례」, 이홍기, 분도, 1997, 181쪽).

믿고 고백해야만 하는 기본적인 신학적 내용들로만 이루어져 있다. 신앙고백문의 구조를 살펴보면 다음과 같이 다섯 부분으로 나누어져 있다.

창조주 하느님 아버지	전능하신 천주 성부 천지의 창조주를 저는 믿나이다.
외아들 그리스도의 강생 구속	그 외아들 우리 주 예수 그리스도님… 죽은 이를 심판하러 오시리라 믿나이다.
성령의 천주성	성령을 믿으며
사도 전승의 교회	거룩하고 보편된 교회와
구원의 은총 : 후세의 삶 및 그리스도교 교리	모든 성인의 통공을 믿으며 죄의 용서와 육신의 부활을 믿으며 영원한 삶을 믿나이다.

전통적인 교리 내용으로 이루어진 사도신경은 무엇보다도 그리스도교를 믿는 이들에게 있어서 기본적으로 알아 두어야 할 교의적인 내용을 담고 있다. 그중에서도 성부, 성자, 성령에 대한 믿음을 바탕으로 구원에 대한 희망을 갖는 것을 골자로 하고 있다.

첫 번째 부분은 전능하시며 세상을 창조하신 성부에 대한 신앙으로서, 그리스도인으로서 믿어야 할 첫 번째 내용을 성부에 초점을 맞추고 있다. 두 번째 부분은 예수 그리스도에 대한 내용이다. 참 인간이시고 참 하느님이신 예수 그리스도가 인간을 위해 세상에 오시고 고난을 받으시어 돌아가셨으며, 부활과 함께 인간을 다시 구원하심을 보여 주시고 언제나 함께하심을 설명하고 있다. 첫 번째와 두 번째 내용들은 이미 하느님께서 인간에게 베풀어 주신 과거의 교의 내용으로서, 교회의 가르침을 통해 알고 있어야 할 내용을 설명하고 있다. 그렇다면 다음 내용은 앞선 내용을 통해 믿어야 할 내용들로 이루어졌다고 할 수 있다. 즉, 세 번째와 그 이후의 부분은 미래에 이루어질 것에 대한 희망의 내용으로서, 성령과 교회와 모든 성인들의 협조를 믿고 그 후에 인간에게 주어질 은총을 바라는 내용이다.

신앙고백문은 다른 기도문과 달리 교송으로 이루어진 것이 아니므로, 사제와 회중은 함께 고백해야 한다. 그리스도인들이 바치는 일반적인 기도의 특성인 복수를(하늘에 계신 우리 아버지…) 사용하는 '주님의 기도'와 달리, 신앙고백은 단수를(전능하신 천주… 저는 믿나이다) 사용하여 스스로 고백하고 있다. 신앙고백은 그리스도인으로서 생활 속에서 그리스도의 가르침에 대한 신앙의 진리를 실현하겠다는 확고한 고백이기도 한 것이다. 신앙고백 후에는 강한 믿음을 갖고 있는 그리스도인들의 잔치인 성찬 전례에 참석하게 되므로, 신앙의 신비인 잔치에 들어가기 전에 신앙을 점검하고 강화하는 순간이기도 하다. 또한 말씀 전례에서, 하느님과의 대화에서 인간이 하느님을 향해 크게 외치는 강한 믿음과 굳센 신앙이 표현되는 절정의 순간이기도 하다. 신앙고백은 미사 중에 회중이 응답하는 "아멘"의 구체적인 표현이라고 할 수 있는데, 단순하게 수동적으로 하느님의 말씀에 동의하는 태도에서 보다 적극적이고 구체적인 신앙 표현으로서 질문에 대답하는 것이다. 무엇보다도 회중은 신앙고백을 통해 여섯 차례[145]에 걸친 자신의 믿음을 고백한다. 믿는다는 것은 만나서 신뢰를 구축할 수 있는 것인데, 성부와 성자와 성령과 구원에 대한 은총을 교회 안에서, 교회를 통해서, 모든 성인들의 전구로써 굳게 믿는다는 것이다. 성부와 성자와 성령을 믿음으로써, 세상에 세우신 교회 안에서 구원의 신비를 굳게 믿겠다는 고백으로, 우리를 위해 그리스도께서 제정하신 성찬 전례로 한 걸음 나아가게 되는 것이다. 신앙고백문을 통해 그리스도인들은 하느님의 무한하신 은총을 느끼고 그분의 손길에 의해 인도되어, 충만한 삶을 통해 영원한 위안의 세상을 갈망하게 된다.

   말씀 전례에서처럼 하느님 말씀과 공동체의 화답을 통해 그리스도인들의 마음에 새로운 신앙을 구축하는 것이 아니라, 이미 세워진 신앙을 재구축하는 의미를 갖는 회개를 향한 발걸음이라고 할 수 있다. 성서를 통해 예수 그리스도의 현존이 드러나며, 그리스도의 현존은 전례 안에서 다양한 상징과 표징으로 표현되고 전

---

145) ① 천지의 창조주를 저는 믿나이다. ② 심판하러 오시리라 믿나이다. ③ 성령을 믿으며 ④ 성인의 통공을 믿으며 ⑤ 부활을 믿으며 ⑥ 영원한 삶을 믿나이다.

달된다. 말씀 전례가 거행되는 동안 그리스도인들은 하느님의 가르침을 받아들일 준비를 하는데, 이는 구원의 계약 안에서 하느님과 인간의 만남이 시작되는 것이다. 하느님과 그리스도인의 만남은 그리스도인들의 구원을 위한 대화의 장으로 변하고, 하느님의 말씀을 들음으로써 하느님께 드릴 수 있는 적절한 응답을 준비하고 다짐하는 만남의 순간이 되는데, 이때 하느님의 말씀은 그리스도인들의 적절한 답을 요구한다(*La messa attraverso i suoi riti*, R. Le Gall, Elle Di Ci, Leumann(Torino), 1994, p. 43). 모든 그리스도인들은 사도들처럼 하느님의 말씀을 받아들이고 이해하고 실현하기 위해 부르심을 받았으며, 예수 그리스도를 통한 구원의 메시지는 말씀 전례에서 드러난다.

하느님의 말씀을 들은 그리스도인들은 혼란에 놓이게 된다. 그들의 삶 속에서 선택을 해야 할 시간이 다가오기 때문이다. 하느님께서 제시하신 삶이나 예수 그리스도의 삶을 선택하거나 세상이 제시하는 삶에서 선택을 해야 한다. 예수 그리스도의 삶을 선택한다는 것은 자신이 갖고 있는 성숙한 신앙에 의해 결정하는 것이지, 어떠한 강압에 의해 선택되는 것이 아니다. 이러한 선택은 진정한 예수 그리스도의 제자가 되기를 원한다는 의미도 있고, 예수 그리스도가 세상의 구원을 위해 희생 제물이 되신 성찬 전례에 기쁜 마음으로 참석하고 다가갈 수 있다는 것이다.

(7) 보편 지향 기도

하느님과 그리스도인들의 대화의 장이 미사라면, 기도는 대화 그 자체이다. 미사 전례 안에서 하느님과 그리스도인들이 대화한다는 것은, 그리스도인들이 기도한다는 의미를 담고 있다. 기도의 대부분은 하느님에게 간청하거나 모든 이들을 위한 보편적인 선을 지향하는 내용을 담고 있다. 기본적으로 미사 전례에 참석하는 그리스도인들은 전례 봉사자들이 바치는 기도에 "아멘"이라는 말로 참여하고 있지만, 보편 지향 기도를 통해서는 직접적이고 능동적으로 참여할 수 있는 기회가 마련되어 있다. 보편 지향 기도는 말씀 전례를 마친 후 미사 전례에 참석한 모든 이들의 지향을 특정한 기도 형식 없이 마음속에서 우러나오는 말로 하느님께 청하는 것이다. 미사 전례 안에서 주어지는 하느님과의 순수한 대화를 통해, 그리고 강론을 통해 알게 된 하느님의 뜻에 응답하기 위해 성령의 도우심으로 각자의 마음을 열어 하느님에게 은총을 청하는 것이라고 할 수 있다.

미사에서 기도가 준비되어 있지 않다면 준비된 식탁에 음식이 없는 것과 같다. 그리스도인에게 보편 지향 기도는 "하느님 말씀에 대답하기 위한 기도이며, 신앙에 따라 사는 데 필요한 은혜를 청하는 기도"(「미사」, 쯔찌야 요시마사, 성바오로, 1997, 36쪽)라고 할 수 있으며, "하느님께서 당신 백성에게 하신 말씀에 대해 기도로 응답"(「전례헌장」 33항)하기 위해 공동체가 드리는 기도라고 할 수 있다. 보편 지향 기도는 개인이 필요한 것을 청하는 것이 아니라 공동체적이어야 한다. 공동체를 위하고 공동체에 의존하는 내용을 포함함으로써 "하느님의 은총의 필요성을 통감하고 있는 공동체를 위한 기도"(「미사」, 쯔찌야 요시마사, 성바오로, 1997, 36쪽)이다. 말씀 전례를 종결하면서 성찬 전례로 이어 주는 보편 지향 기도는 인류 구원을 위한 예비 봉헌이며(「미사 전례」, 이홍기, 분도, 1997, 187쪽), 인류의 구원을 위해 자신을 바치셨던 예수 그리스도의 삶을 본받아 공동체의 이름으로 결합되어 하나의 공동체를 형성시켜 주는 역할을 한다. 하지만 보편 지향 기도가 처음부터 미사의 구조 안에 있었던 것은 아니다. 사도들의 가르침에 따라 1세기 말경부터(95년경에 기록된 클레멘스 교황의 저서와 유스티노의 「호교론」) 세상 구원을 위한 특별 기도가 주일 미사의 강론 다음에 자리를 잡았다. 이는 신자들이 말씀 전례가 끝나면 예비신자들을 돌려보내고 세례를 받은 이들만 남아서 성찬 전례 전에 공동체가 함께 바쳤던 것이다. 하지만 500년대에 이르러 교회는 미사에서 보편 지향 기도를 삭제하였다. 신자들이 바친 공동체의 기도가 지나치게 사적이고, 개인적인 감정에 따른 언어의 선택으로 남용되어 자리를 잡지 못했기 때문으로 전해지고 있다. 하지만 20세기에 교회에서 불기 시작한 전례 부흥 운동에 힘입어 보편 지향 기도는 다시 미사 안으로 들어올 수 있게 되었다(「미사 전례」, 이홍기, 분도, 1997, 185-187쪽). 제2차 바티칸 공의회의 정신[146]에 따라 교회 안으로 다시 보편 지향 기도가 들어오게 되고[147] "하느님 백성은 보편 지향 기도를 통하여 믿음으로 받아들인 하느님 말씀에 응답하고, 세례 때 받은 자신의 보편 사제직(세례 사제직)을 수행하며 모든 이의 구원을 위하여 기도"(「새 미사 전례서 총 지침」(2002))로써 마감하는데, 사제는 예식화되고 규격화된 본기도와 다른[148] 일반적이고 짧은 내용의 기도를 바친다.

보편 지향 기도의 특징은 신자들이 자유롭게 기도한다는 것이다. 미사 전례에서 신자들은 일정한 양식에 의해 준비된 기도문을

---

[146] 시대의 불리한 여건에 따라 없어진 요소 중에서 합당하고 필요하다고 생각되면 교부들의 옛 규정에 따라 복구시켜야 한다(「전례헌장」 50항).
[147] 1966년에 「공동 기도」 또는 「신자들의 기도」라는 책을 통하여 이 기도를 완전히 복구하였다. 그리고 1970년의 미사 전례서에 기입(총 기입 45-47)과 여러 종류의 표본까지 제시하였다. 그리하여 보편 지향 기도는 미사 전례에서 사라진 지 무려 1400여 년이 지난 다음에 그 가치를 인정받아 다시금 제자리로 되돌아온 셈이다(「미사 전례」, 이홍기, 분도, 1997, 186-187쪽).
[148] 지향은 네 부분으로 되어 있다. 첫째 부분은 모든 교회를 위한 기도이다. 여기서 말하는 교회란 그리스도의 몸인 그리스도인 공동체를 뜻하므로 하느님 백성이 된 사람, 즉 모든 신자, 교회 전체, 세계의 모든 교회를 위한 기도이다. 둘째 부분은 전 인류로 시야를 넓혀 아직 하느님 백성이 안 된, 즉 그리스도교 신앙을 받아들이지 않은 사람을 포함한 모든 이들을 위한 기도이다. 셋째 부분은 아주 구체적이고 긴급하며 필요한 일을 위한 기도인데, 모든 차원의 공동체를 위한 구체적인 것이면 된다. 넷째 부분은 우리 공동체를 위한 것, 즉 본당이나 지역 공동체나 각종 단체에 속한 사람들을 위한 기도이다(「미사」, 쯔찌야 요시 마사, 성바오로, 1997, 37쪽).

충실히 암기하여 공동체와 함께 표현하는데, 보편 지향 기도는 공동체의 기도 속에서 자신의 기도를 자유롭게 할 수 있는 부분이다. 보편 지향 기도는 신학적인 의미를 풍부히 담고 있는 형식화된 교회의 기도문이 아니다. 그러므로 자신의 신앙과 삶 속에서 그리스도인으로서 지향하고 청해야 할 것을 학문적이거나 문학적인 표현이 아닌 생활 언어로 정리하고, 정확한 의미 전달을 함으로써 공동체의 공감을 이끌어 내는 기도가 되어야 할 것이다.

::4장
성찬 전례[149]

성찬 전례의 근원은 구약의 파스카를 통해 이해될 수 있다. 이스라엘 백성이 이집트를 떠나오면서 양의 피를 문 상인방과 좌우 문설주에 바른 예식을 통해 죽음을 면한 파스카(Pasqua, 탈출 12,21-28)를, 홍해를 건너오면서 겪은 파스카(pass over, 과월절)를 기념하는 사건이 이스라엘 예절 안에 정착되었다. 또한 노예에서 자유인으로 생활이 바뀐 이스라엘 백성이 야훼와 새로운 계약을 맺음으로써 거룩한 백성, 하느님 왕국의 선택된 백성이 된 것을 기념한다. 이러한 역사적 가치 안에서 구약의 파스카 계약은 예수 그리스도가 세상에 오심으로써, 그리고 당신의 몸과 피를 봉헌하심으로써 새롭게 갱신됨을 교회는 선포하고 있다. 신약에서의 파스카 개념은 그리스도의 십자가 죽음과 부활 사건 안에서 이해되며, 그리스도의 파스카 신비는 성찬 전례에서 완벽하게 재현된다. 트리엔트 공의회(1545~1563)는 예수 그리스도께서 십자가 위에서 자신을 봉헌하신 것과 같은 희생 제물을 교회에서는 성찬 전례를 통해 똑같이 봉헌하며, 재현하고 있음을 선포한다.

구약에서 파스카의 의미는 유다인들이 이집트 노예 생활에서 해방되는 사건을 통해 설명하고 있지만, 신약에서 파스카의 의미는 예수 그리스도의 희생 제물로 세상을 죄에서 구원하시고 당신을 믿는 모든 이들과 새롭고 영원한 계약을 맺는 의미를 갖는다. 하느님의 뜻이 말씀과 행위로써 그리스도를 믿는 모든 이들에게 구원의 실재적 의미로 설명되고 이해되며, 구원은 전례 안에서 성사의 상징을 통해 재현되고 있다.

오늘날처럼 말씀 전례와 성찬 전례가 연결되어 미사의 형태를 이룬 것은 대략 150년경이며(*Apologia I*, Justinus Martyr, C. 65-67), 이러한 구조는 초기 교회에서 이미 말씀 전례와 성찬 전례의 중요성

---

149) 사제는 최후의 만찬 때와 같이 그리스도를 대신하여 빵과 포도주를 들고(예물 준비), 감사를 드리면서(감사기도), 주님의 구원 업적을 기념하고, 축성된 빵을 축성된 포도주와 함께 나눈다(영성체). 그리하여 주님 안에서 공동체 상호간에 친교를 이룬다(「미사 전례」, 이홍기, 분도, 1997, 84쪽).

을 인식하고 있었기 때문에 가능했다. 미사에 참석한 이들은 하느님의 말씀에 대한 감사와 찬미를 드리게 되며, 의식은 행위를 통해 하느님께 봉헌됨으로써 말씀에 대한 감사 행위가 성찬 전례 안에서 표현된다.

성찬 전례를 집전하는 사제는 예수 그리스도의 최후의 만찬을 주관하여 십자가 위의 제사를 다시, 지금 이 자리에서 재현하고 있다. 미사 중에 예수 그리스도를 기념하는 성찬 전례는 "최후의 만찬의 형식과 절차에 따라 구성"(「미사 전례」, 이홍기, 분도, 1997, 193쪽)되어 있다. 또한 성찬 전례 전체의 형식과 구조는 전례헌장의 개정 지침에 따라 「로마 미사 전례서 총 지침」 72항[150]에서 자세히 설명하고 있다. 성찬 전례를 통해 예수 그리스도의 십자가 죽음을 기억하고 재현함으로써, 구원의 효과가 미사에 참석하는 이들에게 현실화되고 체험됨을 보여 주는 것이다. 제2차 바티칸 공의회 이전까지는 성찬 전례를 '신자들의 미사', '봉헌미사'라고 했다. 이는 초대 그리스도교 공동체에서는 말씀 전례가 끝나면 세례를 받지 않은 예비신자들은 자리를 비우고, 세례를 받은 신자들만 미사, 즉 모임에 남아 성찬 전례 예식을 계속 진행했기 때문이다. 예수의 십자가 제사가 재현되고, 그리스도의 몸과 피를 영하는 전례에 대한 교리를 예비신자들이 제대로 이해하지 않았을 상황에서 오해할 소지가 있었다(「미사 전례」, 이홍기, 분도, 1997, 193쪽).

오늘날 거행되는 성찬 전례는 "이는 너희를 위하여 내어 주는 내 몸이다. 너희는 나를 기억하여 이를 행하여라"(루카 22,19)에 근거를 두고 있다. 성찬 전례는 그리스도께서 당신의 삶을 새로운 계약의 장, 새로운 계약의 표징으로 선물하신 것으로서 교회의 전통적인 성사로 자리 잡게 되었고, 이 성사는 진실로 그리스도에 대한 기억과 재현을 이룬다(Eucaristia, I. Biffi, Marietti, Casale Monferrato(AL), 1982, pp. 7-8). 성찬 전례의 성서적 근거는 루카 복음에만 있는 것이 아니라 다른 복음에서도 찾아볼 수 있는데, 이 만찬에 대한 설명이 모두 최후의 만찬을 동일하게 그대로 전하는 것은 아니다. 성찬 전례의 기도문이 성서 본문의 글자와 동일하지 않은데, 고대 로마 전례에서 사용하는 감사기도문들은 성서보다 더 오래된 유다인 전통에 근거를 두고 있기 때문이다.[151] 성찬 전례문에 대한 성서적 근거는 마르코 양식과 안티오키아 양식 두 개로 구분해서 설명할 수 있다(작성 연대 : 1코린 55~56년, 마르 66년경(65~75), 루카 70~80년, 마태 70년경, 요한 100년경).

---

150) 그리스도께서 최후의 만찬에서 파스카 제사와 잔치를 제정하시고, 교회 안에서 십자가 제사가 언제나 계속되도록 하셨다. 사제는 그리스도를 대신하여 주님께서 스스로 행하셨고 당신을 기억하여 행하도록 제자들에게 맡기신 것을 그대로 재현한다.
151) 「성찬례」, 아돌프 아담, 분도, 1996, 124쪽 : 성찬 전례는 복음사가들과 바오로가 성서를 집필하기 전에 이미 오랫동안 거행되어 왔다는 사실이 밝혀졌다. 이 사실에서 성찬 축성문에 대한 성서 본문들이 상이함을 알 수 있다. 우리는 이들 안에서 첫 세대 그리스도인들의 전례 생활에 드러난 한 단면을 본다(Missarum II, Jungmann, 244).

마르코 양식		안티오키아 양식	
마태 26,26-28	마르 14,22-24	루카 22,19-20	1코린 11,23-25
26 그들이 음식을 먹고 있을 때에 예수님께서 빵을 들고 찬미를 드리신 다음, 그것을 떼어 제자들에게 주시며 말씀하셨다. "받아먹어라. 이는 내 몸이다." 27 또 잔을 들어 감사를 드리신 다음 제자들에게 주시며 말씀하셨다. "모두 이 잔을 마셔라. 28 이는 죄를 용서해 주려고 많은 사람을 위하여 흘리는 내 계약의 피다."	22 그들이 음식을 먹고 있을 때에 예수님께서 빵을 들고 찬미를 드리신 다음, 그것을 떼어 제자들에게 주시며 말씀하셨다. "받아라. 이는 내 몸이다." 23 또 잔을 들어 감사를 드리신 다음 제자들에게 주시니 모두 그것을 마셨다. 24 그때에 예수님께서 그들에게 이르셨다. "이는 많은 사람을 위하여 흘리는 내 계약의 피다."	19 예수님께서는 또 빵을 들고 감사를 드리신 다음, 그것을 떼어 사도들에게 주시며 말씀하셨다. "이는 너희를 위하여 내어 주는 내 몸이다. 너희는 나를 기억하여 이를 <u>행하여라</u>." 20 또 만찬을 드신 뒤에 같은 방식으로 잔을 들어 말씀하셨다. "이 잔은 너희를 위하여 흘리는 내 피로 맺는 새 계약이다."	23 사실 나는 주님에게서 받은 것을 여러분에게도 전해 주었습니다. 곧 주 예수님께서는 잡히시던 날 밤에 빵을 들고 24 감사를 드리신 다음, 그것을 떼어 주시며 말씀하셨습니다. "이는 너희를 위한 내 몸이다. 너희는 나를 기억하여 이를 <u>행하여라</u>." 25 또 만찬을 드신 뒤에 같은 모양으로 잔을 들어 말씀하셨습니다. "이 잔은 내 피로 맺는 새 계약이다. 너희는 이 잔을 마실 때마다 나를 기억하여 이를 <u>행하여라</u>."

마르코 양식에서는 볼 수 없는 "행하여라"라는 표현을 안티오키아 양식인 루카 복음에서 1번, 코린토 신자들에게 보낸 첫째 서간에서 2번 찾아볼 수 있다. 이러한 차이와 의미에 대해 교회에서는 명확하게 설명하고 있지 않다(*Eucaristia in Anamnesis*, S. Marsili, Marietti, Genova, 1994, pp. 147-148).

단지 마르코 양식은 예수 그리스도의 직접적인 말씀과 행위 외에는 어떠한 것도 첨가하지 않음으로써 혼란에 빠질 수 있는 상황을 배제하였다. 반면, 안티오키아 양식은 그리스도께서 보여 주신 최후의 만찬 예식을 사도들의 교회 안에서 영속적이고 지속적으로 재현하기 위한 정당성과 합법성을 부여하고자, 그리고 예수 그리스도의 부활의 의미를 더욱 강조하기 위해 제자들에게 예식을 계속하라는 사명을 위임하신 것을 강조하려는 의미에서 첨가했다고 볼 수 있다.

1. 성찬 전례의 의미론적 구분

성찬 전례를 구조적으로 설명하기에 앞서, 의미론적으로 어떻게 구성되었는지 먼저 짚고 가는 것이 옳을 듯싶다. 성찬 전례는 예물을 받음, 감사와 축성을 함, 성체를 쪼갬, 성체를 나눔, 이렇게 네 가지로 구성되어 있다(*How not to say Mass*, Dennis C. Smolarski, Paulist Press, New York, 1985, p. 57). 각 부분의 의미는 아래와 같다.

① **예물을 받음** : 예수께서 다락방에서 제자들과 함께 빵과 포도주를 드셨던 성찬례를 재현하기 위해 제병과 포도주를 받아 제대로 향한다.

② **감사와 축성을 함** : 감사기도와 성변화 예식을 통해 하느님의 구원 사업이 이 순간에 재현됨을 표현한다.

③ **성체를 쪼갬** : 성체를 쪼갬으로써 다시는 원래의 모습으로 돌아올 수 없음을 설명하듯, 예수 그리스도가 우리에 대한 사랑과 구원을 위한 당신의 희생을 무효화할 수 없음을 보여 준다.

④ **성체를 나눔** : 쪼갠 성체를 나누어 먹음으로써 하나의 공동체를 이루고, 그리스도 안에서 서로가 한 형제임을 드러낸다. 이러한 예식은 공동체성을 강조하여 자리에 모인 모두가 그리스도를 믿는 하나의 공동체임을 증명한다.

일부 사제들은 미사 전례서의 신학적인 의미를 배제하고 말 자체에 집착하여 성체를 쪼개는 예식[152]을 미리 하는 경우가 있는데 이는 잘못된 행위이다.

---

[152] 성찬 전례 중 성령 축성 기도에서 "빵을 들고 감사를 드리며 축복하시어 쪼개어 제자들에게 주시며 말씀하셨나이다" 라는 부분에서 일부 사제가 미리 성체를 쪼개는 경우가 있다. 이는 나중에 축성된 빵을 들어 성반에서 쪼개어 작은 조각을 성작 안에 넣을 때의 행위와 중복되기 때문에 잘못된 것이다. 미사 전례서 중 붉은색 글자와 검은색 글자의 의미를 혼돈해서는 안 된다

2. 성찬 전례의 구조적 의미

말씀 전례가 끝나면 미사 전례의 중심에서 짝을 이루는 성찬 전례가 시작된다. 성찬 전례의 의미는 예수 그리스도의 최후의 만찬이 소개되고, 그것을 지금 이 순간 재현하는 것이다. 성찬 전례는 예수 그리스도께서 최후의 만찬 때 빵과 잔을 손에 들고 바치신 감사 혹은 찬미의 기도에서 유래하는데, 당시 유다인들의 파스카 만찬이나 큰 종교 예식 때 바치는 찬양-축복 기도인 베라카Berakah의 의미 안에서 거행되었다고 볼 수 있다(「미사 전례」, 이홍기, 분도, 1997, 210쪽). 베라카의 의미가 유다-그리스도인에게 있어 성찬 전례의 근거가 되는 이유는, 그것을 바탕으로 그리스도의 죽음과 부활을 기념하기 위해 감사기도문이라는 특별한 형태의 기도문을 만들어 냈기 때문이다(「문화사에 따른 전례의 역사」, 부르크하르트 노인호이저, 분도, 1992, 42쪽). 오늘날 성찬 전례는 제대를 중심으로 모인 회중이 과거의 호교론적 입장에서 이교도에 대항하기 위해 참석했던 의미가 아니라, 생활 안에서 그리스도인으로서 능동적이고 적극적인 삶을 살기 위한 영적인 양식으로서 존재한다. 또한 성찬 전례의 거룩한 예식을 통해 그리스도인들은 굳센 신앙의 공개적 표현 수단뿐만 아니라, 성사적·영성적으로 그리스도와의 인격적인 일치를 위한 예식으로서 이를 이해하고 있다.

말씀 전례는 하느님의 구원 업적을 말씀으로 재현하고, 성찬 전례는 이를 성사적으로 재현한다. 하느님의 말씀을 듣고 응답하는 말씀 전례와 주님의 몸과 피를 봉헌하고 받아 모시는 성찬 전례는 서로 보완하면서 긴밀히 연결된 하나의 예식을 이룬다(「미사 전례」, 이홍기, 분도, 1997, 136쪽). 말씀 전례에서 신앙을 강화한 공동체는 신앙인의 잔치인 성찬 전례에 더욱 완전히 참여하며, 신앙의 음식인 성체 성혈을 더욱 경건히 모심으로써 주님 및 형제들과 긴밀히 일치한다(「미사 전례」, 이홍기, 분도, 1997, 137쪽). 성찬 전례는 그리스도의 죽음과 부활의 파스카 사건에 회중을 참여시키기 위하여, 성령의 도우심으로 그리스도께서 하신 최후의 만찬 때의 사건을 재현한다. 가톨릭에서 성찬 전례의 재현은 프로테스탄트(이하 개신교)에서 행하는 빵의 나눔 예식과 구분되는 특징을 갖고 있다. 가톨릭 성찬 전례의 특징은 2000년 전에 그리스도께서 행하셨던 빵과 포도주의 축복과 나눔이 그리스도의 몸과 피로 성변화되어, 지금 이 순간에도 성령의 도우심으로 사제를 통해 재현re-presentation된다. 그러나 개신교에서는 그리스도께서 행하신 예식을 기념하는memory 특성을 갖는다. 성찬 전례의 목적은 성령 안에서 그리스도를 통해 하느님 아버지를 알게 하며, 그분과 하나가 되게 하는 것이다. 성찬 전례는 서방 로마 가톨릭 교회의 특징적인 예절이며, 이때 사제는 봉헌된 빵과 포도주가 성령의 도우심으로 그리스도의 몸과 피로 변하게 하는 예식을 통해 회중을 한자리에 모이게 하며, 하나의 공동체를 형성하게 한다.

(1) 예물 준비

　제물 없는 제사가 없듯이, 성찬 전례 때도 역시 그리스도의 성체와 성혈이 될 빵과 포도주를 제대에 준비한다. 성찬 전례의 의미는 초기 교회에서는 감성적인 예물의 제공(offer, offertory)이었는데 시간이 흐름에 따라 예식의 의미를 갖는 봉헌oblation으로 변하게 되었다. 성찬 전례의 의미 변화는 미사의 의미에 있어서 제사적인 형식을 강조하기 위해 바뀌었다. 또한 초기 교회에서 그리스도인들은 교회에 자신들의 정성과 마음을 표시하고 가난한 이들과 성직자들의 생활을 위해 봉헌 예식 때 빵이나 포도주 등을 제공했는데, 이것이 11세기 이후 화폐의 발달로 인하여 현금으로 바뀌었다(「미사 전례」, 이홍기, 분도, 1997, 195-196쪽). 봉헌된 예물은 성직자 생활비, 교회 운영비, 건물 유지비 및 자선을 위해서 사용되고 있다. 예물 봉헌을 위한 행렬은 트리엔트 공의회 이후 교회의 예절에서 사라졌다가, 20세기 초 전례 부흥 운동 때 교회 내에서 되살리려는 노력으로 말미암아 제2차 바티칸 공의회 이후에 미사 전례에서 다시 자리를 잡게 되었다. 그 예로 빵과 포도주를 회중의 대표가 사제에게 봉헌하기 위해 운반하고, 회중은 이어 헌금하는 행렬을 이룬다.

성찬 전례를 준비하기 위해 빵과 포도주가 봉헌된다. 빵은 인류가 생활하는 데 가장 기본적인 양식이며, 성찬 전례 때 사용되는 빵은 누룩이 없는 것으로 해야 한다.[153] 동서양의 차이가 있지만, 서양에서 빵의 의미는 가장 보편적이고 기본적이며 필수적인 생활양식이라는 의미를 내포하고 있다. 하느님 제단에 봉헌하는 빵과 포도주는 인간이 삶을 유지하기 위해 기본적이고 필연적인 것을 하느님께 봉헌한다는 의미가 있다. 그러나 신학적으로 예물 봉헌은 신자들이 예물과 함께 자신들의 신앙을 봉헌한다는 의미로서 해석되어야 한다. 옛 이스라엘의 문화에서 볼 때, 포도주는 삶의 자양분뿐만 아니라 기쁨과 구원의 매개체로 생각되었다. 그래서 봉헌 예물은 특별한 선물을 드리는 것이 아니라 일상사에서 수고한 노력으로 얻을 수 있는 가장 보편적이고 중요한 것을 드리는 것이다. 결국 봉헌 예물은 가장 보편적이며 중요하고 삶의 풍요로움을 상징하는 것들을 통해 하느님께 감사를 드릴 수 있는 것이다. 구약의 제사 규정 및 계약은 성찬 전례의 봉헌을 통해 인간

---

153) 성찬 전례에 쓰일 빵은 순수하게 밀가루로 만든 신선한 것이어야 한다. 그리고 라틴 교회의 오랜 전통에 따라 누룩 안 든 빵이어야 한다(「로마 미사 전례서 총 지침」 320항).

과 하느님의 새로운 계약으로 완성된다. 하지만 빵과 포도주를 예물로 바치는 것만으로 성찬 전례의 본질적 의미가 충분해지는 것은 아니다. 빵과 포도주 안에 예수 그리스도의 완전한 희생의 의미가 내포되어 완성됨을 알아야 한다. 사제는 봉헌된 빵과 포도주를 들어 올리며 예물 준비 기도를 하게 된다. 성반에 담긴 빵을 들어 올리며 "온 누리의 주 하느님… 생명의 양식이 되게 하소서." 하고 기도하는데, 현재를 살아가는 모든 사람들에게 있어서 필요한 것은 빵이다. 기도문에서 빵은 생명의 양식으로 설명되며, 나아가 성찬 전례 때 빵이 그리스도의 몸으로 성변화되어 그리스도인들의 생명의 양식이 됨을 설명하고 있다. 또한 성작에 담긴 포도주를 들어 올리며 "온 누리의 주 하느님… 구원의 음료가 되게 하소서." 하고 기도한다. 빵이 현재를 살아가는 데 필요한 양식이라면 포도주는 미래를 위한 구원의 음료라고 설명하고 있다. 물론 포도주는 성변화를 통해 그리스도의 피가 되지만, 미사 때 거행되는 성찬 전례에서 그리스도의 몸과 피는 현재와 미래를 위한 그리스도인들의 생명의 양식이며 구원의 음료임을 앞서 설명하고 있다.

성찬 전례를 준비하는 과정에서 사제는 포도주를 축성하기 전에 성작에 약간의 물을 섞는다. 물을 섞는 예식은, 당시 중근동 지방의 더운 날씨에서 많은 양의 포도주를 섭취하여 취하는 것을 방지하고, 포도주를 빵과 함께 먹을 때 식사에 부담을 주지 않으려는 의도에서 포도주를 그대로 마시지 않고 물을 섞는 풍습에 따른 것이다. 그러나 미사 전례에서 물을 섞는 상징적인 의미는 유다인들의 전통적인 생활 속 의미보다 신학적으로 재해석할 수 있다.

① 그리스도의 옆구리에서 흘러나오는 물(요한 19,34)을 암시하고 여기서 교회와 성사들의 탄생 시간을 상징한다.
② 포도주와 물은 그리스도 안에서 신적 본성과 인간적 본성을 상징적으로 나타낸다.
③ 옛 에티오피아 전례 안에서 발견되는 8세기 마리아의 공경 감사기도를 찾아보면 이런 내용을 볼 수 있다. "거룩한 잔 안에서 물이 포도주에서 분리될 수 없듯이 그렇게 우리를 당신과 구원의 어린양이신 당신 아들에게서 분리되지 않게 하소서."(「성찬례」, 아돌프 아담, 분도, 1996, 98쪽)
④ 현 기도문은 인성을 취하신 그리스도의 신성과 인간인 신자 공동체의 결합을 상징하는 내용으로 되어 있다. "이 물과 술이 하나 되듯이 인성을 취하신 그리스도의 신성에 저희도 참여하게 하소서."(「미사 전례」, 이홍기, 분도, 1997, 201쪽) 이는 이미 섞인 물과 포도주같이 그리스도와 하나의 공동체로 결합된 것은 다시 분리될 수 없음을 의미한다.

감사기도는 미사의 중심이며 정점이고, 감사와 축성의 기도이다. 사제는 교우들의 마음이 기도와 감사를 통해 하느님께 향하도록 권유하고, 교우들과 함께 공동체의 이름으로 예수 그리스도를 통하여 하느님 아버지께 기도를 바친다. 이 기도의 뜻은 신자들의 집회가 하느님의 위대하신 업적을 찬양하며, 제사를 봉헌함으로써 그리스도와 결합된다는 데 있다(「미사경본의 총 지침」 54항, 한국천주교중앙협의회, 1969). 성찬 전례의 가장 큰 의미는 그리스도인들이 그리스도와 함께 축제를 거행한다는 것이다. 파스카의 신비 거행은 그리스도인의 신심과 더불어 기쁨이 동반되는 예절이어야 하며, 파스카의 예절은 그리스도인의 영적 행위로서 표현되어야 할 것이다.

(2) 제대 준비

그리스도교 전례의 거행에 있어서[154] 제대의 역할은 예물 봉헌과 성찬 전례의 중심점을 이루고 있다. 무엇보다도 제대는 예수 그리스도가 당신의 봉헌을 기념하고 재현하는 장소이며, 그리스도인들을 당신의 식탁으로 초대하는 감사제의 중심이다. 하지만 3세기까지 초대 교회는 이교도 풍습을 반영한다 하여 제대의 필요성을 느끼지 못했으며, 그리스도인들 역시 영적 제사에서 제대의 필요성을 생각하지 않았다.

제대는 성찬 전례 때, 빵과 포도주가 그리스도의 몸과 피로 변하는 성변화의 장소이며, 예수 그리스도의 희생 제물의 장소이자 만찬 식탁의 의미를 갖는다. 또한 제대에서 이루어지는 성찬 전례는 예수 그리스도가 제자들과 함께하셨던 최후의 만찬을 재현하며 반복하는 것이다. 사제는 거룩한 미사 때 매번 무혈의 희생 제물을 봉헌함으로써 그리스도의 희생 제물을 기념한다. 그러한 이유에서 그리스도인들의 제대는 항상 거룩한 구조물이며 무엇보다도 "그리스도의 상징"(「제대와 감실의 싸움」, 김인영, 분도, 1996, 180쪽)이다. 제대는 신학적인 의미에서 중요한 의미를 갖는다.[155] 사실 제대는 성찬 전례 거행에 있어서 가장 중요한 곳으로 "주님의 식탁"을 상징하는 감사와 공경의 중심이 되는 장소이다. 제대를 꾸밀 때 준비해야 할 것은 제대를 덮을 흰 천과 초[156]인데, 초는 제대 위나 제대의 가까운 곳에 자리를 잡고 있어야 한다. 십자가는 한 개

---

154) 초기 그리스도교 공동체의 예배는 개인 집을 중심으로 하는 Domus Ecclesia 형태이며, 제대는 이동하기 편한 나무 재질로 식탁 모양을 하고 있었다. 이때 강조된 내용은 주님의 식탁, 즉 잔치의 의미였기에 제사적 측면에서의 의미는 강조되지 않았다.
155) 제대는 십자가 제사가 성사적 표지를 통하여 현실화되는 곳이며 미사에 소집된 하느님 백성이 다 함께 참여하는 주님의 식탁이다. 또한 제대는 성찬례를 통해 이루어지는 감사 행위의 중심이기도 하다(「로마 미사 전례서 총 지침」(2002년) 296항).
156) 미사 때 제대 위에 놓일 초의 수는 전례력에서 지시하는 전례일의 등급 순위에 따른다(I등급 : 양쪽에 3개, II등급 : 양쪽에 2개, III등급 : 양쪽에 1개).

가 마련되었을 때는 미사에 참석하는 회중을 바라보게 하며, 두 개가 마련되었을 경우 또 다른 십자가의 방향은 미사를 집전하는 사제 쪽으로 한다. 제대의 재료는 돌이며,[157] 제대를 꾸밀 때 미사 전례의 진행에 방해가 되는 장식은 삼간다. 특히 특별한 날(혼인성사나 장례 미사)의 미사 때 제대를 너무 화려한 꽃으로 장식해서 제대를 바라보는 데 방해가 되어서는 안 되며, 이는 독서대를 꾸밀 때도 동일하다.[158] 예물 준비 예식은 예물 봉헌, 빵과 포도주를 제대에서 바치는 예식, 사제가 손을 씻음과 더불어 예물 기도로 구성된다.

---

157) 교회의 전통 관습과 상징에 따라 고정 제대의 윗부분은 돌로 만든다. 자연석으로 만들면 더 좋다. 그러나 주교회의 판단에 따라 품위 있고 튼튼하며 정성 들여 마련된 다른 재료로도 만들 수 있다(「로마 미사 전례서 총 지침」(2002년) 301항). 초대 교회에 대한 박해가 끝난 후, 성당들이 세워지면서 여기에 걸맞은 제대가 필요했는데, 이로써 돌로 만든 고정된 제대가 교회의 관습으로 굳어지게 되었다. 517년 프랑스 에파온Epaon 지방 공의회에서는 나무 제대의 사용을 금지하기까지 했으나 12세기까지는 나무 제대가 사용되곤 했다(「제대와 감실의 싸움」, 김인영, 분도, 1996, 179쪽).

158) 대림 시기에 제대를 꽃으로 장식할 수 있지만 그 시기의 특성에 맞춰 소박하게 한다. 그리하여 주님 성탄 축제의 기쁨이 너무 일찍 충만하게 드러나지 않도록 한다. 사순 시기에는 제대의 꽃 장식을 금한다. 다만 '기뻐하라 주일' (사순 제4주일), 대축일, 축일에는 예외이다. 꽃 장식은 항상 절제 있게 하고 제대 윗부분보다는 제대 둘레에 한다(「로마 미사 전례서 총 지침」(2002년) 305항).

(3) 감사송

　감사하다는 것과 감사할 수 있다는 것은 인간만이 표현할 수 있는 고유한 특징이다. 예수 그리스도가 희생 제물이 되어 인간과 세상을 구원하신 것을 감사하며, 그 행위를 재현하는 것은 당연하다. 아울러 감사송의 의미를 그리스도께서 베풀어 주신 감사에 대한 응답이라고 생각했다. 감사송의 기원은 예수 그리스도께서 최후의 만찬에서 빵과 포도주로 감사와 찬양의 기도를 성부에게 바치신 것에서 찾을 수 있다. 말씀 전례와 성찬 전례에 대해 이론이나 단순한 느낌으로 감사와 찬미를 한다면, 그리스도인으로서 감사를 표시하고 신원을 확인할 수 있는 것은 무엇인가 하는 질문을 던질 수 있다. 그리스도인들은 하느님께 대한 감사와 찬미 그리고 신원 확인을 삶 안에서의 행위 및 실천의 표현을 통해 드러내지만, 공동체를 통해서 신앙 안에서도 그리스도인들의 신원을 확인할 수 있다.

　성찬 전례의 기도는[159] 감사송으로 시작되는데, "구원 사업에 대한 서술은 감사송에서 시작"(「미사」, 쯔찌야 요시마사, 성바오로, 1997, 73쪽)함에 따라 감사송을 통해 그날 전례에서 강조하려는 것을 쉽게 알 수 있다. 감사의 전례라고 할 수 있는 감사송은 "하느님의 구원 행위에 감사드리는 찬양 기도"(「성찬례」, 아돌프 아담, 분도,

1996, 136쪽)이며, 사제와 회중의 교송으로 이루어진다. 무엇보다도 감사송은 함축된 언어를 통해 신학적이고 신앙적인 내용을 배경에 두는 기도이며, 공동체의 적극적이고 능동적인 참여를 요구한다. 감사송은 파스카의 신비에서 드러난 인간을 향한 하느님의 구원 행위에 대한 포괄적이고 함축적인 감사의 내용을 담고 있다. 감사송은 세 부분으로 구성되어 있다. 첫 번째 부분은 사제와 회중이 서로 교송으로 함께 참여하는 부분이고, 두 번째 부분은 사제 혼자 회중에게 하느님의 구원 업적을 설명하는 부분이며, 나머

---

159) 감사기도를 이루는 주요 요소는 다음과 같다(「로마 미사 전례서 총 지침」(2002년) 79항). ① 감사 : 특히 감사송에서 표현된다. 사제는 거룩한 백성 전체의 이름으로 하느님 아버지를 찬양하고 구원 업적 전체에 대해서, 또는 그날과 축일과 시기에 해당하는 특별한 신비에 대해서 감사를 드린다. ② 환호 : 회중 전체가 하늘의 천사들과 성인들과 결합하여 "거룩하시도다"를 노래한다. 이 환호는 감사기도의 한 부분으로서 백성 전체가 사제와 함께 바친다. ③ 성령 청원 : 거룩한 힘을 내려 주시기를 비는 특별한 기원을 통하여 교회는 사람이 바친 예물이 축성되어 그리스도의 몸과 피가 되도록 간구하고, 흠 없는 제물이 영성체 때 이를 받아 모시는 이들에게 구원이 되도록 간구한다. ④ 성찬 제정과 축성문 : 그리스도께서 최후의 만찬 때 몸소 제정하신 제사는 그분의 말씀과 행위로 이루어진다. 그리스도께서는 빵과 포도주의 형상으로 당신의 몸과 피를 봉헌하셨고, 사도들에게 먹고 마시라고 주셨으며, 같은 신비를 거행하라는 명령을 남기셨다. ⑤ 기념 : 교회는 사도들을 통하여 주 그리스도께로부터 받은 명령을 이행하고 그분을 기억한다. 특히 그분의 복된 수난과 영광스러운 부활과 하늘에 오르심을 기억한다. ⑥ 봉헌 : 지금 한자리에 모인 회중과 함께하는 기념제로서 교회는 흠 없는 제물을 성령 안에서 아버지께 봉헌한다. 교회는 신자들이 흠 없는 제물을 바치는 것뿐만 아니라 자신을 바치는 것도 배우기를 바란다. 그리고 중개자이신 그리스도를 통하여 나날이 하느님과 이웃과 더욱 완전히 일치하여, 마침내 하느님께서 모든 것 안에서 모든 것이 되실 수 있기를 바란다. ⑦ 전구 : 전구에서 하늘과 땅의 온 교회가 하나 되어 성찬례를 거행하고 있음이 표현된다. 또한 교회를 위하여, 그리스도의 몸과 피를 통하여 구원에 참여하도록 부르심을 받은 모든 산 이와 죽은 이들을 위하여 봉헌이 이루어짐이 드러난다. ⑧ 마침 영광송 : 하느님께 바치는 찬양을 표현한다. 백성은 "아멘." 하며 환호로 이 기도를 확인하고 마감한다.

지 부분인 '거룩하시도다Sanctus'는 다시 사제와 회중이 함께 노래하는 부분이다.

1) 감사송 첫 번째 부분(교송)

사제	회중
주님께서 여러분과 함께	또한 사제와 함께
마음을 드높이	주님께 올립니다.

감사송의 첫 번째 부분은 사제와 회중의 세 단계 대화로 이루어져 있다. 미사 전례 중 사제는 회중을 초대하는 말을 네 번 한다 ("주님께서 여러분과 함께" - 미사 시작, 복음 낭독, 감사송 시작, 마침 예식). 사람들은 연약한 존재로서 일상사의 괴로움과 많은 것들에 대한 상념 때문에 온종일 하느님 아버지를 생각하며 기도하기가 쉽지 않다. 감사송의 첫 번째 부분은 사제가 아주 짧은 시간이라도 모든 그리스도인들이 하느님 아버지를 생각하는 데 도움을 주기 위해 초대의 말을 하는 것이며, 이 순간이 회중에게 중요한 때임을 알려주고 마음을 집중시키게 하기 위함이다. 또한 그리스도께서 지금 이 순간 함께하고 계심을 인식시키고자 하는 의미도 내포하고 있다.

두 번째 대화 내용은 성찬 전례의 중심인 성체께 나아가기 위하여 회중의 온전한 감사와 믿음이 요구됨을 지적하고 있다. 무엇보다도 이 대화는 동방의 정신세계에 배경을 두고 있다고 볼 수 있는데, 동방에서는 인간을 인간답게 하는 가장 중요한 것은 정신이나 지식이 아니라 마음이라고 여겼다. 사람이 마음을 온전히 바치면 모든 것을 바치는 것이라는 생각이 지배적이었기에, 두 번째 대화에 나오는 "마음을 드높이"[160]는 인간들에게, 특히 그리스도인들에게 중요한 권고로서 모든 그리스도인들의 자발적인 응답을 기대한다. 또한 사제는 인간의 본성상 그리스도인들이 세상의 온갖 유혹과 번뇌 속에서 하느님에게 지속적으로 온전히 감사를 바칠 수 없음을 알고 있기에, 바로 이 순간만이라도 하느님에게 감사의 마음을 바칠 것을 회중에게 권고하는 것이다. 감사와 봉헌의 의미를 갖는 "마음을 드높이-주님께 올립니다"라는 대화는 회중이 마음을 어디에 두고 바쳐야 할 것인지를 잘 알고, 자유롭게 자신의 입으로 하느님께 온전히 마음을 바쳐 올린다는 지향을 고백한다. 사제가 온전한 감사를 드려야 한다고 회중에게 권고하고, 회중은 그 감사를 주님께 바치겠다는 응답을 통해 하느님과 인간의 관계를 다시 설정하는 것이다.

　마지막으로 사제는 하느님께 감사를 드리자며 회중에게 다시

---

[160] 사제는 현존하시는 주님과 함께 감사기도를 바치기 위해 교우들에게 맞갖은 마음 자세를 갖추라고 권한다. 3세기의 치프리아노는 이 말을 "모든 육적이고 세속적인 생각을 멀리하고 오직 주님께만 마음을 향하는 것"이라고 설명했다. 교우들은 이 권고에 "주님께 올립니다." 하고 동의한다. 이것이야말로 감사기도를 바치는 자세일 뿐 아니라 그리스도인의 기본자세이기도 하다(「미사 전례」, 이홍기, 분도, 1997, 227쪽).

한 번 권고한다. 앞선 대화가 의미 없이 이루어진 고백이 아니라 하느님께서 인간에게 베풀어 주신 것에 대한 감사임을 상기시킨다. 무엇보다도 하느님의 창조와 구원 사업에 대한 감사로 이끄는 것이다. 이에 회중은 마땅히 하느님께 감사드려야 함을 고백하게 된다. 이어 나오는 감사의 내용은 그날과 대축일이나 축일, 기념일과 시기에 내포된 특별한 이유로 인한 것이다. 감사송의 내용은 당연히 하느님께서 인간에게 베풀어 주시는 창조와 그리스도의 구원 사업에 대한 것을 품고 있다.

2) 감사송 두 번째 부분

사제가 혼자서 노래하는 감사송 역시 "도입", "구원 업적", "찬양"의 세 부분으로 구분할 수 있는데, 사도신경이나 니케아신경과는 내용이 다르다. 신경은 꼭 믿어야 할 교의적인 내용인 반면, 감사송은 "종합해 보면 그리스도교 교리서나 구원 역사서적인 내용"(「미사 전례」, 이홍기, 분도, 1997, 231쪽)에 더 가깝다고 볼 수 있다. 전례주년에 맞추어 감사송을 비교해 보면 다음과 같다.

구분	감사송 내용		
11	대림 감사송 1	부활 감사송 2	연중주일 감사송 1
도입	거룩하신 아버지, 전능하시고 영원하신 주 하느님 우리 주 그리스도를 통하여 언제나 어디서나 아버지께 감사함이 참으로 마땅하고 옳은 일이며 저희 도리요 구원의 길이옵니다.	주님, 언제나 주님을 찬송함이 마땅하오나 특히 그리스도께서 파스카 제물이 되신 이 때에 더욱 성대하게 찬미함은 참으로 마땅하고 옳은 일이며 저희 도리요 구원의 길이옵니다.	거룩하신 아버지, 전능하시고 영원하신 주 하느님 우리 주 그리스도를 통하여 언제나 어디서나 아버지께 감사함이 참으로 마땅하고 옳은 일이며 저희 도리요 구원의 길이옵니다.
구원 업적	그리스도께서 비천한 인간으로 처음 오실 때에는 구약에 마련된 임무를 완수하시고 저희에게 영원한 구원의 길을 열어 주셨나이다. 그리고 빛나는 영광중에 다시 오실 때에는 저희에게 반드시 상급을 주실 것이니 저희는 지금 깨어 그 약속을 기다리고 있나이다.	그리스도를 통하여 빛의 자녀들이 영원한 생명으로 태어났고 믿는 이들에게 하늘나라의 문이 열렸나이다. 주님의 죽음으로써 저희가 죽음에서 구원받았고 주님의 부활로써 모든 이가 새 생명으로 부활하였나이다.	저희는 죄와 죽음에서 벗어나 선택된 민족, 왕다운 사제, 거룩한 겨레, 하느님의 백성이 되었고 저희를 어둠에서 놀라운 빛으로 부르신 주님의 권능을 온 세상에 전하게 되었나이다. 이는 파스카의 신비로 이루어진 주님의 위대한 업적이옵니다.

찬양	그러므로 천사와 대천사와 좌품 주품 천사와 하늘의 모든 군대와 함께 저희도 주님의 영광을 찬미하며 끝없이 노래하나이다.	그러므로 부활의 기쁨에 넘쳐 온 세상이 즐거워하며 하늘의 천사들도 주님의 영광을 끝없이 찬미하나이다.	그러므로 천사와 대천사와 좌품 주품 천사와 하늘의 모든 군대와 함께 저희도 주님의 영광을 끝없이 노래하나이다.

"도입"에서 창조주 하느님을 공경하고 찬미하며 감사해야 함은 인간들이 하느님으로부터 받은 은총에 대한 당연한 의미로서 자유로이 표출되는 것이지, 어떠한 강압이나 위협에 의해 고백하는 것은 아니다. 무엇보다도 미사는 성부께 드리는 기도이지 그리스도를 향하여 드리는 기도가 아니어서 항상 감사송의 첫 구절은 성부의 이름을 언급하고 있다. 네 개의 감사기도 양식에서도 역시 먼저 성부를 찬미하는 구절로 시작한다(「미사」, 쯔찌야 요시마사, 성 바오로, 1997, 74쪽). 부활 시기에 그리스도를 찬미하는 것을 제외하고는 모든 시기에 하느님 아버지, 즉 성부를 찬송하는 내용으로 시작하고 있다.

"구원 업적"에 대한 내용은 보다 구체적이다. "구원 업적"에 대한 찬양은 교회 전례력에 따라 하느님께서 베풀어 주신 구원 사업을, 특히 그리스도를 통한 구원 사업을 구체적으로 설명하고 있다. 회중이 사제의 요청에 따라 집중하고 응답한 것에 대해 그리고 왜 감사송을 노래해야 하는지에 대해 설명을 듣는 부분이다. 또한 그리스도인들이 하느님을 찬미하고 감사해야 하는 이유를 구체적이고 쉽게 설명함으로써, 회중의 찬양에 정당성을 주는 내용들이다. 감사송은 하느님 아버지와 예수 그리스도에 대한 창조와 구원 업적을 설명하고 있다. 교회력에 따른 특별한 대축일이나 축일인 경우에는 그날에 맞는 내용을 포함해서 설명하고 하느님 아버지께 감사를 드릴 수도 있다.

"찬양"에서는 당연히 찬미하며 노래해야 한다는 내용이다. 회중뿐만 아니라 하느님 아버지께서 창조하신 모든 천사와 성인들까지 세상에서 기뻐하며 노래해야 한다는 당위성을 설명하고 있다. 특이한 점은 찬양하는 대상이 성부나 성자라고 정확히 명시되어 있지 않은데도 주님의 영광을 찬미하는 내용으로 이끌어 가고 있다는 것이다. 무엇보다도 "거룩하시도다"를 연결시키는 내용을 갖는다.

3) 감사송 세 번째 부분(거룩하시도다)

사제가 하느님의 구원사를 설명하면 공동체는 천사와 성인들과 함께 주님의 영광을 찬미하는 "거룩하시도다"를 노래하며 환호성을 한다. 특히 하느님 아버지와 예수 그리스도에 대한 환호성이다. 환호성은 이사야서(6,2-3)에 의한 첫 번째 환호성(거룩하시다! 거

룩하시다! 거룩하시다!)과 시편(118,26)과 마태오 복음서(21,9)에 성서적 근거를 두고 하느님 아버지께(하늘과 땅에 가득 찬 그 영광 높은 데서 호산나!) 드리는데, 대영광송에서 언급한 말씀이 사람이 되신 것에 대해 노래하고 있다(*Messa celebrate e messa vissuta*, G. Crocetti, EDB, 1995, pp. 80-81). 그 다음 환호성은 예수 그리스도에게(주님의 이름으로 오시는 분 찬미 받으소서!) 바친다. 이 환호성을 통해 하느님 아버지의 창조와 자비의 은총이 세상에 시작되고 아직까지 충만하고 있지만, 예수 그리스도를 통한 구원 사업은 완성되지 않았음을 알 수 있다.

"거룩하시도다"는 초기 교회의 문헌(디다케 및 사도전승)에서는 찾아볼 수 없으나, 2세기의 동방 문헌에서 노래한 흔적을 찾을 수 있다. "거룩하시도다"는 전례 성가로 사용했을 가능성이 있지만 대중적으로 사용되지는 않았다고 생각해 볼 수 있다. 무엇보다도 400년경 동방 문헌 '사도헌장'과 예루살렘, 안티오키아, 이집트 등 동방의 아나포라에서 찾아볼 수 있는데, 서방에서는 5세기 초 「주교 예식서」에 처음 나타났다(「미사 전례」, 이홍기, 분도, 1997, 235-236쪽). 내용 중에 "거룩하시도다"를 세 차례 노래하는 의미는 히브리어의 방식에서 유래된 것이 아니라 그리스어의 표현 방식에서 유래하는데, 거룩함을 최상급으로 강조하기 위해 사용되었다. 즉, 창조된 모든 사물과 비교하여 초월적이고 완전한 것을 지적하기 위함이다(*Gesti e parole della messa*, R. Falsini, Ancora, 2001, p. 81). 하느님만이 홀로 거룩함을 지니시며 인간은 하느님의 거룩함을 노래하는데, 인간이 그분의 완전성에 참여하고 거룩함을 증언하기 위해 부르심을 받았으므로 찬양하고 있는 것이다.

(4) 감사기도[161]

하느님의 창조와 그리스도의 구원 사업에 대한 감사송이 끝나고, 그 가르침에 대한 환호성(거룩하시도다)에 이어 미사의 중심이 되는 감사기도가 시작된다. 초기 교회에서는 성찬 전례 양식을 찾아볼 수 없으며, 3세기 초까지 사제가 자유롭게 당시의 복음과 맞추어 만들어서 사용했음을 짐작할 수 있다. 말씀 전례에서 하느님의 말씀을 듣고 감사를 드리며 찬미를 통해 만들어진 감사기도는 상황에 따라 길거나 짧았으며, 즉석에서 만들기도 하고 미리 만들어 사용하기도 했다. 교회에서는 네 개의 감사기도문을 허용하며

---

161) 이 기도의 명칭은 최후 만찬 때 예수께서 빵과 잔을 손에 들고 바치신 감사기도 또는 찬양 기도에 그 기원을 두고 있다. 예수님의 기도는 유다인들의 종교 축제 때 가장이 빵과 잔을 들고 바치는 찬양 기도 '베라카'였음에 틀림없다. 사도 교회는 이 기도를 찬양 기도라는 뜻으로 '에울로기아Eulogia', 감사기도라는 뜻으로 '에우카리스티아Eucharistia'라 불렀다. 그러다가 차츰 '에우카리스티아'를 선호하여 오늘에 이르고 있다(「미사 전례」, 이홍기, 분도, 1997, 209쪽).

비슷한 내용을 포함하고 있다. 하지만 감사기도에서 빠질 수 없는 예수 그리스도께서 말씀하신 거룩한 변화의 말씀만은 통일시켜 놓았다. 이는 미사 전례에서 언급하는 사효성과 인효성에 대해 적절하게 설명하고 보여 주는 부분이다. 그리스도께서 최후의 만찬 때 하신 말씀을 중요시함으로써, 사제가 구원의 역사를 전하는 감사기도에는 성서에 근거한 성체성사와 성변화 내용이 항상 중심을 이루고 있다. 감사기도에서는 성체와 성혈의 두 가지 거룩한 변화로 말미암아 기묘한 현의가 제대 위에서 미사에 참석한 모든 이들에게 재현되고 있는 것이다.

초기 교회에서는 감사기도를 위한 특별한 내용의 기도문이 없었다. 시간이 지남에 따라 사제는 미사를 중심으로 신자들을 모으고 하느님을 더욱 찬미하기 위해, 보다 잘 정리된 감사기도문을 필요로 하게 되었다. 사실 초기 교회의 많은 사제들은 이미 다른 사제들이 만들어 놓은 좋은 감사기도문을 빌려 사용하거나, 주교나 선배 사제로부터 가르침을 받은 것을 정리하여 사용하였다. 그리고 훌륭한 감사기도문들은 후세에까지 전해졌다. 제2차 바티칸 공의회 이후 전례 쇄신 운동을 통해 로마 가톨릭교회의 전통만을 고수하지 않고 동방의 전통 역시 존중하여, 종래의 기도문 외에 새로운 세 가지 기도문[162]을 미사 전례서에 첨가하게 되었다.

종래의 로마 전문을 중심으로 하는 제1양식과 히폴리투스의 아나포라[163]라 불리는 3세기의 감사기도를 현대에 맞춘 제2양식, 고대 라틴 전례의 전통을 종합하여 새로운 기도문을 만든 제3양식, 동방 교회의 교부 바실리오가 아나포라에서 취하여 간결하게 정리한 제4양식으로 구분하여 사용하고 있다(「미사」, 쯔찌야 요시마사, 성바오로, 1997, 47-48쪽). 감사기도 제1양식과 제3양식에는 고유한 감사송이 있지 않다. 제2양식에는 고유한 감사송이 있지만 대축일이나 기념일에 하는 미사에 따라 선택할 수 있게 했다. 제4양식은 고유한 양식을 넣어 바꾸거나 교체하여 사용할 수 없게 했다.

감사기도 양식의 구조를 살펴보면 성부, 성자, 성령의 순서로 기도를 드리고 있다. 모든 감사기도문의 첫 번째 구절은 성부에 대한 내용을 담고 있는데, 미사의 목적이 예수 그리스도의 이름으로 모인 이들이 하느님을 찬미하고 자신들의 성화를 이루는 것이듯, 감사기도 역시 성부께 드리는 기도로 시작함으로써 거룩한 성찬 전례에 참석하게 한다.

---

[162] 제2차 바티칸 공의회 이후 교황 바오로 6세는 1968년 약간 보강한 로마 전문에 새로운 세 개의 감사기도를 만들자는 제안에 동의했다. 이리하여 1970년 「새 로마 미사 전례서」는 네 개의 감사기도를 갖게 되었다(「성찬례」, 아돌프 아담, 분도, 1996, 113쪽).

[163] 아나포라는 그리스어 'anaferein'(올리다, 거향하다)에서 유래되었다. 하느님에게 올리다 (거향하다)라는 의미는 찬미와 희생제물의 의미도 함께 갖는다. 동방 전례에서는 아나포라를 감사기도라고 불렀으나 서방 라틴 교회에서는 다양하게 사용하고 있다. 그 중에 사제가 모든 공동체의 이름으로 성령에게 청원하고, 예수 그리스도의 희생 제물을 봉헌하며, 하느님 아버지를 찬양하는 성찬 전례의 중심 기도라는 의미를 지닌다(*Dizionario sintetico di liturgia*, J. Aldazábal, Libreria Editirice Vaticana, Città del Vaticano, 2001, pp. 28-29).

제1양식	제2양식	제3양식	제4양식
인자하신 아버지 ….	거룩하신 아버지 아버지께서는 모든 거룩함의 샘이시옵니다.	거룩하신 아버지 몸소 창조하신 만물이 아버지를 찬미하나이다.…	거룩하신 아버지, 아버지께서는 위대하시며 지혜와 사랑으로 모든 일을….

성부께 드리는 기도를 마친 후, 그리스도를 통한 구원과 성령의 오심을 기념한다. 성령의 오심은 봉헌된 예물인 빵과 포도주가 강복을 통해 예수 그리스도의 몸과 피가 되는 성변화를 위한 것이다. 이때 사제는 봉헌된 제물에 십자를 긋고, 손을 펴서 성령의 작용을 청한다. 이는 예수 그리스도께서 부활하셔서 성부에게 돌아가시어, 믿는 이들에게 성령을 보내실 것을 약속한 성경 말씀에 근거를 둔다. "내가 떠나는 것이 너희에게 이롭다. 내가 떠나지 않으면 보호자께서 너희에게 오지 않으신다."(요한 16,7) "내가 아버지에게서 너희에게로 보낼 보호자, 곧 아버지에게서 나오시는 진리의 영이 오시면, 그분께서 나를 증언하실 것이다."(요한 15,26) 감사기도의 가장 중요한 에피클레시스(축성 기원)는 성령의 역할을 강조하는 것으로, 성사나 교회의 존속과 같은 은혜는 성령에 의한 것이라고 할 수 있으며(「미사」, 쯔찌야 요시마사, 성바오로, 1997, 76쪽), 성변화는 에피클레시스를 통하여 완성된다고 교회는 설명하고 있다.[164] 감사기도 양식을 통해 알 수 있는 것은 사제는 예수 그리스도의 최후의 만찬 예식 안에서, 성령의 도움으로 예수 그리스도의

십자가 희생 제물을 재현함으로써 성부와 새롭고 영원한 계약을 맺는다는 것이다.

1) 감사기도 제1양식(로마 전문)

감사기도에 대한 통일된 양식이 처음부터 존재한 것은 아니다. 사제가 개인적으로 만들어 쓰던 것들을 4세기 말엽에 서서히 미사 전례 안에 고정적으로 사용하였고, 교회 안에 많은 감사기도 양식(「베로나의 전례서」엔 5세기경에 개인적으로 편집한 감사송이 267개나 수록되었다)이 있었다. 하지만 그레고리오 교황(590~604)은 좋지 않은 감사송을 삭제하고 7개로 제한하여 로마 전문(감사기도 제1양식)으로 이어지게 했다(「미사」, 쯔찌야 요시마사, 성바오로, 1997, 49쪽). 그 후 1500년 이상 유지해 온 로마 전문을 개정하게 되었는데, 이유는 전문이 갖고 있는 구조와 내용상의 결점, 무엇보다도 기도의 본질인 감사와 찬미의 내용이 빈약하다는 점이 문제가 된 것이다.[165] 하지만 많은 지적들만큼 긍정적인 면도 있었다.

---

164) 미사 거행 가운데 실체 변화를 통하여 그리스도를 현존하도록 하는 축성의 말씀뿐만 아니라, 성찬 전례 가운데 몸과 마음으로 드러내는 가장 높은 공경과 흠숭으로도 나타난다. 즉, 봉헌된 빵과 포도주는 에피클레시스를 통해 그리스도의 몸과 피가 되는 성변화를 이루었지만 성찬 전례 과정에 있는 것이므로 완료되지 않았다고 신학적으로 설명하고 있다(「미사경본의 총 지침」 3항, 한국천주교중앙협의회, 1969).

로마 전문은 4세기 말엽이나 5세기 초엽부터 사용해 온 서방 전례의 유일한 감사기도이기에 신학, 전례, 영성 등 여러 면에서 보존할 가치가 있었다. 그리고 최후의 만찬과 비교해서 그리스도의 말씀과 동작 등 상당 부분에서 감사기도에 필요한 핵심 요소를 순수하게 보존하고 있었다(「미사 전례」, 이홍기, 분도, 1997, 216쪽).

서방 교회의 전례에서 오랫동안 자리를 차지하고 있던 로마 전문은 부분적으로 수정 작업을 거쳐 교회 안으로 다시 들어오게 되

---

165) 서방 교회가 1500년 이상 성경과 마찬가지로 불변의 신적 기도처럼 간주했던 로마 전문을 개정하려는 근본 이유는 다음과 같다. 전문의 첫 부분인 감사송이 약점을 보완하기는 하지만, 애석하게도 1년 중 주일과 축일 및 특별한 때를 제외하고 거의 매일같이 사용되던 평일 감사송Praefatio communis은 하느님의 고귀한 신분에 관한 내용이 대부분이고 감사의 노래라고 할 수 있는 요소는 별로 없었다. 그런 면에서는 주일 감사송도 대동소이했다. 이 감사송 역시 삼위일체이신 하느님께 대한 신앙고백의 틀을 벗어나지 못했다. 그래도 감사송은 차라리 사정이 나은 편이었다. 전문의 전체 줄거리는 감사기도라는 사실을 잊게 할 정도였다. 반면, 감사기도의 2차적 요소라고 할 수 있는 산 이와 죽은 이를 위한 '전구'는 성찬 제정과 축성문 앞뒤에 두 번이나 나올 뿐 아니라 기도문도 상당히 길어 그 비중이 상대적으로 지나치게 높았다. 전구가 이렇게 확장된 동기는 무엇보다도 미사 예물에 있었다. 사제에게 예물을 주고 특별 기도를 청하는 교우들을 배려하다 보니 자연히 전구가 늘 수밖에 없었다. 또한 '성령 청원 : 일치 기원'도 축성문 앞뒤에 두 번이나 나올 뿐 아니라 열두 사도와 초세기 순교자 등 성인 이름이 너무 많아 기도를 지루하게 만들었다. 그리고 동방과 서방 전례가 처음부터 매우 중시하던 '성령 청원epiclesis'에서는 성령을 명시적으로 거론하지 않고 그 내용도 명확하지 않아 기도의 본뜻을 흐리게 했다. 가장 핵심적인 부분인 '성찬 제정과 축성문'은 성경 말씀을 지나치게 글자 그대로 사용하거나, 최후의 만찬에 없는 불필요한 장식어가 많은 등 기도문으로서는 다소 적합하지 않은 결점이 있었다. 전문의 내용을 보아도 미사의 만찬적 의미는 거의 드러나지 않은 반면 제사의 특성은 지나치게 부각되었다. 그 외에 오해하기 쉬운 표현(교황과 주교 위주의 기도 등)과 쓸데없는 반복(잦은 아멘, 25번의 십자 표시 등), 미사의 보편적 가치를 도외시한 세례 받은 신자 위주의 전구, 이해하기 어려울 만큼 복잡한 구조 등 세부적인 결함도 적지 않았다. 한마디로 로마 전문은 구조, 내용, 표현, 문체 등 다방면에서 많은 결함을 가지고 있어 개정이 시급했다(「미사 전례」, 이홍기, 분도, 1997, 215쪽).

었다. 수정된 로마 전문은 '감사기도 제1양식'이라고도 한다. 이 양식은 언제나 사용할 수 있지만, 특히 고유한 '성인 기념 기도 communicantes'나 '공동체 기도Hanc igitur'가 있는 미사와 사도 축일, 이 감사기도에 이름이 나오는 성인 축일 때 사용하면 좋다. 나아가 다른 감사기도를 사용해야 할 사목적 이유가 없는 주일에도 사용할 수 있다(「미사 전례」, 이홍기, 분도, 1997, 217쪽).

로마 전문은 다른 양식들에 비해 구조가 복잡하고 성격에서 차이점이 있다. 로마 전문은 다른 제2·3·4양식처럼 "거룩하신 아버지"라는 찬미의 말로 시작하지 않고, "인자하신 아버지"라는 표현으로 간청하면서 시작한다. 그리고 이어서 "거룩하고 흠 없는 예물을 받으시고 ✛ 강복하소서." 하며 받으심과 강복으로 바로 청하는데, 이때 성령의 역할에 대해 언급하지 않고 있다. 그러나 로마 전문에서 성령이라는 말이 나오지 않는다고 해서 성령의 역할을 무시한다고 볼 수는 없다. 사실 에피클레시스epiclesis의 뜻은 "간구하는 것, 성령의 힘이나 그 작용을 하느님 아버지께 간원하는 것"(「미사」, 쯔찌야 요시마사, 성바오로, 1997, 77쪽)이며 성변화를 위해서는 반드시 성령의 힘에 의해 성사가 완성되므로 성령의 역할을 '강복', '축복'이라는 말로 언급하고 있다고 볼 수 있기 때문이다.

2) 감사기도 제2양식

감사기도 제2양식은 3세기 히폴리투스의 저서 「사도전승」에 수록된 '봉헌에 대해서De oblatione'를 근거로 해서 만든 양식이다[166] (히폴리투스 양식은 현존하는 감사기도 중 가장 오래되었으며, 동서양 감사기도에 많은 영향을 주었다). 감사기도 양식 중 가장 짧으며, 주된 내용은 그리스도의 구원 사업을 다루고 있다. 특히 3세기 초 로마 교회의 전례와 생활을 이해하는 데 많은 도움을 주는 양식이다. 제2양식은 고대 감사기도문의 부족한 부분을 채우고 표현 방식을 현대적으로 수정하였는데, 보다 아름다운 단어를 선택하였다. 또한 미완의 신학적인 내용을 완성하고 증거했으며, 무엇보다도 히폴리투스의 기도문은 외워서 반복하는 형식의 개념을 갖고 있지 않았다.

오늘날 많은 사제들이 제2양식을 선택하여 사용하는 이유는, 구조가 단순하고 표현이 온건하며, 예수 그리스도가 최후의 만찬 때 하신 강복(찬미) 예절이 유사하게 표현되어 있을 뿐만 아니라 회중이 쉽게 이해하고 따라올 수 있기 때문이다. 하지만 제2양식의 중요한 특징은 다른 양식보다 성령의 개입을 통하여 축성이 이루어짐을 강조하고 "예수 그리스도의 구원 업적 표현에 집중"(「미사 전례」, 이홍기, 분도, 1997, 219쪽)되어 예수께서 하신 것과 같은 찬미와 강복이 재현되고 있음을 강조했다는 것이다. 그리하여 제2양식은 "그리스도의 모든 구원 업적을 기념하고 감사하는 것이 주된 내용이기 때문에 주간 평일과 특수한 경우에 사용하는 것이 좋다"[167]고 권하고 있다.

성교회의 봉헌물 안에 성령의 활동을 청하는 히폴리투스는 단순히 축성하는 순간만이 아니라 신비 예식에 참여하는 모든 믿는 이들의 일치 안에서도 활동하시기를 청하고 있으며, 축성된 빵과 포도주를 먹고 마시는 이들 안에서 그들의 신앙의 굳세어지기를 바라고 있다(*Eucaristia in Anàmnesis*, S. Marsili, Marietti, Genova, 1994, pp. 249-252). 하지만 감사기도 제2양식은 히폴리투스의 감사기도문 형식에 순교 성인들을 위한 기도, 성령 청원, "거룩하시도다"를 더한 새로운 형식의 감사기도문이라고 할 수 있다(「미사 전례」, 이홍기, 분

---

166) 청하오니, 거룩한 교회의 예물에 당신 성령을 보내 주소서. 거룩한 (신비에) 참여한 우리 모는 이를 일치시켜 주시고 신리 안에서 믿음이 굳세어지도록 성령으로 충만케 하시어 우리로 하여금 당신의 아들 예수 그리스도를 통하여 당신께 찬미와 영광을 드리게 하소서(「사도전승」, 히폴리투스, 분도, 1992, 89쪽).

167) 특수한 경우란 다른 감사기도를 사용하기 어려운 경우 등 여러 가지가 있을 수 있다. 고유 감사송이 있기는 하지만 언제든지 다른 감사송도 사용할 수 있으며, 특히 이 기도와 잘 맞는 연중평일 감사송을 사용하는 것이 좋다. 그러나 성인 감사송과는 조화롭지 않기 때문에 성인 기념일이나 축일에는 맞지 않는다. 그리고 고유 감사송은 신앙고백문의 내용과 비슷하기 때문에 신앙고백을 하는 주일이나 대축일에는 사용하지 않는 편이 좋다. 또한 다른 양식보다 짧다는 이유만으로 대부분의 사제들이 대단히 선호하고 있는데, 그만큼 말마디 하나하나가 깊은 신학적 의미를 지니고 있어 이해하기 어려운 편이다. 따라서 사전 교육이 필요하며, 편리하다는 이유만으로 이 양식을 거의 날마다 사용하는 습관은 버리는 것이 좋다(「미사 전례」, 이홍기, 분도, 1997, 219쪽).

도, 1997, 219쪽).

3) 감사기도 제3양식

전례학자인 분도회원 치프리아노 바가지니C. Vagaggini와 예수회원 요셉 안드레아스 융만J. A. Jungmann이 계획하여 로마 전문을 수정, 보완한 감사기도문이다. 로마 전문의 특성에 전통적인 전례신학 내용과 사상을 보충하고, 보다 분명하고 조직적으로 구성하여 재배치한 양식이라고 볼 수 있다. 로마 전문과 비슷하지만 신학적으로는 더욱 풍부하고 균형이 잡힌 감사기도문이다. 감사송은 별도로 선택된 것이 없으며, 전례주년과 교회력에 제시된 것을 사용한다. 특히 제3양식은 풍부한 신학적인 내용을 설명하고 있기에 주일이나 축일에 사용하도록 교회는 권고하고 있다. 제3양식은 성령의 활동으로 생명을 주고 거룩하게 되며, 하나로 일치시키는 역할과 더불어 그리스도인의 예절의 보편적인 성격을 잘 설명하고 있다(「미사」, 쯔찌야 요시마사, 성바오로, 1997, 53-54쪽). 제3양식에 특정한 감사송이 없다는 것은 어떠한 감사송도 선택하여 사용할 수 있다는 것이다. 또한 제3양식은 삼위일체이신 하느님의 구원 사업을 부각시키면서 감사를 드리는데, 모든 것의 근원이신 성부를 찬미하고 예수님을 통해 교회와 세상의 존재 이유가 드러나며 성령의 역할로 인하여 세상의 모든 것을 살리시고 거룩하게 하신다는 사목적이고 교의적인 내용이 매우 풍부한 감사기도문이다(*Liturgia eucaristica*, V. Raffa, Edizioni liturgiche, Roma, 2003, p. 739). 제3양식의 특징은 "로마 전문을 개정, 보완"[168]한 것으로 창조된 모든 것이 공동체 안에서, 그리고 하느님 백성이 교회 안에서 찬미한다는 내용이다.

4) 감사기도 제4양식

감사기도 제4양식은 동방과 서방 교회에 전승되어 온 기도문을 혼합하여 만든 것이기에 "일치 양식"(「미사 전례」, 이홍기, 분도, 1997, 221쪽)이라고도 한다. 동방의 안티오키아 양식과 서방의 로마 전문에서 영향을 받아 구성되었으며, 감사송과 감사기도에서 "거룩하신 아버지"로 시작하여 동일한 주제와 내용을 계속 취급하는 분위기로, 자연스럽게 감사송에 이어 감사기도로 회중을 초대하기가 용이한 양식이다.[169] 제4양식에서 성부에 대한 기도는 다른 감사기도에 비해 그 내용이 긴데, 성부의 창조 역사를 설명하고 있다. 또한 "거룩하시도다" 이후에 나오는 감사기도 역시 성부의 창조에 따르는 인간에 대한 사랑과 구원을 설명하면서 그리스도를 중심으로 하는 구원의 내용을 담고 있다. 그리고 그리스도의 생애와 더불어 최후의 만찬 내용과, 그리스도와 성령의 관계와 역할에 의해 구원 사업이 시작되는 성서적인 내용도 담고 있다. 무엇보다도 제4양식은 산 이와 죽은 이를 위한 전구가 있는 독특한 구조 때문에 개인이나 단체 등 죽은 이를 위한 특별 기도가 필요치 않으며, 장례 미사나 위령 미사에는 맞지 않는다. 또한 감사송이 없는 미사에서만 가능하므로 특별한 축일 미사나 특징을 가지고 있는 전례 시기에는 사용하지 못한다(「미사 전례」, 이홍기, 분도, 1997, 221쪽).

제4양식은 무엇보다도 구원사에 대해 상세히 언급하고 있다.[170] 그리스도의 봉헌물인 몸과 피로써 하느님과 인간이 맺은 계약이 절정에 이르러 영원하고, 새로운 계약으로 나아가는 데 있어 신경의 내용처럼 변하고 있으며 그 양식은 보다 더 포괄적이고 서정적이다. 이는 예수 그리스도를 통해 새로운 창조를 보여 주시고, 성

---

168) 제3양식의 특징은 로마 전문을 개정, 보완하였다는 것이다. 여기에도 여러 문장이나 단어 등에 제사와 봉헌 사상이 자주 나타나지만, 그와 동시에 감사와 찬양을 비롯하여 감사기도의 기본 요소들도 적재적소에 배열하여 훌륭한 감사기도가 되게 하였다. 다른 세 양식들같이 이 양식도 가톨릭교회나 신자 중심의 장벽에서 벗어나 모든 산 이와 죽은 이의 구원을 지향하는 보편적인 사상이 강하다. 그리고 삼위일체이신 하느님을 부각시키는 것도 특징이다(「미사 전례」, 이홍기, 분도, 1997, 220쪽).
169) 별도의 감사송이 없고 기도 전체가 서로 긴밀히 연결되어 길고 연속적인 단일 기도를 이루고 있다. 때문에 감사송에 해당하는 기도의 첫 부분을 다른 감사송으로 대치할 수 없다(「미사 전례」, 이홍기, 분도, 1997, 221쪽).
170) 이 감사기도의 순서에 따라 성서의 중심 사상인 구세사, 그리스도의 생애, 특히 수난과 죽음을 통해 부활의 영광으로 들어간 주님의 파스카와 그것을 미리 나타낸 주님의 만찬을 항상 새롭게 되새기는 것(「미사」, 쯔찌야 요시마사, 성바오로, 1997, 55쪽).

령을 통해 인간의 구원 사업을 완수하신 성부께 감사를 드리는 기도문이라고 할 수 있다(La messa attraverso i suoi riti, R. Le gall, Elle Di Ci, Leumann(Torino), 1994, p. 177). 이와 같이 제4양식은 많은 내용을 담고 있기에 다른 양식에 비해 길며, 유다인들의 강복 기도에 가까운 형식을 지닌 서방의 감사기도문이다.

감사기도의 선택 기준 (「미사경본의 총 지침」 322항)

제1양식	제2양식	제3양식	제4양식
로마 전문이라고 하는 감사기도 제1양식은 언제나 사용할 수 있지만, 특히 고유한 '성인 기념 기도'나 '공동체 기도'가 있는 미사와 사도 축일, 이 감사기도에 이름이 나오는 성인 축일 때 사용하면 좋다. 나아가 다른 감사기도를 사용해야 할 사목적 이유가 없는 주일에도 사용할 수 있다.	감사기도 제2양식은 그 특성으로 보아 주간평일과 특수한 환경에서 사용된다. 고유 감사송이 붙어 있지만 다른 감사송들과도 이 감사기도를 사용할 수 있다. 특히 연중주일 감사송이나 연중평일 감사송같이 구원의 신비를 종합적으로 내포하는 감사송들과 함께 사용할 수 있다. 특정 연령을 위한 미사일 경우에는 죽은 이를 위한 정상적 기도 전에 따로 연령을 기억하는 경문이 마련되어 있다.	감사기도 제3양식은 어떠한 감사송과도 함께 사용할 수 있다. 이 양식은 특히 주일과 축일에 사용한다. 이 감사기도에도 산 이를 위한 기도 다음에 연령을 위한 특수 기도문이 마련되어 있다.	감사기도 제4양식은 구원의 역사를 종합하는 내용의 고유 감사송이 붙어 있다. 이 양식은 고유 감사송이 없는 날 사용하나, 특히 성경 지식수준이 제법 높은 신자들과 드리는 미사에 사용한다. 이 감사기도의 구조상 연령을 위한 특수 기도문을 삽입할 수 있다.

감사기도에 관한 시행 지침

1973년 4월 27일 경신성사성은 지역 주교회의 의장에게 감사기도에 관한 회람을 발표하였다. 이 서한에는 그동안의 경험을 토대로 다음과 같은 실천 지침이 제시되어 있다.

① 지역 주교회의는 감사기도에 관한 일반적 권한을 가지지 못한다. 교회가 공적으로 제시한 감사기도 외에는 사도좌의 승인 없이 어떠한 감사기도도 사용하지 못한다.
② 감사기도는 전 집회가 하느님께 바치는 찬미와 감사의 기도이기 때문에 주례 사제는 반드시 소리 내어 바치며, 신자들은 침묵 중에 기도에 동참한다.
③ 주례 사제는 기도를 시작하기에 앞서 신자들의 이해와 능동적 참여를 돕기 위해 간단히 해설할 수 있다.
④ 기도 본문 가운데 축일이나 예식에 따라 변하는 부분은 주교회의나 교구 주교 또는 수도회 장상이 사도좌의 승인을 받아 고유 기도문을 작성하여 사용

할 수 있다.

⑤ 소속 직권자의 승인 없이는 어떠한 사제도 기도 본문을 변경·삭제·추가하지 못한다.

⑥ 사목자들은 이 기도의 중요성을 감안하여 기회 있는 대로 이 기도의 특성, 구조, 의미 등에 대해 신자들에게 교육시킨다(「미사 전례」, 이홍기, 분도, 1997, 222쪽; 회람 전문은 Notitiae 9(1973) 194-201).

감사기도의 에피클레시스 때 사제들의 손동작에 대해 많은 논란이 있다. 과거 미사통상문Ordo Missae의 한국어판에서는 "사제는 손을 모아 예물 위에 펴 얹는다"고 했다. 그런데 사제 혼자 미사를 봉헌할 경우엔 아무런 문제가 되지 않으나, 여러 명의 사제가 봉헌하는 공동 집전 미사의 경우에는 함께하는 사제들의 손동작에 대해 분명한 언급이 없었다. 그래서 사제들이 서로 다른 손동작을 보여 주어 혼란이 야기되었다.

특히 주님께서 제자들에게 하신 말씀을 주례 사제가 읽어 나갈 때 "너희는 모두 이것을 받아먹어라.", "너희는 모두 이것을 받아 마셔라." 하는 부분에서, 손바닥을 하늘로 향하고 손등을 하늘로 향하는 동작으로 사제들이 손동작을 표현하고 있다. 이러한 행동을 신학적으로 간단하게 설명해 보자. 첫 번째인 손바닥을 하늘을 향하는 동작은 축성된 봉헌물에 대해 지적(방향 지시)의 의미를 갖고 있다. 무엇보다도 함께 미사를 봉헌하는 사제들이 주례 사제를 중심으로 성찬 전례가 거행되고 있는 방향을 지시함으로써, 참석한 회중을 주례 사제에게로 인도하고 강조하는 모양새를 갖는다. 두 번째인 손등을 하늘로 향하는 동작은 첫 에피클레시스 때 나타난 축성의 신학적인 의미가 계속되고 있음을 표현하고 있다. 성령이 오심으로써 빵과 포도주가 성변화를 이루지만, 아직 성령의 역할이 완료되지 않았기에 계속 성령의 역할을 설명하고 있는 것이다. 이는 예수 그리스도가 이 세상에 오시어 구원의 역사를 이루셨지만 아직 완성되지 않은 표현과 같은 의미를 갖는다.

두 동작에 대한 설명에서 예절적이거나 신학적 의미의 관점에서 어떤 동작이 과연 더 올바른지를 쉽게 결정내릴 수는 없다. 그러나 신학자들과 교회는 두 번째의 신학적 의미에 더 큰 비중을 두며 설명하고 있다. 과거에는 교회나 학자들이 이 부분을 분명하게 지적하고 설명하지 않았지만, 「새 미사 전례서 총 지침」(2002년)(「'새 미사 전례서 총 지침'(2002년)에 따른 간추린 미사 전례 지침」, 2. 공동 집전 지침 중 축성, 한국천주교주교회의)에서는 분명하게 두 번째 동작으로 통일함으로써 문제에 대한 해결을 볼 수 있게 되었다.

(5) 마침 영광송[171]

하느님께 드리는 감사기도는 '영광송'이며, 마침 영광송은 "삼위일체이신 하느님께 영광을 돌리는 의미"(「미사」, 쯔찌야 요시마사, 성바오로, 1997, 89쪽)로 끝을 맺는다. 이때 사제는 성작과 성반을 들고 성변화된 그리스도의 몸과 피를 회중에게 보여 주며, 높이는 사제 자신의 눈높이에 맞추는 것이 좋다. 제2차 바티칸 공의회 이전에는 사제가 벽을 보면서 미사를 거행했기 때문에 거양[172]할 때 신자들이 볼 수 있도록 자신의 키보다 더 높게 들어 올림으로써 회중에게 그리스도의 몸과 피를 현시하였다. 그러나 이제는 더 이상 벽을 보면서 미사를 거행하지 않고, 교회의 건축 구조상(제대는

---

171) 영광송이란 공적으로 하느님의 영광을 선포하거나 찬양하는 기도나 노래 양식을 말한다. 주요 기도를 영광송으로 마감하는 관습은 이미 구약 시대 유다인들의 기도에 나타나고 있다. 그 대표적인 예로 시편을 들 수 있는데, 원래 다섯 권의 책으로 되어 있다가 한 권으로 합쳐진 시편집은 아직도 그 흔적이 남아 있다. 곧 시편집은 1-41장, 42-72장, 73-89장, 90-106장, 107-150장의 다섯 부분으로 구성되어 있는데, 각 부분의 마지막 장(41,72,89,106,150)은 영광송으로 끝나며, 150장은 장 전체가 영광송이다(「미사 전례」, 이홍기, 분도, 1997, 267-268쪽).

172) 축성된 예물의 거양은 로마 예식에서는, 오늘날에도 통상적이듯 마침 영광송doxologia을 바칠 때 행해졌다. 오늘날처럼 성찬 제정과 축성문이 끝난 후 성체를 거양하는 관습은 1200년경에 생겨났다. 이 같은 예식의 동기는 축성된 성체를 통해 특별한 축복을 기대했던 중세 신앙인들의 강렬한 현시 욕구에 있다. 성작 거양은 훨씬 후에 생겨났고 비오 5세 미사 전례서(1570)가 나옴으로써 일반적 규정이 되었다. 성찬 제정과 축성문 직전과 성체와 성혈을 거양하는 동안 종을 울리는 관습은 의무 규정은 아니지만 허용된다(총 지침 109항). 거양 전과 후에 사제가 하는 경배의 몸짓인 장궤는 1500년경에 와서 시행되었다. 새 규정은 거양 후의 장궤만을 알고 있을 뿐이다(「성찬례」, 아돌프 아담, 분도, 1996, 125쪽).

일반적으로 신자석보다 높은 위치에 있으므로) 무리하게 높이 들어 올릴 필요가 없다. 따라서 사제의 눈높이에 맞추어 현시하는 것이 좋다. 마침 영광송은 삼위일체이신 하느님에게 단순하고 일괄적으로 기도를 바치는 것이 아니다. 교회와 그리스도인들은 보다 구체적인 내용으로 성자와 성령과의 구체적인 관계성을 설명함으로써 성부를 찬미하고 찬양한다. 그리스도를 "통하여", "함께", "안에서", 성령과 "더불어" 성부를 찬양한다는 것은, 교회와 그리스도인들이 바치는 전례 기도가 홀로 성부를 찬양하는 것이 아니라 성자와 성령과의 일치 안에서 성부에게 영광을 바친다는 의미를 갖는다. 그리스도를 "통하여"라는 표현은 예수 그리스도가 중재자이시기에 그분을 통해서만 가까이할 수 있음을 고백하는 것이다. 또 그리스도와 "함께", 그리스도 "안에서"라는 표현은 지금 이 순간에 그리스도를 통해서만 모든 것이 하느님께 영광을 드릴 수 있음을 고백하는 것이다(La cena del signore, A. M. Roguet, O.R, Milano, 1982, p. 143). 과거의 예수 그리스도의 중재가 지금 이 순간 다시 재현되고 있음을 고백하는 중요한 기도인 것이다.

　사제가 새롭고 영원한 계약의 징표인 예수 그리스도의 몸과 피를 교회의 이름으로 성부께 봉헌하는 '마침 영광송'은 감사기도의 마지막 부분에 해당된다. 사제의 감사기도가 끝나면 회중은 큰 소리로 "아멘." 하고 응답하는데, 이는 하느님께 영광을 드리는 사제의 영광송뿐만 아니라 감사기도 전체에 대해서도 동의함을 표현하는 것이다. 이때 "아멘"은 미사 전례 중 가장 중요한 기도인 감사기도를 마감하는 빼놓을 수 없는 환호이다(「미사 전례」, 이홍기, 분도, 1997, 269쪽).

(6) 영성체 예식

성찬 전례가 끝나면 나눔의 의식인 영성체 예식 ritus communionis이 시작되는데, 이때 회중은 하느님의 은총이 추상적인 의식에 있지 않고 구체적인 삶에서 함께하고 있음을 증거하는 것이 중요하다. 감사의 전례인 성찬 전례의 중요한 의미는 나눔에 있기 때문이다. 영성체 예식은 예수 그리스도께서 가르쳐 주신 하느님과 인간의 관계성을 설명하는 주님의 기도로 시작한다.

1) 주님의 기도

주님의 기도를 바치기 전에 사제는 초대의 말을 한다. 이는 별 의미 없는 초대가 결코 아니다. 사제는 손을 모아 "하느님의 자녀 되어, 구세주의 분부대로 삼가 아뢰오니"라고 하는데, 이는 기도

하는 이가 누구이며 이 기도를 누가 가르쳐 주었는지를 설명하면서 신자들을 초대하는 것이다. 즉 "주님께서 친히 가르쳐 주신 기도를 다 함께 정성 들여 바칩시다"라는 표현은, 어떤 이가 가르쳐 주었으며 어떠한 마음으로 기도해야 하는지를 설명하고 있다. 간단한 초대와 설명은 '주님의 기도'를 어떻게 시작해야 하는지 잠시 생각하게 만드는 순간이므로, 습관적이거나 아무런 의미 없이 노래하거나 외워서는 안 된다.

주님의 기도는 아버지와 아들, 아들이 된 모든 그리스도인들의 관계를 설명하고 있다. 또한 미사 전례를 통해 처음으로 복수 형태의 단어를 사용하는데, "우리 아버지"나 "우리 죄를" 등이 그것이다. 이는 그리스도께서 가르쳐 주신 기도의 사상을 드러낸다. 성 토마스 데 아퀴노는 주님의 기도에서 나타난 복수화법을 설명하기 위해 "교회 전체가 하나 되어 주님의 기도를 읊는다"는 치프리아노의 말을 인용했다. 이로 인하여 모든 그리스도교 기도의 '성사적 본성'에 참여하는 것이며, 기도하는 이가 자신만을 위해 개인적으로 드리는 경우가 아니라면 '그가 교회 안에서 기도할 때 그 기도는 참된 것이다'라는 사상이 충실히 나타난 부분이다(*Liturgia in Liturgia*, S. Marsili, San Paolo, Milano, p. 1051). 성경에서도 예수님이 제자들에게 지켜야 할 도리를 가르쳐 주시면서 기도하는 방법까지 설명하셨다(마태 5-6장). 전례 안에서 기도 지향은, 특히 보편 지향 기도를 비롯한 여러 기도의 지향들은 치프리아노의 사상에 근거를 두고 있기에 복수를 사용하고 있다.

주님의 기도의 내용은 크게 두 부분으로 나눌 수 있으며, 그 근거는 마태오 복음서에서 찾아볼 수 있다. 기도문은 "주님의 나라가 임하기를 바라는 사상"(「미사」, 쯔찌야 요시마사, 성바오로, 1997, 95쪽)에 입각해서 표현되고 있다.

하느님 나라	하늘에 계신 우리 아버지, 아버지의 이름이 거룩히 빛나시며 아버지의 나라가 오시며 아버지의 뜻이 하늘에서와 같이 땅에서도 이루어지소서!
인간 생활	오늘 저희에게 일용한 양식을 주시고 저희에게 잘못한 이를 저희가 용서하오니 저희 죄를 용서하시고 저희를 유혹에 빠지지 않게 하시고 악에서 구하소서.

주님의 기도를 두 부분으로 나눌 때, 첫 번째 부분은 의심할 것 없이 하느님 나라에 대한 내용이다. 기도문 가운에 아버지의 '이름'이 나오는데, 이때 '이름'은 일반적으로 사람이나 사물을 지적하기 위해 고유한 명칭을 표현하는 의미가 아니라, 히브리어에서는 어떤 것 자체의 본질이거나 그 정통성을 설명하고자 할 때 쓰는 단어이다. 때문에 여기서 말하는 '이름'은 "하느님 나라"를 뜻한다(「미사」, 쯔찌야 요시마사, 성바오로, 1997, 96쪽). 그리고 두 번째 부분에서는 인간 생활에 꼭 필요한 네 가지를 설명하고 있다.

① 오늘 저희에게 일용한 양식을 주시고

일상생활에서 필요한 것을 청하고 있다. 우리가 살아가는 데 있어서 정작 중요한 것은 빵이다. 하지만 여기서는 생명의 연장을 위한 단순한 빵만을 말하는 것이 아니라 하늘에서 내려오는 빵을 의미한다.

② 저희에게 잘못한 이를 저희가 용서하오니 저희 죄를 용서하시고

하느님께서 우리의 죄를 용서해 주실 것에 대한 강한 신념이 내포되어 있다. 우리가 남을 용서한다는 것은, 하느님께서 우리 죄를 용서해 주셨다는 것을 눈에 보이는 증거로서 설명하고 있다.

③ 저희를 유혹에 빠지지 않게 하시고

미래에 대한 희망 내지 기대를 바라는 표현으로 현세에서 긴장하며 살아가려는 생활 방법을 표현하고 있다.

④ 악에서 구하소서

"유혹에 빠지지 않게 하시고"의 목적론적이고 종말론적인 내용이다. 궁극적으로 우리가 악으로부터 모면하여 하느님 나라에서 그리스도와 함께 지내려는 희망을 말한다.

2) 주님의 기도의 부속 기도문

부속 기도문은 주님의 기도의 주제인 하느님 나라가 오기를 고대하지만 미처 표현하지 못한 내용을 사제가 회중을 대신해서 다시 구체적으로 하느님께 청하는 기도문이다. 예수 그리스도의 재림을 통해 그리스도인들을 죄악과 환난에서 구해 달라는 내용은 현대의 상황을 구체적으로 묘사하면서 종말론적인 의향을 덧붙여 표현하고 있다(「미사」, 쯔찌야 요시마사, 성바오로, 1997, 98쪽). 부속 기도문은 사제가 대표로 하느님께 청한 기도 후에 회중이 하느님께 대한 찬미의 노래를 부르는 형식으로 이루어져 있다. 주님의 기도에서는 "아버지의 나라가 오시며"라고 하며, 부속 기도문에서도 "나라와 권능과…"라는 말을 사용하고 있는데, 여기서 "나라"의 의미는 하느님 나라와 더불어 현세의 나라도 포함된다. 하느님 나라는 그리스도께서 이미 우리 가운데 시작하신 것이므로, 현실적으로 우리가 살고 있는 사회에 하느님 나라를 오게 해야 하는 의미로서 표현된 말이다.

3) 평화 예식

평화 예식은 미사에 참석하는 이들이 누구인가에 대해 회중이 재인식하도록 요구하고 있다. 그리스도인들은 과연 누구와 함께 미사에 참석하고 있으며, 누구와 함께 영성체를 하려고 하는가? 이런 질문과 더불어 어떻게 응답해야 하는지에 대한 물음이다. 주님의 기도는 예수 그리스도가 제자들에게 가르쳐 주신 기도로서 성부에게 바치는 것이다. 반면, 평화 예식은 그리스도인들의 모임을 통하여 어떻게 서로를 위할 수 있는지에 대해 설명한다.[173] 부활하신 예수 그리스도가 제자들에게 나타나셔서 하신 첫마디는 "평화가 너희와 함께!"(요한 20,19; 루카 24,36)였다. 제자들에게 하시고 싶었던 말씀이 바로 평화였던 것이다. 예수님은 세상이 주는 평범한 평화가 아닌 하느님 나라의 평화를 제자들에게 주고 싶으셨다. 그리스도인들의 평화는 화해를 바탕으로 하며(마태 5,23-24 참조), 화해는 평화와 일치를 동반한다. 그리스도교에서 평화와 화해, 일치를 강조하지 않는다면 그리스도의 사랑과 부활의 기쁨에 동참할 수 없다.[174] 평화 예식은 2세기부터 미사 예식 안에 포함되었는데, 155년경 성 유스티노의 「호교론」에 언급되고 있다.[175] 무엇보다도 평화 예식 안에 있는 평화 기도는 1570년에 처음 도입되었는데, 사제 혼자서 침묵 중에 기도하였다. 그러다 제2차 바티칸 공의회 이후에 주례 사제가 큰 소리로 읽게 되었다. 평화 기도는 주님의 기도와 달리 하느님 아버지께 드리는 기도가 아니라 그리스도에게 청하는 기도로 시작한다. 무엇보다도 "그리스도께서 약속하시고 이룩하신 평화를 청하는 것"이라고 설명한다. 그리스도가 언약하신 평화는 단순한 세상의 평화가 아니라 최후의 만찬 때와 부활하신 후에 말씀하신 평화를 의미한다. 무엇보다도 하느님의 은총에 힘입어 화해와 일치에 근본을 둔 형제애를 나누라는 의미로 인식되어야 한다.[176] 평화 예식의 후반부에 언급되는 "저희 죄"와 "교회의 믿음"의 의미를 살펴보면, 개개인에게 죄가 있다 하더라도 공동체의 관점에서 개인의 죄를 용서해 달라는 그리스도교적 화해와 평화 의식을 담고 있다. 평화 예식을 함으로써 그

---

173) 주 예수 그리스도님 일찍이 사도들에게 말씀하시기를 "너희에게 평화를 두고 가며 내 평화를 주노라." 하셨으니…(미사통상문 참조).
174) 평화의 인사는 모든 교회를 위한 평화와 일치에 대한 기원을 그때 그 장소에 모여 미사를 봉헌하는 교우 공동체 안에서 구체화시키는 것이다. 인사는 우선 일치의 표시이다. 영성체의 뜻은 주님과의 일치요 교우들 서로의 일치이다. 초대 교회에서는 평화의 인사를 예물 봉헌 전에 하였다. 이는 제단에 예물을 바치기 전에 자신에게 원한을 품고 있는 사람이 생각나거든 그 사람과 먼저 화해하라는 주님의 말씀을 떠올린 것이었다. 하지만 이후 평화의 인사는 그리스도와의 일치를 나타냈기 때문에 7세기경부터 영성체 직전으로 옮겨졌다. 예루살렘의 성 치릴로(387)는 평화의 인사를 화해의 표시라고 하였다(「전례와 미사 해설」, 이영준, 기쁜소식, 200/, 187쪽).
175) 155년경에 기록된 유스티노의 「호교론」에 보면 말씀 전례를 마감하는 공동 기도(보편 기도)를 바친 다음, 신자들은 평화와 화해의 표시로서 서로 입맞춤으로 인사하고 예물을 봉헌하였다. 이와 같이 동서양 전례에서는 일찍부터 말씀 전례 끝에 평화 예식을 거행하였고, 동방 전례는 이 관습을 아직까지 유지하고 있다. 그런데 로마에서는 5세기 초엽부터 북아프리카 전례의 영향을 받아 평화 예식을 감사기도 후에 거행하였다. 특히 6세기에 교황 그레고리오 1세는 이 예식을 주님의 기도의 한 구절인 '저희에게 잘못한 이를 저희가 용서하오니'와 연결시키면서, 영성체 준비 예식으로 알맞다고 생각하여 주님의 기도 다음으로 옮겨 놓았다(「미사 전례」, 이홍기, 분도, 1997, 284쪽).
176) 평화의 인사는 교우 상호간의 진정한 사랑과 화해와 일치의 표시이기 때문이다. 영성체를 통하여 주님과 한 몸, 한마음이 될 것인데, 그러기 위해서는 먼저 이웃과 화해하고 일치해야 한다(「미사 전례」, 이홍기, 분도, 1997, 288쪽).

리스도인들은 더 이상 개인의 존재로 있지 않고, 부활하신 그리스도의 은총으로 말미암아 한 공동체의 구성원으로 존재하게 된다.

평화의 기도가 끝나면 그리스도의 평화의 의미를 나누는 시간을 갖게 된다. 그런데 부활하신 예수 그리스도의 첫 말씀인 "평화가 너희와 함께"를 그리스도인들의 생활 속에서 실현되지 않는 단순한 예절의 한 부분으로 인식하거나 이해하고 있다면, 그리스도께서 보여 주신 모범적인 삶, 즉 화해와 일치를 이루는 삶을 생활 속에서 증거한다는 것은 어렵다. 영성체를 하기 전에 나누는 평화 예식 중 평화의 인사와 평화의 표시는, 미사 전례에서 얻게 되는 중요한 열매라고 할 수 있다. 하느님의 말씀을 듣고 마음에 새기고 그리스도의 몸을 받아 모시는 모든 행위는, 그리스도인들이 평화의 인사를 진정으로 실현하기 위한 영혼의 양식이 된다고 볼 수 있는 것이다. 미사통상문에서는 평화의 인사 때 교우들에게 서로 평화와 사랑의 인사를 하도록 권하고 있다. 평화와 사랑의 인사는 마음속에서 우러나오는 그리스도의 참 평화와 사랑을 의미하는 것이므로, 소홀이 하거나 생략해서는 안 된다.

4) 빵 나눔과 빵을 섞는 예식 Ritus fractionis panis et immixtionis

평화 예식이 끝난 후 사제는 조용히 축성된 빵을 들고 성반에서 쪼개어 작은 조각을 성작 안에 넣으며 기도한다.[177] 이때 빵을 나누는 이유는 그것을 통해 공동체 안에서 사랑과 일치를 다졌던 유다인의 풍습에서 유래한다. 그러나 사도 시대에는 사제단이 주교를 중심으로 나누는 빵은 한 분이신 그리스도를 중심으로 일치하고 그분께 대한 신앙을 증거하는 행위라고 설명했다. 그 후 축성된 빵은 그리스도의 죽음과 결부시킨 상징적 해설을 통해 축성된 빵 자체가 그리스도 자신의 몸이기 때문에, 빵을 나누는 것은 그리스도께서 십자가에서 돌아가시면서 그분의 영혼과 육신이 갈라지는 뜻으로 설명하고 있다(「미사 전례」, 이홍기, 분도, 1997, 288-289쪽). 빵을 나누는 행위는 단 한 번 미사 중에 이루어진다. 일부 사제들이 성찬 전례가 시작되는 부분, 즉 "빵을 들고 축복하신 다음 쪼개어…." 하는 부분에서 빵을 나누는 행위를 하는 것은 잘못되었으며, 자의적으로 미사통상문의 의미를 해석해서는 안 된다. 사제가 축성된 빵을 나눈 후, 작은 조각을 떼어 성작 안에 넣으며 기도한다.[178] 작은 성체 조각을 성작에 넣는 것은 신학적으로 큰 의미를 부여하기보다, 관습적으로 내려온 행위에 대한 의미 부여로서 양형 영성체의 상징적 가치로 볼 수 있다.

5) 영성체 초대 Ecce Agnus Dei

빵 나눔과 빵을 섞는 예식 후에 사제는 허리를 굽혀 절한 다음, 성체를 성반으로 받쳐 들어 올리고, 회중을 향해 크게 "하느님의 어린양, 세상의 죄를 없애시는 분이시니 이 성찬에 초대받은 이는 복되도다"라고 외친다. 성체는 회중에게 거양되어 빵이 나누어져 있음을, 즉 예수 그리스도의 몸이 둘로 나누어진 채 보이게 된다. 이는 둘로 나뉜 빵이 원래 상태로 되돌아갈 수 없듯이, 모든 그리스도인들에게 오는 예수 그리스도의 사랑이 다시 원래 상태로 돌아갈 수는 없으며, 예수님은 한번 주신 사랑을 거두지 않으신다는 의미를 갖는다. 거양되는 성체의 위치는 사제의 눈높이에 맞추는 것이 적당하다. 과거에는 제단이 높지 않거나, 공의회 이전에는 벽을 바라보면서 미사를 집전하였기에, 회중이 성체를 제대로 볼 수 있도록 성체를 높이 들었다. 그러나 오늘날에는 적당한 높이로

---

177) "여기 하나 되는 주 예수 그리스도의 몸과 피가 이를 받아 모시는 저희에게 영원한 생명이 되게 하소서."(미사통상문 참조)
178) "여기 하나 되는 주 예수 그리스도의 몸과 피가 이를 받아 모시는 저희에게 영원한 생명이 되게 하소서."(미사통상문 참조) 하고 기도드릴 때 축성 제병 한 조각을 성작 안에 떨어뜨리는 것은 설명하기가 쉽지 않다. '총 지침'은 다른 예식과 대조적으로 이 부분에 대해 따로 설명하지 않는다. 많은 학자들에 따르면 이 예식은 교종이(비슷한 형태로 다른 도시의 주교들도) 특정한 축일 때 가까운 성당의 사제들에게 '누룩'이라고 부른 축성된 성체 한 조각을 보냈던 옛 로마 풍습에 기인한다. 사제들은 다음 미사 때 교종(교황과 주교)과의 형제적 일치의 표지로, 그리고 같은 그리스도 제사임을 나타내기 위해 이 조각을 성혈 안에 넣었다(「성찬례」, 아돌프 아담, 분도, 1996, 156-157쪽).

성체를 거양하면서 영성체에 초대할 것을 권장한다.

6) 영성체Communio

성체를 받기 위한 준비가 끝나면 사제와 회중은 성체를 받아 모시고 그리스도와 일치를 이루려 한다. 영성체는 먼저 사제가 하게 되는데(공동 집전의 경우 주례 사제가 성체와 성혈을 먼저 모신 후 차례로 모신다), 사제가 먼저 성체를 모시는 것은 성직주의나 회중에 비해 높은 지위를 나타내는 것이 아니라, 미사를 주관하는 그리스도의 대리자로서 모범을 보여 주는 것이다. 사제가 성체를 모시고 나면 회중은 차례로 성체를 모시러 제단 앞으로 나온다. 사제가 "그리스도의 몸"이라고 선포하면서 분배할 때 회중은 "아멘"이라고 대답하며 성체를 받아 모신다. 비록 사제와 달리 회중은 성체만 받아 모시지만, 성체만으로도 그리스도와 완전한 일치를 이룰 수 있다고 교회는 가르치고 있다.

회중은 행렬을 이루면서 제단 앞으로 나와 성체를 받아 모실 때 적당한 손 높이를 유지한다. 제2차 바티칸 공의회 직후에는 성체를 받아 모실 때 손이 아닌 입으로 하는 것으로 알았다. 하지만 역사적으로 볼 때 영성체는 원래 손으로 하는 것이었다.[179] 그러다 6세기 이후의 문헌에 의하면 손으로 성체를 영할 수 없는 환자들에게 예외적으로 입으로 하는 영성체를 허락했으며, 9세기의 '루앙 시노드'에서 완전히 입 영성체를 결정하게 되었다. 그 이유는 다음과 같다.

① 교우들이 성체를 손으로 받은 다음 즉시 영하지 않고 집으로 모셔 가서 미신 행위 등 부당한 용도로 사용하는 경우가 가끔 있었다.

② 서방 교회가 11세기경에 누룩 안 든 빵을 사용하자, 8~9세기 경부터 동전 크기의 작은 빵이 완전히 일반화되었다. 이에 따라 성체를 입으로 영하면 성체 부스러기를 땅에 떨어뜨릴 염려가 없는 등 편리함과 안전함이 드러났다.

③ 중세 때 대부분의 전례가 성직자 중심으로 바뀌고 성체에 대한 외경심이 강조되자, 오직 성품성사를 통해 축성된 사제만이 성체를 만질 수 있다는 사상이 강해졌다(「미사 전례」, 이홍기, 분도, 1997, 302-303쪽). 하지만 제2차 바티칸 공의회 직후에 경신성사성은 1969년 성체를 받아 모시는 방법에 대해서는 지역 주교회의가 결정하고, 사도좌의 인준을 받는 조건으로 손으로 성체를 영하는 것을 부분적으로 허용했다.

---

179) 유다인들의 파스카 예식이나 종교적 회식, 최후의 만찬 등에서는 모든 참석자들이 손으로 빵이나 주님의 몸을 받아 모셨다. 예루살렘의 치릴로나 몹수에스티아의 테오도로 등 교부들의 문헌을 보면, 4~5세기경에도 교우들은 분명 손으로 성체를 받아 모셨다(「미사 전례」, 이홍기, 분도, 1997, 302쪽).

성체를 받아 모시는 자세는 이러하다. 오른손으로 왼손을 떠받치는 자세로 성체를 받은 후, 왼손으로 성체를 받아 모신다. 이렇게 오른손으로 떠받치는 왼손은 왕의 옥좌를 상징하며, 많은 사람들이 오른손잡이이기에 편리성을 강조한 것이다.

7) 성작과 성반을 닦음

사제는 교우들에게 성체를 분배한 후 성작과 성반을 깨끗이 닦는다. 이때 사제는 먼저 성반에 남아 있을 성체 조각들을 조심스럽게 모아 성작에 담은 다음, 미사 진행에 도움을 주는 봉사자(주로 복사단)로부터 물을 받아 성작에 부어 마신 후 깨끗하게 성작을 닦아 낸다. 성작을 닦는 이유는 지극히 교의적이다. 그리스도는 한 조각의 성체에도 온전하고 완전하게 존재하심을 의심할 수 없는 교의적 내용으로 선포하고 있다. 사제가 빵을 나누고 이를 교우들에게 분배할 때는 분명히 그리스도의 현존에 대해 의심하지 않는다. 또한 빵을 나눌 때 떨어지는 부스러기에도 그리스도께서 현존하심을 의심하지 않기 때문에, 사제는 성반에 있는 미세한 빵 부스러기도 정성스럽게 성작에 모아 처리한다. 하지만 보이지 않는 경우에, 그리스도의 신원을 확인할 수 있다거나 없다는 생각보다 빵 조각을 확인할 수 없기에 그리스도의 현존에 대해 말할 필요는 없다(*La cena del Signore,* A. Maria Roguet, O. R., Milano, 1982, pp. 166-167). 성작과 성반을 닦는 행위는 신학적인 의미와 더불어 성찬 전례를 마감하고 마침 예식으로 넘어가는 과정이라 할 수 있다.

::5장
마침 예식[180)]

영성체를 마친 회중은 잠시 침묵 중에 그리스도와 일치를 이루는 시간을 갖는다. 이 시간은 감사의 시간이며, 새롭게 태어나는 시간이다. 그리스도의 몸을 받아먹은 행위, 즉 영성체는 부활하신 그리스도를 받아들이는 행위이다. 그리고 그리스도와 같이 살면서 그리스도가 가르쳐 주신 삶을 살아가겠다고 다짐하는 약속의 표시이기도 하다. 영성체를 한 회중은 그리스도의 삶을 닮기 위해 하느님의 영광과 찬미를 위해 창조되었다는 자신의 신원을 확신함으로써, 제자들에게 분부하신 사명에 참여하며 영원한 그리스도 왕국의 도래와 복음 전파를 위해 노력해야 한다. 말씀 전례와

---

180) 미사를 마감하면서 사제는 교우들에게 강복한 다음, 삶의 예배가 이뤄지는 생활 현장으로 파견한다(「미사 전례」, 이홍기, 분도, 1997, 84쪽).

성찬 전례를 통해 영육 간에 힘을 얻은 회중은 미사의 마지막 부분에 참여한 후 다시 일상생활로 돌아가게 된다. 마침 예식은 간단한 '알림'과 '강복', '파견'으로 이루어져 있다.

마침 예식에는 강복[181]이 있다. 강복 안에서의 삼위일체적 형식은 성령 안에서 그리스도를 통하여, 성부로부터 오는 거룩한 은총으로 말미암아 회중이 교회의 의무를 해줄 것을 암시하기도 한다. 이는 강복을 받을 때 회중이 신앙 안에서 새롭게 태어나기 때문이다. 예수님의 부활 사건은 제자들에게 있어 새로운 삶으로의 전환이 되었으며, 부활하신 예수님은 제자들에게 굳센 신앙을 주시어 신앙의 제자로 다시 태어나게 하는 데 용기를 북돋아 주셨다. 부활하신 예수님은 첫 번째 선물로 평화와 함께 성령을 주시는데(요한 20,22), 마침 예식에서 강복의 의미와 유사하다고 볼 수 있다. 평화와 함께하는 성령의 은총은 제자들에게 있어서 새로운 파견을 의미하며, 복음 전파에 대한 강한 임무를 부여하는 것이다. 마침 예식은 비가시적인 예수 그리스도의 복음화 임무가 성령의 은총으로 말미암아 가시적인 임무로 변하여, 제자들을 복음화 안으로 초대하는 것을 의미한다. 결국 예수 그리스도가 제자들에게 맡기신 임무는 오늘날 마침 예식 속에서 이루어지는 강복을 통해 계속

---

[181] "전능하신 천주 성부와 성자와 성령께서는… 강복하소서." (Benedicat vos omnipotens Deus, Pater, et Filius, et Spiritus Sanctus)

재현되고 있다. 그러므로 마침은 단순히 미사의 종결을 의미하는 것보다, 파견의 의미로서 새로운 시작으로 해석해야 할 것이다.

1. 강복과 임무(사명)

성체성사를 통해 예수 그리스도의 사랑을 체험한 그리스도인들은 말과 행동이 과거와는 다른 모습을 보여 주어야 한다. 무엇보다도 그리스도의 사랑을 전함에 있어서, 그리스도께서 가르쳐 주신 복음을 선포하고 그분께서 보여 주신 삶의 모범을 증거하여야 한다. 성찬 전례 후 그리스도인들은 세상을 향해 하느님 왕국을 건설하고, 하느님의 말씀을 선포하는 사명을 받게 된다. 미사가 진행되는 과정에서 말씀 전례와 성찬 전례의 은총으로 영육 간에 양육되어 감을 그리스도인들은 알고 있다. 또한 매일 생활 안에서 그것이 표현되고 성장해 나가는 것을 통해 사도적 삶을 살고 있다는 것도 알고 있다. 마침 인사는 "말씀과 성찬을 통해 교우들 안에 오시어 구원의 은총을 베풀어 주신 주님께서 사회생활 중에도 계속 그들과 함께 계시기를 청하며"(「미사 전례」, 이홍기, 분도, 1997, 317쪽) 미사의 종결을 위한 마지막 준비이다.

미사가 끝나기 전에 사제는 미사에 참석한 이들에게 강복을 주는데, 다른 강복과 마찬가지로 성삼위의 이름으로 행한다. 사제가 강복할 때 긋는 십자성호는 예수 그리스도의 십자가를 의미한다. 십자가는 찬미할 수 있는 것 중에 숭고한 의미를 가지며, 모든 강복의 원천적인 행위이면서, 나아가 모든 은총의 원인을 만들어 준다(Segni e Simboli, A. Kuhne, San paolo, Milano, 1988, p. 55). 강복은 영원한 삶을 간구하는 그리스도인들에게 있어서 삶의 활력을 불어넣어 주는 것과 같으며, 세상과 모든 인류를 위한 하느님의 사랑과 애정을 증거하는 표징이다(Segni e Simboli, A. Kuhne, San paolo, Milano, 1988, p. 55). 사제로부터 받은 강복은 부활하신 그리스도께서 제자들에게 주신 강복과 같다. 그러므로 사도들이 강복을 받고 자신들의 소명을 실천하였듯이 그리스도인들 역시 온 세상에 복음을 선포할 사명이 있다. 그리스도로부터 받는 강복은 그리스도의 은총의 힘과 영광을 온 세상에 증거하는 데 힘이 되어 준다. 무엇보다도 예수 그리스도가 메시아이시며 신앙 안에서 사람들의 구원을 위해 오셨고, 사람들을 위해 죽으셨으며 부활하셨다는 소식을 전하는 임무에 대한 강복인 것이다.

2. 파견

미사를 끝내는 공식 말은 라틴어로 "Ite, missa est"[182]이며, "미사가 끝났으니 가도 좋습니다"라는 의미로 해석한다. 이 표현이 처음부터 특별한 신학적인 의미를 갖고 있었던 것은 아니다. 처음에는 성무일도 등 각종 전례 집회 파견사로 애용되다가 5~6세기부터 로마 미사의 전용 파견사로 사용되었다(「미사 전례」, 이홍기, 분도, 1997, 320쪽). 오늘날 단순하게 미사가 끝났으니 일상사로 되돌아가라는 의미는, 그리스도인들에게 있어서 소극적이고 충분하지 않다. 그리스도인들은 미사에 참석하는 것으로 자신들의 의무를 다했다고 생각하지 않기 때문이다. 미사에 참석한 이들이 듣게 되는 "가십시오"라는 표현은 예수님이 제자들에게 말씀하신 사도직에 대한 파견의 의미로 재해석해야 할 것이다. '평화'의 의미는 파스카의 신비와 더불어 기쁨을 표현하는 말이다. 예수 그리스도가 주시는 참 평화는 매번 당신의 파스카를 기억하고 재현하는 성찬 전례에서 베풀어 주시는 은총이며 선물이다(Gesti e paorle della messa, R. Falsini, Ancora, Milano, 2001, p. 54).

그리스도인들에게 있어서 파견은 성체성사를 통해 선교의 임무 수행에 초대받으며, 신앙생활 안에서 평화의 사도직을 수행해야만 하는 의미를 갖는다. 「미사 전례서 총 지침」에 따르면 "사제 또는 부제는 교우들 각자가 돌아가 선행하여 하느님을 찬미하고 찬양하도록 그들을 파견한다"(「'새 미사 전례서 총 지침'(2002년)에 따른 간추린 미사 전례 지침」)고 설명하고 있다. 그러므로 미사에 참석한 모든 그리스도인들은 미사를 통해 각자의 생활 속에서 주어진 임무를 수행해야만 할 것이다. 이때 지역 주교회의에 따라 선택된 문구를 사용할 수 있다. 다른 주요 언어에서는 "주님의 평화 안에서 가십시오"라는 의미로 표현하고 있는데,[183] 한국에서는 이와 다른 다섯 가지 형태로 표현하고 있다.[184] 이처럼 한국 교회에서 아직 다른 나라의 교회에서 지향하는 파견의 의미와 개별적인 의미를 포함하는 것보다 선교와 공동체적 활동의 의미가 강조되고 있다는 것은, 토착화의 입장에서 적절하게 표현·적용·해석하고 있는 것이라고 볼 수 있다.

---

[182] 로마 미사 전례서의 파견사 "Ite, missa est"는 6~7세기경 제1 로마 예식서에 처음으로 등장하였다. 이로서 그 이전의 전례서에도 수록되어 쓰였으리라 짐작한다. 파견사는 그 외에도 "가도 좋습니다."(Illicet : Ire licet), "평화 안에 가십시오."(안티오키아 예식), "평화 안에 나아갑시다."(밀라노) 등 여러 양식이 있었다. 특히 동방 전례의 파견사는 성서와 동방의 인사 방식에 따라 주로 평화를 기원하는 것이 특징이다(「미사 전례」, 이홍기, 분도, 1997, 320쪽).

[183] "Allez, dans la paix du Christ."(프랑스 어) "Go in the peace of Christ."(영어) "La messa é finite; andate in pace."(이탈리아 어) "Podéis iriren en paz."(스페인 어) "Gehet in Frieden."(독일어)

[184] "주님과 함께 가서 복음을 전합시다." "주님과 함께 가서 복음을 실천합시다." "가서 그리스도의 평화를 나눕시다." "미사가 끝났으니 가서 복음을 전합시다." "주님을 찬미합시다."

3. 퇴장

사제는 입당할 때와 같이 제대 앞으로 나아가 봉사자와 함께 정중하게 절하고 퇴장한다. 엄밀한 의미에서 사제가 퇴장함으로써 미사는 종결된다. 사제가 퇴장할 때 퇴장 성가가 너무 길어서는 안 된다. 하지만 제의실이 근접해 있는 경우에는 사제가 제의를 벗을 때까지 성가나 오르간을 연주하는 것이 좋다. 미사가 끝나고 퇴장하는 가운데 회중이 사제를 따라 곧바로 나오는 모습은 옳지 않다. 사제가 퇴장한 후 전례 사회 봉사자가 영광송을 바치면서 미사 전례에 참석한 이들에게 '아멘'이라는 기도의 마침을 나타내는 말을 유도하는 것은, 이미 주례 사제를 통해 미사가 종결되었음에도 불구하고 봉사자가 아직 끝나지 않았다고 말하는 것이기에 언급해서는 안 된다. 하지만 교회는 미사가 끝난 후 회중에게 주님의 기도나 성모송, 개별적 감사기도 등을 권하고 있다.

그리스도와의 만남, 미사

지은이 : 조학균
펴낸이 : 서영주
펴낸곳 : 성바오로
주소 : 서울특별시 강북구 오현로7길 20(미아동)
등록 : 7-93호 1992. 10. 6
교회인가 : 2008. 3. 28
1판 1쇄 : 2008. 9. 5
1판 4쇄 : 2017. 1. 26
SSP 846

취급처 : 성바오로보급소
전화 : 944--8300, 986--1361
팩스 : 986--1365
통신판매 : 945--2972
E-mail : bookclub@paolo.net
www.paolo.net
www.facebook.com/stpaulskr

값 15,000원
ISBN 978-89-8015-683-2